高技术服务业外商直接投资
对东道国制造业效率影响的研究

Research on the Effect of High Technology Service
FDI on Manufacturing Efficiency in Host Country

华广敏 著

图书在版编目(CIP)数据

高技术服务业外商直接投资对东道国制造业效率影响的研究/华广敏著. —北京：经济管理出版社，2014.11

ISBN 978 - 7 - 5096 - 3245 - 1

Ⅰ.①高… Ⅱ.①华… Ⅲ.①高技术产业—服务业—影响—制造工业—经济发展—研究 Ⅳ.①F407.406

中国版本图书馆 CIP 数据核字(2014)第 166512 号

组稿编辑：宋　娜
责任编辑：张　马
责任印制：黄章平
责任校对：赵天宇

出版发行：经济管理出版社
（北京市海淀区北蜂窝 8 号中雅大厦 A 座 11 层　100038）
网　　址：www.E - mp.com.cn
电　　话：(010) 51915602
印　　刷：三河市延风印装厂
经　　销：新华书店
开　　本：720mm × 1000mm/16
印　　张：15.25
字　　数：258 千字
版　　次：2014 年 11 月第 1 版　2014 年 11 月第 1 次印刷
书　　号：ISBN 978 - 7 - 5096 - 3245 - 1
定　　价：78.00 元

·版权所有　翻印必究·

凡购本社图书，如有印装错误，由本社读者服务部负责调换。

联系地址：北京阜外月坛北小街 2 号
电话：(010) 68022974　邮编：100836

编委会及编辑部成员名单

(一) 编委会

主　任：李　扬　王晓初

副主任：晋保平　张冠梓　孙建立　夏文峰

秘书长：朝　克　吴剑英　邱春雷　胡　滨（执行）

成　员（按姓氏笔画排序）：

　　卜宪群　王　巍　王利明　王灵桂　王国刚　王建朗　厉　声
　　朱光磊　刘　伟　杨　光　杨　忠　李　平　李　林　李　周
　　李　薇　李汉林　李向阳　李培林　吴玉章　吴振武　吴恩远
　　张世贤　张宇燕　张伯里　张昌东　张顺洪　陆建德　陈众议
　　陈泽宪　陈春声　卓新平　罗卫东　金　碚　周　弘　周五一
　　郑秉文　房　宁　赵天晓　赵剑英　高培勇　黄　平　曹卫东
　　朝戈金　程恩富　谢地坤　谢红星　谢寿光　谢维和　蔡　昉
　　蔡文兰　裴长洪　潘家华

(二) 编辑部

主　任：张国春　刘连军　薛增朝　李晓琳

副主任：宋　娜　卢小生　姚冬梅

成　员（按姓氏笔画排序）：

　　王　宇　吕志成　刘丹华　孙大伟　曲建君　陈　颖　曹　靖
　　薛万里

序 一

博士后制度是19世纪下半叶首先在若干发达国家逐渐形成的一种培养高级优秀专业人才的制度，至今已有一百多年历史。

20世纪80年代初，由著名物理学家李政道先生积极倡导，在邓小平同志大力支持下，中国开始酝酿实施博士后制度。1985年，首批博士后研究人员进站。

中国的博士后制度最初仅覆盖了自然科学诸领域。经过若干年实践，为了适应国家加快改革开放和建设社会主义市场经济制度的需要，全国博士后管理委员会决定，将设站领域拓展至社会科学。1992年，首批社会科学博士后人员进站，至今已整整20年。

20世纪90年代初期，正是中国经济社会发展和改革开放突飞猛进之时。理论突破和实践跨越的双重需求，使中国的社会科学工作者们获得了前所未有的发展空间。毋庸讳言，与发达国家相比，中国的社会科学在理论体系、研究方法乃至研究手段上均存在较大的差距。正是这种差距，激励中国的社会科学界正视国外，大量引进，兼收并蓄，同时，不忘植根本土，深究国情，开拓创新，从而开创了中国社会科学发展历史上最为繁荣的时期。在短短20余年内，随着学术交流渠道的拓宽、交流方式的创新和交流频率的提高，中国的社会科学不仅基本完成了理论上从传统体制向社会主义市场经济体制的转换，而且在中国丰富实践的基础上展开了自己的伟大创造。中国的社会科学和社会科学工作者们在改革开放和现代化建设事业中发挥了不可替代的重要作用。在这个波澜壮阔的历史进程中，中国社会科学博士后制度功不可没。

值此中国实施社会科学博士后制度 20 周年之际，为了充分展示中国社会科学博士后的研究成果，推动中国社会科学博士后制度进一步发展，全国博士后管理委员会和中国社会科学院经反复磋商，并征求了多家设站单位的意见，决定推出《中国社会科学博士后文库》（以下简称《文库》）。作为一个集中、系统、全面展示社会科学领域博士后优秀成果的学术平台，《文库》将成为展示中国社会科学博士后学术风采、扩大博士后群体的学术影响力和社会影响力的园地，成为调动广大博士后科研人员的积极性和创造力的加速器，成为培养中国社会科学领域各学科领军人才的孵化器。

创新、影响和规范，是《文库》的基本追求。

我们提倡创新，首先就是要求，入选的著作应能提供经过严密论证的新结论，或者提供有助于对所述论题进一步深入研究的新材料、新方法和新思路。与当前社会上一些机构对学术成果的要求不同，我们不提倡在一部著作中提出多少观点，一般地，我们甚至也不追求观点之"新"。我们需要的是有翔实的资料支撑，经过科学论证，而且能够被证实或证伪的论点。对于那些缺少严格的前提设定，没有充分的资料支撑，缺乏合乎逻辑的推理过程，仅仅凭借少数来路模糊的资料和数据，便一下子导出几个很"强"的结论的论著，我们概不收录。因为，在我们看来，提出一种观点和论证一种观点相比较，后者可能更为重要：观点未经论证，至多只是天才的猜测；经过论证的观点，才能成为科学。

我们提倡创新，还表现在研究方法之新上。这里所说的方法，显然不是指那种在时下的课题论证书中常见的老调重弹，诸如"历史与逻辑并重"、"演绎与归纳统一"之类；也不是我们在很多论文中见到的那种敷衍塞责的表述，诸如"理论研究与实证分析的统一"等等。我们所说的方法，就理论研究而论，指的是在某一研究领域中确定或建立基本事实以及这些事实之间关系的假设、模型、推论及其检验；就应用研究而言，则指的是根据某一理论假设，为了完成一个既定目标，所使用的具体模型、技术、工具或程序。众所周知，在方法上求新如同在理论上创新一样，殊非易事。因此，我们亦不强求提出全新的理论方法，我们的最低要求，是要按照现代社会科学的研究规范来展开研究并构造论著。

我们支持那些有影响力的著述入选。这里说的影响力，既包括学术影响力，也包括社会影响力和国际影响力。就学术影响力而言，入选的成果应达到公认的学科高水平，要在本学科领域得到学术界的普遍认可，还要经得起历史和时间的检验，若干年后仍然能够为学者引用或参考。就社会影响力而言，入选的成果应能向正在进行着的社会经济进程转化。哲学社会科学与自然科学一样，也有一个转化问题。其研究成果要向现实生产力转化，要向现实政策转化，要向和谐社会建设转化，要向文化产业转化，要向人才培养转化。就国际影响力而言，中国哲学社会科学要想发挥巨大影响，就要瞄准国际一流水平，站在学术高峰，为世界文明的发展作出贡献。

我们尊奉严谨治学、实事求是的学风。我们强调恪守学术规范，尊重知识产权，坚决抵制各种学术不端之风，自觉维护哲学社会科学工作者的良好形象。当此学术界世风日下之时，我们希望本《文库》能通过自己良好的学术形象，为整肃不良学风贡献力量。

李扬

中国社会科学院副院长
中国社会科学院博士后管理委员会主任
2012 年 9 月

序 二

在 21 世纪的全球化时代，人才已成为国家的核心竞争力之一。从人才培养和学科发展的历史来看，哲学社会科学的发展水平体现着一个国家或民族的思维能力、精神状况和文明素质。

培养优秀的哲学社会科学人才，是我国可持续发展战略的重要内容之一。哲学社会科学的人才队伍、科研能力和研究成果作为国家的"软实力"，在综合国力体系中占据越来越重要的地位。在全面建设小康社会、加快推进社会主义现代化、实现中华民族伟大复兴的历史进程中，哲学社会科学具有不可替代的重大作用。胡锦涛同志强调，一定要从党和国家事业发展全局的战略高度，把繁荣发展哲学社会科学作为一项重大而紧迫的战略任务切实抓紧抓好，推动我国哲学社会科学新的更大的发展，为中国特色社会主义事业提供强有力的思想保证、精神动力和智力支持。因此，国家与社会要实现可持续健康发展，必须切实重视哲学社会科学，"努力建设具有中国特色、中国风格、中国气派的哲学社会科学"，充分展示当代中国哲学社会科学的本土情怀与世界眼光，力争在当代世界思想与学术的舞台上赢得应有的尊严与地位。

在培养和造就哲学社会科学人才的战略与实践上，博士后制度发挥了重要作用。我国的博士后制度是在世界著名物理学家、诺贝尔奖获得者李政道先生的建议下，由邓小平同志亲自决策，经国务院批准于 1985 年开始实施的。这也是我国有计划、有目的地培养高层次青年人才的一项重要制度。二十多年来，在党中央、国务院的领导下，经过各方共同努力，我国已建立了科学、完备的博士后制度体系，同时，形成了培养和使用相结合，产学研相结合，政府调控和社会参与相结合，服务物质文明与精神文明建设的鲜明特色。通过实施博士后制度，我国培养了一支优秀的高素质哲学社会科学人才队伍。他们在科研机构或高等院校依托自身优势和兴趣，自主从事开拓性、创新性研究工作，从而具有宽广的学术视野、突出的研究能力和强烈的探索精神。其中，一些出站博士后已成为哲学社会科学领域的科研骨干和学术带头人，在"长江学者"、"新世纪百千万人才工程"等国家重大科研人才梯队中占据越来越大的比重。可以说，博士后制度已成为国家培养哲学社会科学拔尖人才的重要途径，而且为哲学社会科学的发展造就了一支新的生力军。

哲学社会科学领域部分博士后的优秀研究成果不仅具有重要的学术价值，而且具有解决当前社会问题的现实意义，但往往因为一些客观因素，这些成果不能尽快问世，不能发挥其应有的现实作用，着实令人痛惜。

可喜的是，今天我们在支持哲学社会科学领域博士后研究成果出版方面迈出了坚实的一步。全国博士后管理委员会与中国社会科学院共同设立了《中国社会科学博士后文库》，每年在全国范围内择优出版哲学社会科学博士后的科研成果，并为其提供出版资助。这一举措不仅在建立以质量为导向的人才培养机制上具有积极的示范作用，而且有益于提升博士后青年科研人才的学术地位，扩大其学术影响力和社会影响力，更有益于人才强国战略的实施。

今天，借《中国社会科学博士后文库》出版之际，我衷心地希望更多的人、更多的部门与机构能够了解和关心哲学社会科学领域博士后及其研究成果，积极支持博士后工作。可以预见，我国的博士后事业也将取得新的更大的发展。让我们携起手来，共同努力，推动实现社会主义现代化事业的可持续发展与中华民族的伟大复兴。

人力资源和社会保障部副部长
全国博士后管理委员会主任
2012 年 9 月

摘　要

　　经济全球化的加速和高新技术的发展加快了世界范围内产业转移的进程，新一轮的产业转移以技术为先导、以服务为重点，不仅从根本上改变着世界服务业的发展模式，而且日益深刻地改变着各国经济、产业的发展模式，成为决定各国国际竞争力的重要因素。积极参与服务全球化、承接服务业跨国转移，是东道国吸收国际技术溢出促进服务业生产力水平提高的重要途径，也是东道国为国内相关产业提供服务和技术支持、促进国内产业效率提高的客观要求。

　　高技术服务业是现代服务业与高新技术产业相互融合发展的产物，是以网络和信息技术等高新技术为支撑，提供高技术含量和高附加值服务的新兴服务业。高技术服务业具有广泛产业的关联性，在产业链中对上下游产业产生较大的影响力、辐射力，对提高制造业效率和改善产业结构具有重要影响。因此，本书将提出高技术服务业外商直接投资（Foreign Direct Investment，FDI）对东道国制造业效率影响的研究，对于促进东道国高技术服务业发展、提高下游制造业的技术效率和竞争力、加快产业升级具有重要的借鉴意义。

　　本书在 D-S 框架下，首先，拓展知识溢出双增长模型，分析了高技术服务业 FDI 技术溢出内生提高制造业效率的机理。其次，基于理论模型，运用中介效应检验程序，实证分析中国、美国、日本、韩国、新加坡高技术服务业 FDI 对制造业效率的影响并进行跨国比较。再次，运用随机前沿生产函数模型对技术效率进行实证检验，进一步验证高技术服务业 FDI 对不同发展水平国家技术效率的影响。最后，本书选取面板数据对制造业效率影响因素进行实证分析。

本书共八章：第一章是导论，介绍本书研究背景、研究意义、研究结构、研究价值和研究方法。第二章是相关概念及文献综述。第三章是服务业及高技术服务业FDI特征分析，为研究提供现实背景。第四章是高技术服务业FDI技术溢出对东道国制造业效率影响的理论机理：在D-S框架下，拓展知识溢出双增长模型，将高技术服务业技术累积效应应用到制造业生产成本中，对通过服务业技术资本存量的跨期溢出效应降低制造业创造成本、实现制造业内生增长、提高生产效率的机理进行分析。第五章是高技术服务业FDI对制造业效率影响的国别经验分析：基于以上理论框架，参照冯泰文（2009）、赵伟和郑雯雯（2011）的做法，运用温忠麟等（2004）提出的中介效应检验程序，引入生产制造成本和创新能力作为中介变量，分行业对高技术服务业FDI降低生产制造成本或提高创新能力进而提高制造业效率进行实证检验，从而验证理论机理。本书采用中国、美国、日本、韩国、新加坡的行业面板数据，运用上述实证方法对理论机理进行检验，并将各国实证结果进行比较分析。第六章运用随机前沿生产函数模型，进一步验证高技术服务业FDI对各国技术效率的影响。此部分是从技术效率测算角度对高技术服务业FDI对不同发展水平国家制造业效率的影响进行佐证。第七章采用跨国面板数据，基于理论模型得出的影响因素，选取实际利用外资额数、劳动就业人数、工业品支出份额等变量对制造业效率的影响因素进行实证分析。第八章提出扩大高技术服务业开放、提高人力资本等对策措施。

本书的研究价值如下：

（1）理论方面，目前国内外关于服务业FDI的研究较少，而高技术服务业FDI的研究则更少，且往往处于静态研究层面。本书在D-S框架下，借鉴新增长理论内生提高机理，建立高技术服务业FDI促进制造业效率提高的内生机制，从动态角度分析高技术服务业FDI对制造业效率影响的理论机理，深化了服务业FDI研究内容，拓展了内生增长理论研究视角。

（2）实证方面，关于服务业与制造业间的促进作用，一般从前后关联角度进行分析，而关于服务业FDI对制造业产生效应的路径研究很少,这一问题对于提高制造业效率非常重要。本书运用中介效应,对高技术服务业FDI对东道国制造业效率的影响路径进行实证分析,弥补了FDI行业间溢出效应研究的不足和缺憾。

(3) 由于世界以及各国服务业统计手段和方法尚待完善,各国统计口径不统一,学术界和产业界对于高技术服务业这一概念目前尚未有明确、完整和统一的界定,而国内研究多是从省际层面或行业整体进行研究。本书分别运用中国、美国、日本、韩国、新加坡多个国家的行业数据进行实证检验,其数据搜集非常困难。

(4) 高技术服务业领域的研究历史较短,通过对典型国家高技术服务业FDI对制造业效率的影响分析和跨国比较,总结其成功经验并加以借鉴,有助于我国从发展现代服务业的高度来推进制造业的结构调整和升级,对于我国实现经济增长方式转变,改变我国在国际产业链中处于低端的不利局面具有重要的现实意义。

关键词: 高技术服务业FDI 技术溢出 制造业效率 内生增长 中介效应

Abstract

The acceleration of economic globalization and the development of high and new technology has accelerated the process of worldwide industrial transfer. A new round of industrial transfer guides as technology and focuses on service, not only transforming the development pattern of world service industry, but also profoundly changing the development mode of the country's economy and industry. It becomes important factors in determining a country's international competitiveness. Actively participating in service globalization and undertaking cross - border transfer of service industry, is an important way that host country absorbs international technology spillovers and promotes the development of service industry. It is also the objective requirement that host country provides service and technical support for the relevant industries and promotes the improvement of domestic industry efficiency.

High technology service industry is the integration of modern service industry and high - tech industry. It is supported by high and new technology such as network and information technology. It is the emerging service industry, providing high technical content and high value - added services. High technology service industry has extensive corration, which has greate influence and relevance with the upstream and downstream industries in industry chain. High technology service industry has an important impact on increasing manufacturing efficiency and improving industrial structure. Therefore, this book will put forward the issue that high - tech service FDI impacts on manufacturing efficiency in host country. It has important significance to promote the development of high – tech services in host country, improve the technology efficiency and competitiveness in downstream manufacturing industry, and accelerate industrial upgrading.

Under D – S framework, this book expands Knowledge Spillover Dual – Increase Model, analyzes the endogenous mechanism that the technology spillover of high – tech service FDI improves the manufacturing efficiency. Then, based on the theoretical model, with the mediation effect testing program, this book empirically analyzes and compares the result that high – tech service FDI affects on manufacturing efficiency in China, United States, Japan, South Korea, Singapore. Next, with Stochastic Frontier Approach, this book empirically analyzes technical efficiency, further verifying the affect of high – tech service FDI on technical efficiency in the different development levels of country. Finally, this book selects the panel data to analyze the factors which influences manufacturing efficiency.

This book covers eight chapters. Chapter I is introduction, presenting research backgrounds, research significance, research framework, research value and research methods. Chapter II defines key concepts and reviews related literature. Chapter III analyzes the characteristic of FDI in Service and high – tech Service, providing the realistic material for research.

In Chapter IV, this book analyzes the endogenous mechanism that the technology spillovers of high – tech service FDI affects the manufacturing efficiency in host country. Under D – S framework, this book expands Knowledge Spillover Dual – Increase Model and creates the following theoretical mechanism: High – tech services cumulative effect is applied to decrease manufacturing costs, that is to say, manufacturing cost is reduced by inter – temporal spillovers effect of high technology stock in high – tech industry, thus promoting manufacturing endogenous growth and improving production efficiency.

In Chapter V, this book analyzes the effect of high – tech service FDI on manufacturing efficiency in different countries. Based on the above theory framework, referring to the approach from Feng Taiwen (2009), Zhao Wei and Zheng Wenwen (2011), with the mediation effect testing program proposed by Wen Zhonglin et al. (2004), this book introduces manufacturing costs and innovation ability as intermediary variables , and testes empiracally the effect that high – tech service FDI improves manufacturing efficiency by lowering manufacturing costs or improving innovative capacity with industrial panal data. Thereby it verifies the theoretical mechanism.

This study adoptes industry panel data from United States, China, Japan, South Korea, Singapore respectively. With the above empirical method, it testes theoretical mechanism and compares the empirical results among the different countries.

In Chapter VI, with Stochastic Frontier Approach, this book further verifies the effect of high – tech service FDI on technical efficiency. By measuring technical efficiency, it corroborates the different impact of high – tech service FDI on manufacturing efficiency in the different development levels of country.

In Chapter VII, with the multinational panel data, based on theoretical model, this book empirically analyzes the factors affecting on manufacturing efficiency, such as FDI amount, labor employment number, industrial expenditure, and so on.

In Chapter VIII, the book puts forward countermeasures, such as enlarging to open high – tech services, improving human capital, and so on.

The main research value as follows:

(1) In theoretical aspect, the current domestic and abroad research about service FDI is less, the research about high – tech service FDI is more less, what is more, it is often studied by static method. Under D – S framework, referring to endogenous growth theory, this study establishes endogenous mechanism that high – tech service FDI promotes manufacturing efficiency to improve. From the dynamic perspective, this book analyzes the theoretical mechanism that high – tech service FDI affects on manufacturing efficiency. This study deepens the

research content of service FDI, expands research perspectives of endogenous growth theory.

(2) In empirical aspect, as for the relationship between service industry and manufacturing industry, the existing literature generally analyzes the forward and backward linkage effects of service industry and manufacturing industry, it rarely analyzes the path that service FDI impacts on manufacturing efficiency, which is very important to improve manufacturing efficiency. With mediation effect method, this study makes empirical analysis on the path that high – tech service FDI affects manufacturing efficiency in host country. It makes up for the shortcomings and deficiencies of research on FDI inter – industry spillover effects.

(3) As the services statistics means and methods, is still not to be perfected in the world, the various country's statistical standards are not unified, the concept about high – tech service is not yet defined clearly, completely and unifiedly in academic field. At present, the most of domestic literature studies with the provincial data or the whole industry data, while this book empirically studies with specific industry data from China, United States, Japan, Korea, Singapore respectively, whose data is collected difficultly.

(4) The research history of high – tech services is relatively short. This book analyzes and compares the effect of typical national high – tech service FDI on manufacturing efficiency, summarying and referring to their successful experience. It is conducive to promote manufacturing structural adjustment and upgrade by developing modern service industry. It has important practical significance for China to realize the transformation of economic growth mode, change China's low – end position in international industrial chain.

Key Words: High – Tech Service FDI; Technology Spillover; Manufacturing Efficiency; Endogenous Growth; Mediating Effect

目 录

第一章 导论 … 1
第一节 研究背景 … 1
一、服务业成为全球直接投资的重点 … 1
二、服务业国际转移地区向发展中国家扩展 … 2
三、服务业国际转移行业趋向高端服务 … 2
四、服务业与制造业之间形成良好的互动机制 … 3
第二节 研究意义与框架结构 … 5
一、研究意义 … 5
二、框架结构 … 5
三、研究价值 … 7
四、研究方法 … 8

第二章 相关概念与文献综述 … 9
第一节 相关概念 … 9
一、服务业 … 9
二、现代服务业 … 10
三、高技术服务业 … 13
四、服务业 FDI … 17
五、技术溢出 … 18
六、关于高技术服务业的政策文件 … 19
第二节 文献综述 … 21
一、本书的理论基础 … 21
二、相关理论对服务业国际投资的适用性 … 24

三、服务业FDI对东道国影响的研究综述 …………………… 27
　　　四、关于高技术服务业的研究 ………………………………… 36
　本章小结 …………………………………………………………… 38

第三章　服务业及高技术服务业FDI特征分析 ………………… 39
第一节　世界服务业及高技术服务业FDI特征分析 …………… 39
　　　一、世界FDI发展趋势分析 …………………………………… 39
　　　二、世界服务业及高技术服务业FDI发展趋势分析 ………… 42
　　　三、世界服务业及高技术服务业FDI的行业分析 …………… 45
　　　四、世界服务业及高技术服务业FDI的国家分布 …………… 49
　　　五、服务业及高技术服务业FDI的原因 ……………………… 59
第二节　中国服务业及高技术服务业FDI特征分析 …………… 60
　　　一、中国服务业及高技术服务业发展的现状 ………………… 60
　　　二、中国服务业及高技术服务业FDI的行业分析 …………… 67
　　　三、中国服务业FDI的国家（或地区）分布 ………………… 70
　　　四、中国FDI的地区分布 ……………………………………… 74
　　　五、中国服务业及高技术服务业FDI存在的问题 …………… 76
　本章小结 …………………………………………………………… 78

第四章　高技术服务业FDI技术溢出对东道国制造业效率影响的理论机理 …………………………………………… 81
第一节　模型假设条件 …………………………………………… 82
　　　一、基本假设 …………………………………………………… 82
　　　二、高技术服务业技术创造成本和生产效率函数假设 ……… 83
第二节　短期均衡分析 …………………………………………… 84
　　　一、农业部门 …………………………………………………… 84
　　　二、制造业部门 ………………………………………………… 85
第三节　长期均衡分析 …………………………………………… 88
　　　一、消费者跨期效用函数 ……………………………………… 88
　　　二、长期均衡条件 ……………………………………………… 89
　　　三、长期均衡的特征 …………………………………………… 90
　本章小结 …………………………………………………………… 96

第五章 高技术服务业 FDI 对制造业效率影响的国别经验分析 ·············· 97

第一节 研究方法 ·············· 97
一、中介变量和中介效应 ·············· 98
二、面板数据 ·············· 100

第二节 中国高技术服务业 FDI 对制造业效率影响的实证分析 ·············· 101
一、中国指标选取及数据处理 ·············· 101
二、中国实证检验结果分析 ·············· 102
三、中国实证结论 ·············· 106

第三节 美国高技术服务业 FDI 对制造业效率影响的实证分析 ·············· 107
一、关于美国服务业开放的研究 ·············· 107
二、美国指标选取及数据处理 ·············· 108
三、美国实证检验结果分析 ·············· 109
四、美国实证结论 ·············· 112

第四节 日本高技术服务业 FDI 对制造业效率影响的实证分析 ·············· 114
一、关于日本服务业开放的研究 ·············· 114
二、日本指标选取及数据处理 ·············· 115
三、日本实证检验结果分析 ·············· 116
四、日本实证结论 ·············· 119

第五节 韩国高技术服务业 FDI 对制造业效率影响的实证分析 ·············· 121
一、关于韩国服务业开放的研究 ·············· 122
二、韩国指标选取及数据处理 ·············· 122
三、韩国实证检验结果分析 ·············· 123
四、韩国实证结论 ·············· 127

第六节 新加坡高技术服务业 FDI 对制造业效率影响的实证分析 ·············· 128
一、关于新加坡服务业开放的研究 ·············· 129

二、新加坡指标选取及数据处理 …………………………………… 129
　　三、新加坡实证检验结果分析 …………………………………… 130
　　四、新加坡实证结论 ……………………………………………… 133
　本章小结 …………………………………………………………… 135

第六章　高技术服务业 FDI 对各国技术效率的影响
　　　　——基于随机前沿生产函数的实证研究 ……………… 139
　第一节　随机前沿技术 …………………………………………… 139
　第二节　高技术服务业 FDI 对各国技术效率影响实证分析 …… 141
　　一、模型设定 ……………………………………………………… 141
　　二、指标选取及数据处理 ………………………………………… 141
　　三、模型估计及评价 ……………………………………………… 143
　第三节　技术效率水平的测算结果及国家间差异分析 ………… 146
　　一、各国技术效率测算结果 ……………………………………… 146
　　二、高技术服务业 FDI 对技术效率影响的国家间差异分析 …… 146
　本章小结 …………………………………………………………… 149

第七章　高技术服务业 FDI 对制造业效率影响因素分析 ……… 151
　第一节　高技术服务业 FDI 对制造业效率影响因素研究现状 … 151
　第二节　高技术服务业 FDI 对制造业效率影响因素实证分析 … 152
　　一、计量模型 ……………………………………………………… 152
　　二、指标选取与数据处理 ………………………………………… 153
　　三、实证检验及结果分析 ………………………………………… 155
　第三节　结论及政策建议 ………………………………………… 158
　本章小结 …………………………………………………………… 159

第八章　我国高技术服务业 FDI 促进制造业效率提升的
　　　　对策建议 ………………………………………………… 161
　第一节　有效承接高技术服务业国际转移 ……………………… 161
　　一、政府应加大对高技术服务企业的政策引导和扶持 ………… 161
　　二、逐步放开高技术服务业管制促进国内服务业发展 ………… 162
　　三、合理引导高技术服务业外商直接投资的方向 ……………… 163

四、有效承接高技术服务业转移促进相关产业发展……………164
第二节　完善政策法规为高技术服务业 FDI 提供良好环境……165
　　一、完善相关制度及法律为高技术服务业发展
　　　　提供良好条件……………………………………………165
　　二、提高国内高技术服务业水平及基础条件
　　　　承接服务业转移…………………………………………167
　　三、加大高技术服务业资金支持拓宽融资渠道………………168
　　四、重视高技术服务业人才的培养………………………………169
　本章小结……………………………………………………………169

附　录………………………………………………………………171

参考文献……………………………………………………………177

索　引………………………………………………………………205

后　记………………………………………………………………209

Contents

1 Introduction 1
    1.1 Background 1
        1.1.1 Service Industry has Become Focus of Global Direct Investment 1
        1.1.2 International Service Industry has Transfer to Developing Countries 2
        1.1.3 International Service Industry has Transfer toward Advanced Services 2
        1.1.4 It Is Forming a Good Interaction Mechanism Between Service and Manufacturing 3
    1.2 Research Significance and Research Framework 5
        1.2.1 Research Significance 5
        1.2.2 Research Framework 5
        1.2.3 Research Value 7
        1.2.4 Research Methods 8

2 Related Concepts and Literature Review 9
    2.1 Related Concepts 9
        2.1.1 The Concept of Service Industry 9
        2.1.2 The Concept of Modern Service Industry 10
        2.1.3 The Concept of High–Tech Service Industry 13
        2.1.4 The Concept of Service FDI 17
        2.1.5 The Concept of Technical Spillover 18

  2.1.6 The Policy Documents on High – Tech Service Industry ……………………………………… 19
 2.2 Literature Review ……………………………………………… 21
  2.2.1 The Theoretical Research Basis …………………… 21
  2.2.2 The Related Theory Applied to International Services Investment ………………………………………………… 24
  2.2.3 Research Literature on the Impact of Service FDI on Host Country ……………………………………………… 27
  2.2.4 Research Literature on High – Tech Service Industry …… 36
 Summary of This Chapter ………………………………………… 38

3 Analysis on the Characteristics of Service FDI and High – Tech Service FDI ……………………………………………………… 39

 3.1 Analysis on the Characteristics of Service FDI and High – Tech Service FDI ………………………………………………… 39
  3.1.1 The Development Trend of FDI in the World ………… 39
  3.1.2 The Development Trend of Service FDI and High – Tech Service FDI in the World ………………………… 42
  3.1.3 Analysis on the Industrial Characteristics of Service FDI and High – Tech Service FDI in the World ………… 45
  3.1.4 Analysis on the Country's Distribution of Service FDI and High – Tech Service FDI in the World ………… 49
  3.1.5 The Reasons for Service FDI and High – Tech Service FDI ……………………………………………………… 59
 3.2 Analysis on the Characteristics of Service FDI and High – Tech Service FDI in China ……………………………………… 60
  3.2.1 The Situation of Service FDI and High – Tech Service FDI in China ……………………………………………… 60
  3.2.2 Analysis on the Industrial Characteristics of Service FDI and High – Tech Service FDI in China ……………… 67
  3.2.3 Analysis on the Country's Distribution of Service FDI in China ……………………………………………………… 70

Contents

- 3.2.4 Analysis on the Regional Distribution of Foreign Direct Investment in China ········ 74
- 3.2.5 The Problems of Service FDI and High-Tech Service FDI in China ········ 76
- Summary of This Chapter ········ 78

4 Theory Mechanism on the Technology Spillover of High-Tech Service FDI Impacting on Manufacturing Efficiency in Host Country ········ 81

- 4.1 Model Assumptions ········ 82
  - 4.1.1 The Basic Assumption of Model ········ 82
  - 4.1.2 The Hypothesis on High-Tech Service Creating Cost and Production Function ········ 83
- 4.2 Analysis on Short-Term Equilibrium ········ 84
  - 4.2.1 Analysis on Agricultural Sector in Short-Term Equilibrium ········ 84
  - 4.2.2 Analysis on Manufacturing Sector in Short-Term Equilibrium ········ 85
- 4.3 Analysis on Long-Term Equilibrium ········ 88
  - 4.3.1 Consumer Intertemporal Utility Function ········ 88
  - 4.3.2 Analysis on Long-Term Equilibrium Conditions ········ 89
  - 4.3.3 Analysis on the Characteristics of Long-Term Equilibrium ········ 90
- Summary of This Chapter ········ 96

5 Empirical Analysis on the Impact of High-Tech Service FDI on Manufacturing Efficiency in Different Country ········ 97

- 5.1 Research Methods ········ 97
  - 5.1.1 Intermediary Ariable and Mediation Effect ········ 98
  - 5.1.2 Panal Data ········ 100
- 5.2 Empirical Analysis on the Impact of High-Tech Service FDI on Manufacturing Efficiency in China ········ 101
  - 5.2.1 Chinese Index Selection and Data Processing ········ 101

5.2.2　Analysis on Chinese Empirical Result ……………… 102
　　　5.2.3　Chinese Empirical Conclusions ………………………… 106
5.3　Empirical Analysis on the Impact of High‐Tech Service
　　　FDI on Manufacturing Efficiency in America …………… 107
　　　5.3.1　Research on American Service Opening to the Outside
　　　　　　World …………………………………………………… 107
　　　5.3.2　American Index Selection and Data Processing ………… 108
　　　5.3.3　Analysis on American Empirical Result ……………… 109
　　　5.3.4　American Empirical Conclusions ……………………… 112
5.4　Empirical Analysis on the Impact of High‐Tech Service
　　　FDI on Manufacturing Efficiency in Japan ……………… 114
　　　5.4.1　Research on Japanese Service Opening to the Outside
　　　　　　World …………………………………………………… 114
　　　5.4.2　Japanese Index Selection and Data Processing ………… 115
　　　5.4.3　Analysis on Japanese Empirical Result ………………… 116
　　　5.4.4　Japanese Empirical Conclusions ……………………… 119
5.5　Empirical Analysis on the Impact of High‐Tech Service
　　　FDI on Manufacturing Efficiency in Korea ……………… 121
　　　5.5.1　Research on Korean Service Opening to the Outside
　　　　　　World …………………………………………………… 122
　　　5.5.2　Korean Index Selection and Data Processing …………… 122
　　　5.5.3　Analysis on Korean Empirical Result …………………… 123
　　　5.5.4　Korean Empirical Conclusions ………………………… 127
5.6　Empirical Analysis on the Impact of High‐Tech Service
　　　FDI on Manufacturing Efficiency in Singapore ………… 128
　　　5.6.1　Research on Singapore Service Opening to the Outside
　　　　　　World …………………………………………………… 129
　　　5.6.2　Singapore Index Selection and Data Processing ………… 129
　　　5.6.3　Analysis on Singapore Empirical Result ……………… 130
　　　5.6.4　Singapore Empirical Conclusions ……………………… 133
Summary of This Chapter ……………………………………………… 135

6 Empirical Analysis on the Impact of High-Tech Service FDI on Technical Efficiency: Based on Stochastic Frontier Production Function ··· 139

    6.1 Stochastic Frontier Model ··· 139
    6.2 Empirical Analysis on the Impact of High-Tech Service FDI on Different Countrys Technical Efficiency ···················· 141
        6.2.1 Model Assumptions ·· 141
        6.2.2 Index Selection and Data Processing ······················ 141
        6.2.3 The Estimation and Evaluation Model's Result ············ 143
    6.3 The Measurement Results of Technical Efficiency and Analysis on Technical Efficiency Differences in Different Country ··· 146
        6.3.1 The Measurment Results of Different Country's Technical Efficiency ··· 146
        6.3.2 Analysis on the Impact of Different Country's High-Tech Service FDI on Technical Efficiency ·················· 146
    Summary of This Chapter ··· 149

7 The Affecting Factors of High-Tech Service FDI on Manufacturing Efficiency ··· 151

    7.1 Literature Review about the Affecting Factors of High-Tech Service FDI on Manufacturing Efficiency ················ 151
    7.2 Empirical Analysis on the Affecting Factors of High-Tech Service FDI on Manufacturing Efficiency ························· 152
        7.2.1 Econometric Model ·· 152
        7.2.2 Index Selection and Data Processing ······················ 153
        7.2.3 Analysis on Empirical Result ································ 155
    7.3 Empirical Conclusions and Policy Advice ························ 158
    Summary of This Chapter ··· 159

8 The Countermeasures of High–Tech Service FDI Improving Manufacturing Efficiency in China ········· 161

8.1 Undertaking High–Tech Service Transfer Effectively ········· 161

8.1.1 The Government Should Strengthen Policy Guidance and Support for High–Tech Service Enterprises ············· 161

8.1.2 Liberalizing Gradually High–Tech Services to Promote the Development of Domestic Services ················ 162

8.1.3 Regulating the Investment Direction of High–Tech Service FDI Reasonably ················ 163

8.1.4 Undertaking Effectively High–Tech Service Transfer and Promoting the Development of Related Industries ········· 164

8.2 Improving the Policy and Regulations to Provide a Favorable Environment for High–Tech Service FDI ················ 165

8.2.1 Improving the Related Legal System and Providing Favorable Conditions for the Development of High–Tech Service ········· 165

8.2.2 Improving the Level of Domestic High–Tech Service and the Basic Facilities to Undertake the Transfer of Service Industry ················ 167

8.2.3 Increasing Financial Support for High–Tech Service to Broaden the Financing Channels ················ 168

8.2.4 Paying More Attention to the Cultivation of High–Tech Service Talent ················ 169

Summary of This Chapter ················ 169

Appendices ················ 171

References ················ 177

Index ················ 205

Acknowledgements ················ 209

第一章 导 论

第一节 研究背景

随着经济全球化和以信息技术为先导的高科技迅速发展,全球产业结构调整和转移已成为世界经济发展的必然趋势。继全球制造业国际转移之后,国际服务业转移已成为新一轮全球产业结构调整的重要内容。

一、服务业成为全球直接投资的重点

自20世纪中期服务业开始了发展。随着服务业的发展,服务领域的对外直接投资也随之迅速增长。20世纪70年代,世界服务业吸引外资占全球总存量的25%,20世纪90年代后服务业得到迅猛发展,2000~2008年服务业投资所占比重基本保持在60%左右,尽管2008年随着经济危机的出现,金融、贸易等产业投资出现了下滑,服务业外商投资出现了波动,截止到2011年底,服务业FDI仍居全球直接投资首位,服务业成为全球直接投资的主要行业领域[①]。随着经济规模的扩大和制造业部门的扩张、生产的社会化和专业化程度的提高,服务业及其内部各行业向制造业提供的生产性服务随之增加,服务业必然会成为全球直接投资的重点。

---

① UNCTAD, Cross-border M&A Database (www.unctad.org/fdistatistics).

二、服务业国际转移地区向发展中国家扩展

目前服务业跨国转移的主体和支配力量是发达国家的跨国公司,服务业跨国转移仍集中在发达国家之间。不过,随着成本的上升以及出于风险分散的考虑,欧美和日本近年来将软件和信息等服务业进行跨国转移,将大量的编程和售后服务工作外包给生产成本较低的发展中国家,发展中国家在服务业外商直接投资中所占的比重有所上升。2000～2011年,发展中国家服务业流入量占世界服务业流入总量的比重从2000年的27.39%增长到2011年的36.31%,提高了8.92个百分点;转型国家服务业流入量占世界服务业流入总量的比重从2000年的1.87%增长到2011年的3.58%,提高了1.70个百分点;而同期发达国家服务业流入量占世界服务业流入总量的比重从2000年的70.74%下降到2011年的60.11%,下降了10.63个百分点①。这表明发达国家服务业流入量比重不断下降,发展中国家和转型国家服务业流入量不断上升,说明世界范围内服务业的投资重心正向发展中国家和转型国家转移。

三、服务业国际转移行业趋向高端服务

从国际转移演变规律来看,国际服务业转移从传统的服务业转向现代服务业。现代服务业以创新为核心要素并提供高附加值、高层次、知识型服务,将成为国际服务业转移的新热点。例如,美国各大银行向海外转移的业务不再集中于数据录入、交易处理、人力资源管理、呼叫中心等后勤部门的业务,而是开始转移设计环节的业务,包括专业性工作如财务分析、会计和图形设计等技术含量较高的行业②。此外,跨国企业还把自己的研发中心转移,可以说高端服务业将会是未来产业转移的一个新趋势。从世界范围看,2000～2011年,世界高技术服务等行业发展呈上升趋势,高技术服务等行业流入量占世界服务业流入总量的比重从2000年的43.54%增长到2011年的48.75%,2009年更是高达50.81%;而同期旅游业发展呈下

---

① 根据 UNCTAD 数据整理。
② 付强:《当前全球服务业国际转移的趋势研判》,《商场现代化》2010年第7期。

降趋势，旅游业流入量占世界服务业流入总量的比重从2000年的28.83%下降到2011年的23.25%，下降了5.58个百分点①。上述情况表明，世界传统服务业国际转移较慢甚至处于下降趋势，而高技术等现代服务业国际转移正日益加快，高技术服务业通过高技术产业服务化和服务业高技术化，促使专业化分工向产业高端化发展，高技术服务业全球化趋势日益加强。

四、服务业与制造业之间形成良好的互动机制

现代产业发展的特点就是产业融合，产业间的关联越来越紧密。大量服务投入到制造业中，使制造业和服务业之间的依赖程度越来越高。在信息技术革命背景下，由于信息技术本身具有较高的渗透性、融合性，制造业服务化促使产业间的界限越来越模糊，实质上这是制造业生产方式不断"软化"的过程。同时制造企业把内部的领域扩展到服务领域，把内部的活动从以制造为中心转到以服务为中心。例如IBM公司在20世纪90年代由制造型企业成功转为服务型企业；GE通过为客户贷款提供金融服务，刺激了产品的销售；HP公司为客户提供从硬件到软件、从销售到咨询的服务，通过与服务性企业的兼并，为客户提供全方位的服务，这都有力地说明了现代服务业与制造业之间日益融合并相互促进的关系。

此外，高技术服务业具有较强的技术外溢效应，很难进行技术保密。高技术服务业的业务是通过对客户的服务来实现的，很难像制造业那样，将高端关键性的业务留在母公司。高技术服务业FDI的进入对本土企业产生了明显的示范带动效应，提供了很好的学习机会。因此，高技术服务业转移具有如下作用：

1. 承接高技术服务业转移是参与全球化实现跨越式升级的机遇

当前，服务业已成为世界产业结构升级和国际产业转移的重要内容，服务业跨国转移也开始呈现由发达国家向发展中国家转移的趋势。近年来，服务业向中国、印度、巴西等新兴经济体加快转移，其转移的巨大外溢效应使新兴市场利用后发优势实现服务业跨越式升级的路径成为可能。大力发展高技术服务业，有助于新兴经济体传统产业和高新技术产业结构的调

---

① 根据UNCTAD数据整理。

整和升级，有助于实施承接国际产业转移的高端战略（王子先，2010）。我国通过承接国际服务业转移与外包，可促进整体产业链的优化重组，推动我国在国际产业链位置从低端向中高端的跨越，实现服务业的跨越式升级。

2. 高技术服务业有助于带动产业结构优化与升级

我国已进入工业化中期阶段，但服务业相对滞后不仅造成我国产业结构滞后，也限制和阻碍了工业化的进程。发展高技术服务业有利于提升和优化工业特别是制造业结构，提高制造业的集约化和精致化程度，有利于形成一、二、三次产业之间的合理分工和有效互动。高技术服务业的发展有助于我国从发展产业互动融合的高度来提高产业发展水平，培育产业动态比较优势，促进产业互动良性发展循环的形成，实现产业之间相互支撑和协调发展，对于推进我国产业的结构调整和升级、转变经济增长方式具有重要战略意义。

3. 高技术服务业发展促进制造业效率的提高

高技术服务业具有广泛的产业关联性，在产业链中对上下游产业产生较大的影响力和辐射力，是我国吸收国际技术溢出促进技术进步的重要途径，也是我国提高下游制造业技术效率和竞争力的客观要求。高技术服务业通过高技术产业服务化，促使不同产业的生产要素以新的方式广泛渗透和应用到其他产业，其发展不仅影响服务业本身，而且还能推动制造业等传统产业的升级（姚正海，2010）。因此，我国将高技术服务业视为战略性新兴产业，不仅促进了原有产业通过产业链延伸发展形成新的产业，而且更深层次地促进了产业之间通过有组织的服务关联，在产业融合中通过技术创新和服务创新，提高相关产业特别是制造业的效率。

在此形势下，如何抓住全球产业转移的契机，承接服务业跨国转移促进服务业发展、提高制造业生产效率，对于促进我国产业结构优化和升级、实现经济增长方式转变具有重要战略意义。基于此，本书提出高技术服务业FDI对东道国制造业效率影响的研究，扩大服务业开放，充分发挥高技术服务业FDI的溢出效应，不仅对于服务业本身的发展、我国整体产业结构的调整和优化具有深远的影响，而且对于目前在我国经济中占据最重要地位的制造业发展具有重要的意义。

第二节 研究意义与框架结构

一、研究意义

本书关于高技术服务业 FDI 对东道国制造业效率影响的研究的主要意义为:

随着科学技术的发展和全球服务业转移的加快,我国制造业结构调整不能局限于制造业本身,还应从产业间相互融合、互动及协调出发,将服务业与制造业间良性互动的内生性力量作为产业结构升级的关键因素,促进我国利用后发优势实现产业跨越式升级。本书关于高技术服务业国际转移对东道国制造业效率提升的研究,是我国吸收服务业产业间溢出、促进制造业升级、实现经济增长方式转变的重要途径,对于实现"十二五"经济社会发展目标具有重要的战略意义。

目前国内外关于服务业 FDI 的研究较少,而高技术服务业 FDI 溢出效应的研究则更少,且往往从静态层面进行研究。本书对高技术服务业技术溢出效应内生提高制造业效率的机理进行研究,拓展了服务业 FDI 研究的理论体系,丰富了新增长理论的研究内容,为服务业行业间溢出效应研究提供较为全面的理论框架,弥补了服务业与制造业关联机制研究的不足。同时本书从行业角度出发,深入分析中介模型下高技术服务业内部各细分行业对制造业效率的影响,而国内研究多是从省际层面或行业内层面进行研究。因此,本书的选题具有重要的理论意义。

二、框架结构

本书共分八章,主要内容如下:

第一章是导论,主要介绍本书的研究背景、研究意义,并阐述研究结构、研究方法。

第二章是相关概念与文献综述。首先介绍服务业等概念的内涵及分类,然后对理论背景进行梳理和归纳，并对相关理论对服务业国际投资的适用性进行分析，接着重点对关于服务业 FDI 对东道国经济影响、服务业 FDI 对东道国制造业效率影响、FDI 行业间溢出效应、服务业 FDI 对东道国制造业效率的作用路径的研究展开层层综述，最后介绍了高技术服务业的研究进展状况，并提出了本书的切入点。

第三章是服务业及高技术服务业 FDI 特征分析，首先介绍世界服务业及高技术服务业 FDI 的发展趋势、行业分布和国家分布并分析其原因，然后介绍中国服务业及高技术服务业 FDI 的现状、行业分布、国家分布和地区分布，说明中国外商投资存在的问题，为本书提供现实依据。

第四章是高技术服务业 FDI 技术溢出对东道国制造业效率影响的理论机理，在知识溢出双增长模型（KSDIM）基础上，本书放宽假设条件为两个国家（母国和东道国）、三个部门（农业、制造业和高技术服务业）、两种要素（技术服务资本和劳动力），将服务业技术资本物化为物质资本，并将其应用到制造业创造成本中，通过服务业技术资本存量的跨期溢出效应降低制造业创造成本，实现制造业内生增长，提高生产效率。

第五章是高技术服务业 FDI 对制造业效率影响的国别经验分析，基于上述理论框架，参照冯泰文（2009）、赵伟和郑雯雯（2011）的做法，运用温忠麟等（2004）提出的中介效应检验程序，采用强迫进入法进行回归分析。本书选取制造业细分行业生产效率来度量制造业的效率，引入生产制造成本和创新能力作为中介变量，选取高技术服务业 FDI 作为重要的自变量，分行业对高技术服务业 FDI 降低生产制造成本或提高创新能力进而提高制造业效率进行实证检验，从而验证理论机理。

需要说明的是：①本书综合服务贸易总协定（GATS）和国家统计局关于服务业的分类，选取了信息传输、计算机服务和软件业，科学研究、技术服务业以及知识产权服务业等行业代表高技术服务业。②本书采用中国、美国、新加坡、日本、韩国等国家的行业数据，运用上述实证方法对理论机理进行检验，并对各国实证结果进行比较分析。

第六章运用随机前沿生产函数模型，从动态角度进一步探讨高技术服务业 FDI 对各国技术效率的影响。此部分是对高技术服务业 FDI 对不同发展水平国家制造业效率的影响效应的佐证。

第七章采用跨国面板数据，基于理论模型得出的影响因素，选取实际利用外资额数、劳动就业人数、工业品支出份额等变量对制造业效率的影响因素进行实证分析。

第八章提出适度开放高技术服务业、提高人力资本等对策措施。

三、研究价值

本书主要研究价值在于：

（1）理论方面，目前国内外关于服务业 FDI 的研究较少，而高技术服务业 FDI 溢出效应的研究则更少，且往往从静态层面进行研究。国内对高技术服务业的研究或集中于理论概念、体系项目建设等方面，或是对发达国家高技术服务业运行方式及国际经验进行分析，极少涉及高技术服务业 FDI 理论机制的探究。因此，本书对高技术服务业技术溢出与制造业生产效率内生提高的机理进行研究，深化了服务业 FDI 研究的理论，拓展了内生增长理论研究视角，为服务业行业间溢出效应提供较为全面的理论框架，弥补了服务业与制造业关联机制研究的不足。

（2）实证方面，关于服务业 FDI 与东道国经济增长的研究较充分，但服务业 FDI 对东道国制造业效率的促进作用分析较少，且多是从省际层面或行业整体进行研究；而技术溢出效应的研究，一般从前后关联角度进行分析，主要集中在对工业 FDI 技术溢出进行分析，服务业行业间技术溢出分析非常有限，关于服务业 FDI 对制造业产生效应的路径研究更是很少，而这一问题对于提高制造业效率非常重要。本书运用中介效应，从行业角度出发，对高技术服务业 FDI 对东道国制造业效率的影响进行实证分析，弥补了国内 FDI 行业间溢出效应研究的不足和缺憾。

（3）高技术服务业领域的研究历史较短，可借鉴的资料较少，本书通过中国、美国、日本、韩国、新加坡高技术服务业 FDI 对制造业效率的影响分析并进行跨国比较，总结其成功经验并加以借鉴，有利于我国从发展现代服务业的高度来推进制造业的结构调整和升级，对于我国实现经济增长方式转变、改变我国在国际产业链中处于低端的不利局面、提升国际分工的地位具有重要现实意义。

因此，本书对高技术服务业 FDI 对制造业效率提升机理进行分析，探讨高技术服务业 FDI 对制造业效率提升路径，这对我国提高产业效率、促进产业升级具有十分重要的现实意义。

四、研究方法

本书研究方法主要如下：

(1) 理论和实证分析相结合。经济全球化背景下利用服务业国际转移时机促进制造业效率提高问题研究是一个理论性和应用性都非常强的课题，本书的研究强调以理论研究为基础，借助新经济地理理论、内生增长理论、跨国公司理论、服务业理论等相关理论，有针对性地吸收这些理论中的相关成果，建立高技术服务业 FDI 通过技术资本存量的跨期溢出效应降低制造业的创造成本，从而促进东道国制造业效率提升的内生机理。然后以生产成本和创新能力作为中介变量，运用中介效应模型对高技术服务业 FDI 降低生产制造成本或提高创新能力进而提高制造业效率的内生机理进行实证检验。接着采用跨国面板数据，基于理论模型得出的影响因素，选取实际利用外资额数等变量对制造业效率的影响因素进行实证分析，从而验证理论机理，有效地将理论机理和实证分析相结合。

(2) 采用比较研究的方法。运用中国、美国、日本、韩国和新加坡 5 个国家行业面板数据，分别分析 5 国高技术服务业 FDI 对制造业效率的影响，并对实证结果进行跨国比较，总结各国高技术服务业发展的成功经验并予以借鉴，为中国产业政策的制定提供参考和建议。

(3) 定性与定量分析相结合。本书关于高技术服务业 FDI 技术溢出对制造业效率影响的机理，与目前的产业升级联系非常紧密，在定性分析的基础上，强调定量研究，文中配有大量的统计图表，力求详尽说明高技术服务业国际转移对制造业效率影响的数据事实来验证相关理论观点，使其更有说服力。

第二章 相关概念与文献综述

第一节 相关概念

一、服务业

服务业即第三产业,是指为生产和消费提供各种服务的部门和企业的集合,是指除第一、第二产业以外的其他各业。关于服务业的分类,中国与其他国家不尽相同。

(1) 世界贸易组织(WTO)把服务业分为12大类,即商业服务、通信服务、建筑及有关工程服务、教育服务、销售服务、金融服务、环境服务、健康与社会服务、与旅游有关的服务、运输服务、娱乐及文化与体育服务、其他服务等。

(2) 我国关于服务贸易统计起步较晚,按照国际货币基金组织(IMF)《国际收支手册》第五版(BPM5)关于国际收支经常项目下服务贸易统计的要求,我国将服务贸易分为:①运输;②旅游;③通信服务;④建筑服务;⑤保险服务;⑥金融服务;⑦计算机和信息服务;⑧专有权利使用费和特许费;⑨咨询;⑩广告宣传;⑪电影音像;⑫其他商业服务。国家外汇管理局每年发布的"国际收支平衡表"中,遵循WTO有关服务贸易的定义,剔除了其中的政府服务。因此,我国关于服务贸易的分类与GATS的分类是基本一致的。

二、现代服务业

现代服务业是相对于传统服务业而言的,传统服务业主要指一些技术含量不高、以提供直接劳动为主的消费者服务和公共性服务,而现代服务业主要指一些知识技术含量较高,以提供直接或间接劳动为主的生产者服务、消费者服务和公共性服务①。现代服务业相对于传统服务业的一个显著特点就是充分运用现代信息技术和其他高科技来提供直接或间接的服务,现代服务业一般是知识和技术密集型的产业。

现代服务业主要包括两种类型:一类是传统服务业通过对信息技术应用的深化和国际经济发展的要求而升级形成的现代服务业,如金融、物流、教育、科学研究等,其实质是服务业现代化;另一类是随着信息技术和国际互联网络的发展而产生的新兴服务业,如信息服务、计算机服务与软件业、网络游戏产业、电子商务及移动商务等,其实质是服务模式的创新。

1. 关于现代服务业的解释

"现代服务业"一词起源于我国,目前在我国是被广泛使用的概念。它最早出现在 1997 年 9 月党的十五大报告中,后来又在党的十六大报告和《中共中央关于制定国民经济和社会发展第十一个五年规划的建议》中先后使用过。此后,全国很多省市在制定地方"十一五"规划中,均把加快发展现代服务业放在显著的位置。

大多数学者认为,现代服务业与被国外学者称作知识密集型的服务业在含义和特征上比较接近。不少专家学者也对其内涵提出了自己的解释,例如,郑吉昌(2004)、来有为(2004)认为,现代服务业主要是指生产性服务业,是为生产、商务活动的中间投入而不是直接为最终消费提供的服务,主要包括金融业、保险业、房地产业、咨询业、信息服务业、科技开发业、商务服务业等行业。夏杰长(2008)认为,现代服务业还应包括借助信息技术改造升级后的传统生产服务业。顾乃华(2007)认为,现代服

---

① 这种标准是依照服务业的作用发展方式进行划分的。如果服务是作为农业、制造业和服务业生产的中间投入品,则这种服务业就称为生产者服务;如果是作为最终消费品,则归类为消费者服务;既不具有生产品性质,也不具有最终消费品性质的服务,则归类为公共性服务。这种划分标准不具有绝对的意义,例如,住宿餐饮服务,经济学界一般把它归类为生产者服务,但它具有典型的消费性质,本书也把住宿餐饮服务归类为生产者服务。

务业最本质的功能是通过产业关联效应，提高整个地区经济的竞争力。刘志彪（2005）认为，现代服务业是基于制造业的基础、从制造业中逐渐分离出来并发展成为推动现代制造业迅速成长的独立的产业部门。杨旭（2010）认为，现代服务业是通过运用以信息技术为代表的高新科技手段向生产部门提供作为中间投入的服务或者以产业化方式向个人消费者提供生活服务的各种产业的集合。它既包括从传统生产部门分离出来的"服务化了的产业"，也包括借助高新科技实现产业化升级的"信息化、产业化的传统服务业"。卢涛（2012）认为，现代服务业的特点包括：环境亲和力强、节能减排效用高、高附加值产品和以智力密集型为主，它不仅涵盖新兴服务业，也包括对传统服务业的技术改造和升级。刘重（2005）探讨了现代服务业理论发展的历程，指出现代服务业是一个相对动态的概念，是第三产业的延伸和发展。

上述研究成果表明，现代服务业是一个相对动态的概念，与传统服务业相比，现代服务业呈现出高人力资本含量、高技术含量、高附加值和新技术、新业态和新增长方式的显著特征。现代服务业既是新的服务业态的出现，又是对传统服务业的升级换代。

2. 关于知识密集型服务业的解释

目前国内外的各项研究对知识密集型服务（Knowledge-Intensive Business Services，KIBS）的定义并没有达成一致，下面是国内外学者和研究机构关于知识密集型服务业定义的归纳和总结，这可以增进对知识密集型服务业的了解。

Miles 等（1995）第一次明确提出了知识密集型服务业的概念，认为知识密集型服务业是指依赖于特定领域或学科相关知识和技术能力，提供的是以知识为基础的中间产品或学科的相关知识和技术能力的公司或组织。Den Hertog（1998）提出了与 Miles 相近的定义，认为知识密集型服务业是指那些通过运用某一特定领域的知识或专业技术向客户提供以知识为基础的中间产品和服务的私人公司或组织。Dathe 和 Schmid（2000）从人力资本状况和创新能力两个角度来对知识密集型服务业进行界定，他们认为服务业内部员工的教育水平、过程创新的平均比率和产品创新的平均比率至少有一个指标在平均比例以上的行业才能确定为知识密集型服务业。Nahlinder（2002）认为，知识密集型服务企业是提供基于技术的知识密集型服务产品的商业企业，知识密集型服务企业及其客户均拥有受过良好教育的雇员，二者之间存在高水平的交互作用。Muller 和 Zenker（2001）提出，知识密集型服务企业是指那些主要为其他企业提供高智力、高附加值服务的企业，是一种广义的咨询顾问类企业。Kemppil 和 Mettanen（2004）指出，知识密集型服务业的定义主要包含以下三点：知识是服务的重要投入；服务高度依赖于专业的知识和能力；服务提供商和客户之间具有高度的互动性，可以为新知识的生产、知识的扩散和传播提供可能性。OECD 从投入产出的视角出发，认为知识密集型服务业就是那些技术及人力资本投入密度高、附加值大的服务行业。

国内学者对知识密集型服务业的概念也尚未形成统一的认识，金雪军和毛健（2002）认为，知识密集型服务业是那些对信息流进行收集、整理、分析、研究、储存并转化为可用知识，为用户提供信息资源和信息管理的行业。魏江（2007）认为，知识密集型服务业是指那些知识密集度高，依靠新兴技术与专业知识，具有较明显的客户互动特征的商业性公司或组织。李红（2005）认为，知识密集型服务业是致力于知识和信息的收集、整理、创造和传播的新兴服务业。狭义的知识密集型服务业是指那些运用新技术、新业态和新服务方式，为各类产业提供以知识为基础的中间产品和服务的技术知识密集型产业；广义的知识密集型服务业泛指依赖于专门领域的知识和技能，为各类产业提供以知识为基础的中间产品和服务的产业。王炳才（2007）提出，知识密集型商业服务是与知识的创造、积累和扩散等活动有关的服务。裴琪（2010）认为，知识密集型服务业是基于高度专业化知识，以知识的生产、应用、传播为服务过程，以提供高智力附加值的知识或技能密集型产品或服务为主，知识资本在总资本中的比重很高的服务行业。国务院发展研究中心（2001）将知识密集型服务业定义为运用互联网、电子商务等信息化手段的现代知识服务产业，其产品价值体现在信息服务的输送和知识产权上[①]。

根据上述对知识密集型服务业的解释，我们将其定义主要归纳为：知识密集型服务业就是服务产品中需要的知识程度较高，服务提供商和客户之间具有高度的互动性，以提供高智力、高附加值的知识或技能密集型产品或服务为主，不断提高产业附加值。

3. 现代服务业与知识密集型服务业的关系

综合我国对现代服务业的定义和国外对知识密集型服务业的定义，本

---

① 国务院发展研究中心：《国务院发展研究中心调查报告第 99 号》，2001 年。

书认为，现代服务业的内涵和外延比较接近于知识密集型服务业，它被视为强调对现代信息技术手段的应用，为产品生产和其他服务活动提供高知识含量服务的服务部门。知识密集型服务业一般指私人企业或组织提供以知识为基础的中间产品和服务，其非常依赖于专业化知识，也即特定领域或学科的相关知识和技术能力。①

二者的区别在于现代服务业是我国特有的提法，现代服务业是相对于传统服务业而言的，它是伴随着信息技术的应用和信息产业的发展而出现的，是信息技术与服务产业结合的产物；知识密集型服务业的概念为国外学者广泛接受，知识密集型服务业概念的重点是产出的知识含量。

三、高技术服务业

高技术服务业是近年来提出的概念，与现代服务业内涵较接近，它是高技术产业的重要组成部分和增长引擎，对于推进产业结构升级、提升产业竞争力具有重要的支撑作用。目前，社会各界关于高技术服务业的内涵尚未形成统一认识，对高技术服务业对经济社会发展的重要性还认识不够。

1. 高技术服务业内涵

关于高技术服务业，国外主要用HTS（High Technology Services）来称呼，主要是指具有高技术产业特征的服务业，是由高技术制造业的内涵延伸而形成的新业态，主要包括通信服务业、软件与计算机、研发与实验室测试以及相关服务业。科技部曾在《2005年度科技型中小企业技术创新基金若干重点项目指南》中提过高技术服务业，但尚未给出定义。

近年来，学术界从不同的侧重点对高技术服务业的概念进行了分析，分别反映了高技术服务业的不同特性。例如，陈华鹏等（2006）最早对高技术服务业进行了概念界定与特征总结，认为高技术服务业是以网络和信息技术、生物技术等高新技术为支撑，提供高质量、高技术含量和高附加值服务的新兴服务业。王瑞丹（2006）提出了"高技术型现代服务业"的概念，认为高技术型现代服务业是指以网络技术、信息通信技术等高新技

---

① 最早发表的有关知识密集型服务企业的论文是1995年Ian Miles等人为EIMS（European Innovation Monitoring System）提交的一份研究报告。当前普遍接受的定义就是由这份报告给出的，这个定义包括三个维度：(1) KIBS是私人企业或组织；(2) KIBS非常依赖于专业化知识，也即特定领域或学科的相关知识和技术能力；(3) KIBS提供的是以知识为基础的中间产品和服务。

术为支撑，以服务为表现形态，是科技含量和附加值更高的新兴服务业。王仰东等（2007，2009）认为，高技术服务业是现代服务业在发展过程中与高新技术产业相互融合发展的产物，是以创新为核心，采用现代经营管理理念和商业模式，并运用信息手段和高新技术，为生产和市场发展提供专业化增值服务的知识密集型新兴产业。此后，王仰东等又通过比较分析高技术创新项目评价和服务评价体系，建立一套高技术服务业项目评价指标体系和评价方法，实现了该产业概念及特征研究上的又一大突破。杨延廷等（2010）从统计学角度对服务业中的高技术服务业和其他产业中的高技术服务业分别进行了具体的界定，提出了建立共性指标、个性指标和评价指标三个方面的指标体系。王江和李郁璞（2010）从广义和狭义两个角度来定义高技术服务业：从广义上来讲，高技术服务业是运用了高新技术的服务业，是由生物技术、信息技术、新材料技术、新能源技术、空间技术、海洋技术以及环境保护和管理技术等最新前沿科学技术生产的内涵延伸而形成的新业态；从狭义上来讲，高技术服务业可以根据政策内容归结为运用高科技手段的现代服务业。石庆焱和赵玉川（2010）提出了高技术服务业的划分标准、统计分类和统计指标体系等，进一步深化并完善了对高技术服务业评价体系及其概念的理论研究。姚正海和倪杰（2012）梳理了高技术服务业的概念、分类，并从高技术服务业对社会经济发展的影响进行了分析，指出我国政府部门与理论界对高技术服务业的界定和统计分类存在着差异，对高技术服务业对经济社会发展重要性的认识还不够。

综上所述，高技术服务业是一个相对动态的概念，是以网络和信息技术等高新技术为支撑，以服务为表现形态，为产品制造和生活消费提供高技术含量和高附加值服务的新兴服务业。它既具有服务业的基本特性，又具有技术密集和高技术含量的特性，是现代服务业与高新技术产业相互融合发展的产物。

2. 高技术服务业分类

（1）理论界的分类。理论界对高技术服务业的分类不尽相同。马林（2005）在《研发产业初论》中，将研发产业分为三大部分：第一，信息传输、计算机服务和软件业；第二，科学研究、技术服务和地质勘查业；第三，现代商业服务业。虽然当时是以"研发产业"之名，但究其实，是对高技术服务业较早做出的全面分类。王瑞丹（2006）依据国际部门行业分类标准，联系我国界定高技术产业和现代服务业的动态性和相对性，将高技术服务业分为三类：基于网络技术的产业形态、基于通信技术的产业形态和基于知识生产与技术服务的产业形态。王仰东等（2007）在分析高技术服务业定义、内涵、特征及产生机制的基础上，认为高技术服务业包括计算机服务业、研发产业、软件产业、信息传输服务业以及电子商务、数字内容等一些尚未明确产业界定的新兴服务业态。

（2）我国政府有关部门的分类。科技部《2005年度科技型中小企业技术创新基金若干重点项目指南》首次提出了高技术服务业的支持方向，其中重点支持的行业有六类：第一，信息技术服务业；第二，生物医药技术服务业；第三，新材料技术服务业；第四，光机电一体化技术服务业；第五，资源、环境保护技术服务业；第六，新能源与高效节能技术服务业。科技部火炬高技术产业开发中心发布的《2006年国家高新区高技术服务业发展态势》中的高技术服务业包括两大类：G大类，即信息传输、计算机服务和软件业；M大类，即科学研究、技术服务和地质勘查业。

2010年5月12日，国家发展改革委办公厅下发的《关于当前推进高技术服务业发展有关工作的通知》指出：高技术服务业主要包括信息技术服务、生物技术服务、数字内容服务、研发设计服务、知识产权服务和科技成果转化等知识和人才密集、附加值高的相关行业；2011年12月，国务院办公厅发布的《关于加快发展高技术服务业的指导意见》列出重点推进的八个领域，包括的内容与前者基本相同。按照现行《国民经济行业分类》统计目录，高技术服务业主要包括：一是G类，信息传输、计算机服务和软件业；二是M类，科学研究、技术服务和地质勘查业；三是L类中的7450小类，即知识产权服务。

本书综合GATS关于服务业分类以及国家统计局对高技术服务业的分类，鉴于数据的可得性，选取信息传输、计算机服务和软件业，科学研究、技术服务业以及知识产权服务业代表高技术服务业。

3. 高技术服务业特征

与传统服务业相比，高技术服务业具有创新性、高技术性、高渗透性、高增值性、强辐射性和高智力性的特点。

（1）创新性。高技术服务业的一个重要特征就是其高度的创新性。由于服务需要满足不同客户的各种需求，这就决定了服务具有独特性、不可重复性、不可替代性和不可再生性。高技术服务业不仅可以为外部企业充当外部知识源从而促进其服务对象的创新，而且高技术服务业自身也通过对服务内容、服务方式、服务途径等方面的改进处于不断创新之中。同时，高技术服务业通过为制造业和其他经济部门提供服务或知识，发挥着创新的桥梁作用。可以说，高技术服务业是创新非常活跃的行业，是产业升级和经济发展的重要动力。

（2）高技术性。高技术性在高技术服务业中起着决定性作用。从价值贡献来看，高技术服务业的贡献在于其提供的服务价值占有绝对优势。高技术为服务提供了技术支持和发展的平台，服务也赋予了高技术产品新的价值。技术水平的优劣决定了服务的品质高低，并通过服务创造产品价值之外的新价值。

（3）高渗透性。高渗透性是高技术服务业的外部特征。高技术服务业在很大程度上依赖于某一领域内的专业性知识，而不同的专业知识对应不同的部门，这是高技术服务业区别于其他服务行业的显著特征。高技术产业发展的过程中，服务的渗透性使技术、服务融为一体，使产业链得以延伸，有利于拓展产业发展的空间。产业间的融合和服务的渗透，产生强大的生命力，不仅促进产业自身的发展和提高其竞争力，而且有利于促进其他相关产业结构的调整和升级，进而推动整个社会效率的提高。

（4）高增值性。高技术服务业主要依靠科学技术的投入，技术的倍增性使这种服务业的价值呈现倍增性。高技术服务业提供服务的过程就是知识的生产、传播和使用的过程，知识资源的开发和利用具有边际收益递增的趋势，高技术服务业通过劳动者、劳动工具、劳动对象以及培训、管理等要素产生"乘数效应"，带来经济和社会效益的显著提高。[①]

（5）强辐射性。由于高技术服务型企业自身具备核心技术、创新能力、人才优势、专业化的特点，其特有的管理经营理念和商业模式，使高技术服务型企业具有技术整合的能力。服务过程所产生的规模效应和集聚效应，使高技术服务型企业拥有明显的技术优势、良好的客户关系、较强的市场竞争力，处于产业链的高端或相对高端，容易在产业链中形成牢固、稳定的客户关系，从而形成价值链紧密关联的利益联盟。

（6）高智力性。高技术服务型企业具有知识密集、技术密集、人才密集的特点。为了能够为客户提供高度专业化的服务，高技术服务型企业大多采用最为先进有效的服务手段，以核心技术、网络化、信息化等高技术

---

① 赵明霏：《知识密集型服务业的概念、特征及其对我国的启示》，《未来与发展》2013年第1期。

手段搭建创新平台和运营服务平台,为客户提供高质量的增值服务产品。①

高技术服务业正是通过在产业链中技术创新能力强、掌握了关键技术或核心技术、控制了关键产业链的高端产业而具有比较优势,因此,高技术服务不仅可以依赖产品价值实现其价值,而且可以通过服务增值创造产品价值之外的新价值。高技术服务业的核心价值是借助服务价值在产业链过程中的传递不断扩散,实现企业服务增值,引发产业价值链不断延伸,创造新的价值,实现产品服务增值。

四、服务业 FDI

随着科学技术的发展和全球服务业转移的加快,利用 FDI 提升我国服务业特别是现代服务业的发展水平将有助于我国产业竞争优势的形成。

1. 服务业 FDI 定义

中国政府关于外商直接投资的定义如下:外商直接投资(FDI)是指外国企业和经济组织或个人在中国境内开办外商独资企业、共同举办中外合资企业或合作企业的投资,以及政府有关部门批准的项目投资总额内从境外借入的资金。而服务业外商直接投资(服务业 FDI),是指把全部或部分必要的生产要素转移到国外的服务,同时对这些要素的国外使用进行控制的国际交易方式。在实践中,检验 FDI 的标准是其利润收入来源于外国股权所带来的收益。

2. 服务业 FDI 与服务贸易的关系

服务贸易总协定(GATS)按照服务提供方式对服务贸易进行了定义,其定义的四种服务提供方式包括:

(1)跨境提供(Cross – Border Supply):也称过境交付或跨境交付,即一成员方在其境内向任何其他成员方境内提供服务,这种方式是典型的跨国界贸易型服务,其特点是服务的提供者和消费者分别处于不同的国家或地区。例如,跨国界的在线数据库服务、远程医疗、远程教育和电信服务等就是可以通过信息通信技术手段进行的服务。

(2)境外消费(Consumption Abroad):指在一成员方境内向任何其他

---

① 王仰东、杨承跃、赵志强:《高技术服务业的内涵特征及成因分析》,《科学学与科学技术管理》2007 年第 11 期。

成员方的服务消费者提供服务。这种贸易模式是通过服务消费者的过境移动实现的,服务是在服务提供者实体存在的那个国家(地区)生产,常见的情况有旅游、出国留学、境外就医等。

(3) 商业存在(Commercial Presence):指一成员方的服务提供者在其他任何成员方境内通过建立商业实体(法人)提供服务。这种服务贸易往往与对外直接投资联系在一起,服务提供者通过在一成员方境内设立机构提供服务并取得收入,从而形成贸易。机构的服务人员可以来自母国,也可以是在东道国雇用;其服务的对象可以是东道国的消费者,也可以是第三国的消费者。例如,在境外设立金融服务分支机构、律师事务所、会计师事务所、维修服务站等。

(4) 自然人移动(Movement of Natural Persons):指一成员方的自然人在其他任何成员方境内提供服务。这种服务贸易的特点是服务提供者发生跨境移动,在其他成员方境内提供服务并获得收入。例如教授到国外讲学、专家到国外做技术咨询指导、文化艺术从业者到国外提供文化娱乐服务等。这种形式有时与商业存在的贸易模式相联系而存在,有时也单独存在,即入境的自然人可以是外国服务提供者的雇员,也可以是以个人身份提供服务的服务提供者。

上述(1)、(2)、(4)三类为"国际收支平衡表"中定义的服务贸易,而第(3)类商业存在即指服务业 FDI。GATS 定义的服务业 FDI 有三层含义:其一,一国服务提供者(法人)在某外国通过某种形式拥有商业实体;其二,该服务提供者在该外国境内提供服务;其三,该服务提供者通过其商业实体提供服务。由此可见,GATS 定义的服务业 FDI 仅指市场寻求型直接投资,不包括出口导向型直接投资,即一国服务提供者在某外国境内建立服务生产实体向其他国家提供服务的活动。

五、技术溢出

1. 技术溢出

技术溢出(Spillover)也称为技术外部性,Kokko(1992)把 FDI 的技术溢出定义为:跨国公司在东道国设立分公司,引起当地技术进步,但其分公司不能获得全部收益的情况。一般情况下,FDI 会对东道国产生正的技术外部性。然而,FDI 对东道国的技术进步也可能产生负的影响,如当跨国公司的进入迫使东道国本地企业退出市场或生产率下降时,就会产生"挤出效应"(Crowding – out Effect)。

2. 知识溢出

知识溢出是伴随着一个国家产生的技术创新有助于其他国家的创新进程时发生的,知识溢出是由于创新者对知识的不完全可控性,如不完全的专利保护、创新秘密的不完全保密性等。一般情况下,经济交易活动的发生一般会伴随着知识溢出的发生,如 FDI、国外技术引进、国际 R&D 合作、科学家的移民等。

3. 行业内溢出和行业间溢出

目前,FDI 的技术溢出按照技术溢出是否发生在同一个行业内,可分为行业内溢出(或称为水平溢出)和行业间溢出(或称为垂直溢出)两种。行业内溢出,主要指外商投资企业与东道国相同行业内企业之间通过竞争、示范、人员培训和流动等渠道产生的溢出。行业间溢出,主要指通过外商投资企业与东道国上下游企业之间的投入产出关联而产生的溢出。按照产业关联的方向,行业间溢出又可分为前向关联溢出和后向关联溢出。

六、关于高技术服务业的政策文件

1. 关于高技术服务业相关文件

近年来国家高度重视和支持高技术服务业的快速发展。2010 年 5 月 12 日,国家发展和改革委员会办公厅下发《关于当前推进高技术服务业发展有关工作的通知》,指出高技术服务业是高技术产业的重要组成部分和增长引擎,对于推进产业结构升级、提升产业竞争力具有重要支撑作用。

2010 年 7 月,国家发展和改革委员会为推进高技术服务业发展,选择了北京市、天津市、河北省、辽宁省、上海市、江苏省、浙江省、广东省、四川省、湖北省、湖南省、重庆市、深圳市、大连市等 14 个省市开展高技术服务业发展试点工作,努力探索创新工作机制,培育发展新兴业态,不断增强产业创新和集聚发展能力。

2010 年 10 月,国务院出台了《国务院关于加快培育和发展战略性新兴产业的决定》,提出要"发挥知识密集型服务业支撑作用,大力发展研发服务、信息服务、创业服务、技术交易、知识产权和科技成果转化等高技术服务业,着力培育新业态。积极发展人力资源服务、投资和管理咨询等商务服务业，加快发展现代物流和环境服务业"。

2010年11月，国家发展和改革委员会出台了《关于建设北京等15个国家高技术服务产业基地的通知》，提出将上海、广州、沈阳、重庆等15个城市和地区建设为国家高技术服务产业基地，以及探索推进高技术服务业发展的新机制和新模式。

2. "十二五"规划纲要关于高技术服务业相关政策

2011年3月，第十一届全国人民代表大会第四次会议发布的《中华人民共和国国民经济和社会发展第十二个五年规划纲要》，明确提出要"培育壮大高技术服务业"，"以高技术的延伸服务和支持科技创新的专业化服务为重点，大力发展高技术服务业"[1]。在此背景下，我国各地已出现竞相发展高技术服务业的态势。

"十二五"规划纲要第三篇"转型升级，提高产业核心竞争力"中的第十章"培育发展战略性新兴产业"中，明确我国"十二五"期间加快转变经济发展方式的重要举措，即战略性新兴产业的培育发展。

"十二五"规划纲要第三篇"转型升级，提高产业核心竞争力"中的第十三章"全面提高信息化水平"中，给出我国未来五年信息化领域的三个主要着力点，包括"宽带、融合、安全、泛在"的下一代信息基础设施的构建、在电子商务和电子政务等方面推动经济社会各领域信息化，以及加强网络与信息安全保障等措施。

"十二五"规划纲要第四篇"营造环境，推动服务业大发展"中的第十五章"加快发展生产性服务业"中，通过第三节"培育壮大高技术服务业"，给出了包括传媒文化业服务功能体系在内的信息服务所处的领域范畴。

3.《国务院办公厅关于加快发展高技术服务业的指导意见》

2011年12月，国务院办公厅发布的《国务院办公厅关于加快发展高技术服务业的指导意见》（国办发〔2011〕58号），明确了我国高技术服务业发展要坚持"分类指导、市场驱动、创新发展、开放合作"16字发展原则，指出了当前我国高技术服务业发展的8个重点领域，即研发设计服务、知识产权服务、检验检测服务、科技成果转化服务、信息技术服务、数字内容服务、电子商务服务、生物技术服务等。该指导意见的发布使高技术服务

---

[1] 第十一届全国人民代表大会第四次会议：《中华人民共和国国民经济和社会发展第十二个五年规划纲要》，2011年3月14日。

业在财税、拓展融资渠道、完善市场环境、深化对外合作等方面获得了政策支持。

在国家政策支持下,高技术服务业将得到快速发展,对于促进产业间效率提升、提高产业竞争力具有重要推进作用。

第二节 文献综述

服务业跨国转移是制造业全球化的自然延伸,也是推动服务企业全球化的重要力量。在全球 FDI 转向服务业的背景下,研究服务业跨国转移的经济效应,对于推动我国服务业的发展、促进相关产业特别是制造业效率的提高具有重要的理论和指导意义。

一、本书的理论基础

1. 内生增长理论

20 世纪 80 年代后期,随着经济增长理论的发展,以罗默(Romer)、卢卡斯(Lucas)等人为代表的新增长理论逐渐发展成为对外直接投资与经济增长的理论基础。随后众多学者开始在内生经济增长理论的框架下讨论 FDI 对经济增长的影响及作用机制。

内生增长理论是以新古典主义为工具解释生产函数中的技术变量如何由外生到内生。在内生增长理论中,技术的一部分成为私人产品,另一部分成为公共产品(Grossman 和 Helpman,1991;Romer,1990),创新由公司申请专利,这使公司拥有生产新产品的垄断权。但是,其他公司可以自由得到创新产生的新知识。这将会使接受新知识的公司能在它们自己的生产和创新过程中使用它,而且再一次创造的新知识又能溢出到其他公司。由于知识互惠和累积的过程,知识再一次应用到创新中使收益非递减或对于整个经济来说甚至是逐渐递增。① 内生增长理论推断需要考虑技术扩散和转

---

① 张玉明:《知识溢出、空间依赖与中国省际区域经济增长问题研究》,东北大学博士学位论文,2008 年 5 月。

移的过程,而技术扩散是缩小落后差距的驱动力。

2. 新经济地理学理论

Krugman(1989)认为,企业的规模报酬递增、运输成本和生产要素流动在市场上相互作用导致产业的集聚。随后的 Fujita 等(1999)将产业集聚纳入新古典经济学体系中,基于 D – S 垄断竞争模型与 Samuelson(1952)的"中心—外围模型"(Core Periphery Model)理论阐述产业的集聚,形成一套分析产业集聚的崭新理论框架——新经济地理学学派。

随着新经济地理学理论的发展,在新经济地理学框架下关于服务业的研究逐渐被学者们纳入研究范畴。例如,Fujita 等(1999)在将他们的研究焦点集中在以制造业为基础的产业集聚模型之前,已经注意到了金融服务业。Glaeser(1992)不分部门地研究了当地最大产业的增长,尽管还是集中在了制造业领域,但也包括了服务业在内。也有学者(Moulaert 和 Gallouj,1993)指出制造业集聚的理论与模型并不完全适合服务业,但只是从生产性服务业的产业特性角度来质疑,并没有提出新的理论依据,后来的学者也没有沿着他们的提议进行深入研究。总之,服务业的作用被越来越多的学者所认识。

3. 外商直接投资理论

长期以来,国内外学者就国际产业转移的产业演进、投资的技术和方式等进行了深入的研究,主要国际投资理论有垄断优势论、内部化理论、国际生产折中理论以及产品生命周期理论等。

(1)垄断优势论。1960 年美国学者海默(Hymer,1976)提出垄断优势理论,认为跨国公司凭借其特定的垄断优势从事对外直接投资,排斥东道国企业的竞争,较高的垄断价格和利润,导致了不完全竞争或寡占局面。垄断优势理论可以解释跨国公司进行跨国经营的动机,即市场的不完全性(产品差异、特殊的市场技能以及价格联盟等)和跨国公司的垄断优势(市场垄断优势、生产垄断优势、规模经济优势、信息与网络优势、政府征税等)。海默的垄断优势理论,以市场不完全竞争代替完全竞争,为跨国公司国际投资行为的研究奠定了基础。

(2)内部化理论。内部化理论是由英国的巴克利和卡森(Buckley 和 Casson,1976)提出,将跨国公司对外直接投资研究引入了科斯的交易费用观点,侧重分析市场交易机制与企业内部交易机制之间的关系,进而阐述跨国公司对外直接投资的动因,认为企业选择直接投资是因为企业在转移其所有权优势时,企业在内部创造一个中间产品"内部市场",避免市场不完善而导致的交易成本。跨国公司对外直接投资的实质,是在所有权基础之上的企业控制权的扩张,是以企业内部管理机制取代外部市场机制,进而拥有跨国经营的内部化优势和降低交易成本。

巴克利和卡森在原来内部化理论基础上,说明了服务业也同样存在内部化中间市场的优势。如卡森指出,服务交易中买方的不确定性导致较高的交易成本,因此有必要进行对外直接投资。当质量控制非常重要,买方和生产者之间的国际沟通只有在企业的控制下才能达到最佳效果时,这一交易成本就会成为跨国公司内部化所有权优势的重要原因。

(3) 国际生产折中理论。当代研究跨国公司的著名经济学家邓宁(Dunning,1979)从微观层面,用综合优势理论研究企业对外直接投资,认为企业所具备的所有权优势、区位优势、内部化优势是决定企业对外投资、向哪个国家或地区投资的主要因素,形成了国际生产的 OLI 范式。所有权优势是发生国际直接投资的必要条件,是跨国公司拥有的或可获得的而其他企业无法获得的要素,是企业内部化的资产。内部化优势是指企业为避免不完全市场给自身带来的影响,将其拥有的资产加以内部化而保持企业的优势。区位优势是指投资的东道国或地区对投资者来说,在投资环境方面所具有的优势。邓宁认为企业只有三个优势都具备时,才会进行对外直接投资,国际生产折中理论成为解释 FDI 行为的最重要理论。

邓宁(1989)从制造业中发展起来的国际生产折中理论对服务业 FDI 的适用性进行了补充说明:在所有权优势方面,服务质量、技术与信息及创新等企业优势有利于服务业对外直接投资的影响;在区位优势方面,东道国人口众多及政治体制稳定、政策法规灵活等条件有利于吸收投资;在内部化优势方面,弱化或消除要素投入在性质和价值方面的不确定性以及中间产品质量的保证等有利于服务业的发展。

(4) 产品生命周期理论。1966 年,美国经济学家弗农(Vemon)提出了产品生命周期理论,对地域间和国际间产业与产品的周期性发展及由此所导致的产业和产品的转移作了系统的描述和总结。① 弗农把产品生命周期分为产品创新阶段、成熟阶段和标准化阶段。产品创新阶段首先发生在发

---

① R. Vemon. "International Investment and International Trade in the Product Cycle", *Quarterly Journal of Economics*, 1966 (8).

达国家，随着产品生产技术的日益成熟，再向与发达国家经济发展水平和消费结构大体接近的国家转移；在标准化阶段，其又会向原材料比较低廉、劳动力比较便宜的发展中国家转移。①但在当前技术资源全球化的背景下产品生命周期理论解释力在减弱。

（5）雁阵模式论。20世纪30年代，日本经济学家赤松要提出的"雁阵模式论"，对东亚区域内依据各自经济发展水平不同而形成的产业结构错落有致的"雁阵形态"进行了分析。20世纪60年代以前，关于跨国公司海外直接投资的理论解释主要是以要素禀赋论为基础的国际资本流动理论。而"二战"后国际产业转移大致经历了三个阶段：第一个阶段是20世纪60年代以前，美国向欧洲和东亚等地转移的劳动密集型产业；第二个阶段是20世纪60~80年代，日本、德国等国家向东南亚、拉美等发展中国家进行劳动密集型产业转移；第三个阶段是20世纪90年代以来，美国、日本及欧洲发达国家集中发展知识密集型产业和服务业而将重化工业等大量向发展中国家转移。根据这些实践中的发展趋势，依次展开了理论研究。②

（6）边际产业扩张论。日本的小岛清（Kojima，1978）借鉴新古典经济理论的分析方法，提出了"边际产业扩张论"，即对外直接投资先是由相对发达的国家转移到次发达国家，再由次发达国家转移到发展中国家和地区。该理论成为日本20世纪70年代积极向亚洲新兴工业国家进行产业转移，实现本国产业升级和经济发展的重要理论依据。但由于服务业的生产和消费具有同步性，很难像制造业那样实现异地销售，服务业转移主要考虑的不是成本问题，而是市场问题，因此该理论不适合解释服务业国际直接投资。③

二、相关理论对服务业国际投资的适用性

20世纪80年代以后，理论界开始关注服务业FDI的研究，对服务业与众不同的特点和其对外直接投资的影响因素进行了相关研究。以Dunning（1989）为代表的经济学家认为，主流的制造业产业转移理论在解释服务业

---

① 姬大鹏：《国际产业转移的路径规律：一个研究综述》，《郑州大学学报（哲学社会科学版）》2009年第6期。
② 孙华平：《产业转移背景下产业集群升级问题研究》，浙江大学博士学位论文，2011年6月。
③ 刘艳：《中国服务业FDI的技术溢出研究》，暨南大学博士学位论文，2010年11月。

的问题上不需要特殊的定义和新的理论,只要通过条件限制和说明就能够运用现有理论,故有必要总结一下研究较为成熟的制造产业国际转移的理论对服务业的适用性。①

1. 国际生产折中理论对服务业国际投资的适用性

(1) 所有权优势在服务业跨国投资的体现。邓宁认为,服务业跨国公司的所有权优势体现在以下几个方面:首先,服务的质量具备不可知性和不确定性,促使服务业跨国投资,以便维护其品牌形象;其次,许多服务业需要较高的固定资产投入,其规模经济效应明显,跨国公司可以在组织体系内共享人员、资金和信息,实现其内部移动和共享;再次,在许多服务行业中,核心的无形资产或核心竞争优势是以比较低的成本获取、整合信息;最后,集聚经济效应是服务业跨国公司竞争优势之一。

(2) 内部化优势在服务业跨国投资的体现。内部化优势是用来解释跨国公司在选择国际化路径时,选择对外直接投资而不选择出口或技术许可方式的原因。Peter Enderwick (1989) 认为,服务业进行国际转移时,其跨国公司内部化优势主要体现在:①服务贸易壁垒导致出口成本过高;②许多服务出于生产和消费的协同性,必须以商业存在形式出现,而不能进行出口;③对于以知识为基础的创新型服务,需要为创新者提供一定的保护,而专利保护是有缺陷的,内部化成为经济上有效率的保护手段。②

(3) 区位优势在服务业跨国投资的体现。区位优势因行业不同而不同,具体表现为:①对于区位导向的服务,市场规模是其重要的影响因素,跨国公司通过对外产业转移,可以更好地实现创造当地市场的能力,实现内部规模经济。②对于许多服务而言,集聚经济效应比规模经济效应更加重要,尤其是对于需要专业知识来源和特殊技能的服务,区位选择受到集聚经济的影响更明显。

鉴于上述国际生产折中理论在服务业跨国投资方面解释的优势,很多学者试图用国际生产折中理论来解释一些具体行业的国际化行为,如 Rugman (1981)、Yannopoulos (1983)、Gray 和 Gray (1981)、Cho (1983)、Grubel (1977)、Pecchioli (1983) 和 Wells (1983) 等认为,国际生产折中

---

① 林青、陈湛匀:《我国以 FDI 形式承接国际服务产业转移的福利效应测度研究》,《国际贸易问题》2008 年第 1 期。
② 罗立彬:《服务业 FDI 与东道国制造业效率》,中国社会科学院研究生院博士学位论文,2010 年 4 月。

理论可以成功地解释银行业等跨国公司的增长。虽然国际生产折中理论、垄断优势理论和内部化理论等传统国际直接投资理论，对于解释服务业FDI仍然具有一定的适用性，但由于服务产品不同于有形产品的特征，对源于制造业国际直接投资的理论仍需要进行适当的修正和补充。此外，边际产业扩张理论和产品生命周期理论不适合解释服务业国际直接投资。

2. 贸易理论对服务业国际投资的适用性

商业存在是服务贸易的一种存在形式，因此，一些理论文献试图用古典和新古典国际贸易理论[①]来解释服务业FDI。

Deardorff（1985）分析了比较优势理论对国际服务贸易和服务业投资的适用性，认为服务业FDI所涉及的生产要素的国际流动可以很好地用比较优势理论来解释。江小涓（2008）也论证了比较优势理论和要素禀赋理论对服务贸易的适用性，认为用其分析服务贸易问题没有实质性的障碍。江小涓认为，两种理论的"核"是比较优势及要素禀赋会导致贸易双方相对价格的差异，而发达国家与发展中国家之间服务相对价格差异大于商品价格差异，因此两者之间进行服务贸易的获利空间会更大；"将商品和服务还原为一组要素集合，而商品和服务贸易都是要素集合的贸易"的观点，使立足于要素禀赋差异的分工理论对商品和服务贸易都适用；这个统一的分析框架强调了商品和服务本身都是一组要素集合的共性，对于一些既非商品贸易又非传统意义上的服务贸易的国际交换行为有着更强的解释力。[②]

3. 新经济地理学对服务业国际投资的适用性

关于服务业开放与制造业关系的理论研究，Dixit和Stiglitz（1977）发表的论文《垄断竞争与最优产品种类》成为后来研究的最重要基础，该文虽然不是直接论述服务业对制造业关系的，但却构建了D-S效用函数，引入产品种类作为决定消费者效用的因素之一，为考虑产品种类的垄断竞争模型提供了分析框架，并成为新贸易理论和新增长理论的基本逻辑起点（胡怀国，2002）。Markusen（1989）则在Ethier（1982）研究的基础上，把生产者服务作为中间产品引入理论模型，分析了生产者服务业促进制造业

---

① 主要是比较优势理论和要素禀赋理论。
② 罗立彬：《服务业FDI与东道国制造业效率》，中国社会科学院研究生院博士学位论文，2010年4月。

发展与经济增长的内在机理，说明了开展生产者服务贸易的积极意义。本书沿用了 D-S 框架，将高技术服务业技术累积效应内生化，并对制造业效率提高的内生机理进行分析。

三、服务业 FDI 对东道国影响的研究综述

随着服务业 FDI 研究的不断深入，学者们越来越关注服务业 FDI 对东道国影响的研究，并取得了较大的进展。

1. 服务业 FDI 对东道国经济影响的研究

（1）理论研究。随着经济开放程度的提高和国际产业结构的不断调整，对外直接投资逐渐转向服务业，国内外诸多研究发现，服务业 FDI 有利于促进东道国的技术进步和经济增长。

1）国外研究：

UNCTAD（2004）、世界银行（2004）研究认为，外国直接投资和外国跨国公司的服务私有化及放松规制对服务质量提高产生了积极影响。国外研究基本上从不同角度认为外国直接投资能产生积极作用。

从分工和专业化角度研究的有：Francois（1990）从生产者服务与分工的关系角度建立理论模型，证明了服务业 FDI 可以产生与比较优势有关的收益和效率，而且还可以带来由于分工和专业化程度提高而导致的额外收益。Rivera-Batiz F. L. 和 Rivera-Batiz L. A.（1992）从分工和专业化的角度构建一般均衡模型进行分析，认为商务服务业部门的 FDI 有助于促进东道国分工和专业化的发展，进而有利于提升本地以商务服务部门作为中间投入的下游产业尤其是制造业的劳动生产率。

从一般均衡角度研究的有：Robinson 等（2002）建立了 CGE 模型，对服务贸易自由化的收益和影响进行了估算，结果发现服务贸易提高了进口国的全要素生产率，特别是那些对服务投入需求较高的产业的生产率。Konan 和 Maskus（2006）、Jensen 等（2007）基于 CGE 模型，对突尼斯和俄罗斯的研究发现，相对于货物贸易的自由化，包括 FDI 在内的商业服务自由化更能促进一国经济的增长。

此外，Marrewijk（1997）等利用要素禀赋理论和 S-D-S 垄断竞争模型相结合的框架，建立一般均衡模型来研究生产者服务贸易的福利改善问题，研究表明服务贸易自由化可产生净福利收益，服务贸易采取保护政策

的国家往往福利受到损失①。OECD（2006）系统地研究了服务市场开放对技术转移或扩散的积极影响，认为服务贸易是技术扩散的主要渠道，服务市场开放引起的技术转移和扩散能够促进所有经济部门生产率的提高。因此，与制造业相比，服务业外资企业的示范效应更加明显。

上述学者从不同角度，运用不同的理论研究方法探讨了包括服务业 FDI 在内的服务自由化对东道国技术进步和经济福利的影响，基本上都认为服务自由化有利于一国福利的增加和生产效率的提升。

2）国内研究：

关于服务业外商直接投资对经济增长影响的专门理论研究较少，如江锦凡（2004）在经济增长模型的理论框架下加入 FDI 变量，发现外国直接投资在中国经济增长中存在着资本效应和外溢效应，并对形成这两种效应的机制进行了探讨。陈景华（2010）从理论上通过对修正的 C－D 生产函数逐步分解，对服务业跨国转移对承接国所产生的效应进行研究，认为承接服务业跨国转移能够为承接国带来技术效应、优化效应、资本效应和就业效应等。

此外，一些学者从国内发展现状及前沿趋势分析服务业外商直接投资对经济增长的影响，如江小涓（2004）认为，服务业外资企业有助于一国引入先进管理理念和服务方式，为本地服务业企业提供良好的学习机会。秦嗣毅（2008）对世界服务业吸引 FDI 状况及其促进经济发展的机理进行了研究。冯梅（2009）从全球产业转移的趋势出发，分析了全球产业转移给中国产业发展带来的机遇与挑战，提出了提升我国产业结构水平的政策措施。王子先（2011）分析了全球化与后发国家服务业跨越式升级的新路径，认为服务业在信息化、现代化基础上的全球化趋势，不仅从根本上改变着世界服务业的发展模式，而且日益深刻地改变着各国经济、产业和技术发展模式。以上学者从不同角度证明了服务业转移对一国经济的促进作用，但这些研究尚未形成专门理论体系。

（2）实证研究。近年来，国内外学者也越来越多地进行服务业 FDI 的实证研究。

1）国外研究：

国外以发达国家为研究对象的主要研究有：Banga 和 Goldar（2004）对

---

① 刘艳：《中国服务业 FDI 的技术溢出研究》，暨南大学博士学位论文，2010 年 11 月。

20 世纪 90 年代印度服务业利用外商直接投资对产业影响的实证研究表明，服务贸易自由化对服务业的发展有积极影响，促进了工业产出的增长和生产率的提高。Arnoldet 等（2008）发现银行业、电信业、交通工具革新对于印度制造企业的全要素生产率有积极显著的作用。

此外，Eschenbach 和 Hoekman（2006）对 1990~2004 年经济转型国家的实证研究发现，在控制了其他影响经济增长的因素后，服务自由化与转型经济体的经济增长存在着显著的正向关系。Hoekman（2006）研究指出，服务业落后国家或地区可以通过引进电信、金融、运输等服务领域的外商直接投资来发展，从而提高竞争力和生产力水平。Rathindran 和 Subramanian（2006）运用跨国回归分析发现，基础电信和金融服务等服务部门的自由化有利于一国长期的经济增长。Aslesen 和 Isaksen（2007）分析了生产性服务业与经济增长的互动关系指出，作为生产性服务的高新技术的产生有助于经济增长，同时，经济的高速增长又会引发对于高新技术的更高需求，从而反过来促进生产性服务业的改造升级。

上述实证分析基本上认为服务自由化对东道国技术进步和经济福利具有正向影响，服务自由化对一国福利和生产效率具有促进作用。

2）国内研究：

近年来国内学者关于 FDI 与经济增长的研究也逐渐发展起来，但大多局限于 FDI 总体对经济增长影响的研究，关于服务业 FDI 与经济增长之间关系的研究文献较少。

从 FDI 总体对经济增长关系角度的研究有：江小涓（1999）从资本形成质量的提高、技术进步、贸易结构升级、国际竞争力改善、人力资源的开发和产业结构升级等方面论证了利用外资与经济增长的关系。苏楠等（2012）运用 2000~2010 年中国省级面板数据，采用广义矩估计方法分析了 FDI 行业特征和技术溢出对地区经济增长的影响，结果显示：从全国来看，FDI 对我国国内企业的增长效应为负向；制造业 FDI 对全国整体和制造部门增长有比较大的负效应；服务业 FDI 对全国整体增长负效应相对较小，对制造部门增长的正效应显著。

从服务业 FDI 对经济增长关系角度的研究有：庄丽娟和贺梅英（2005）利用我国 1984~2003 年的数据对我国服务业利用外商直接投资与经济增长的关系进行了实证研究，结果表明，我国服务业利用外商直接投资与经济增长之间存在着协整关系，但服务业利用外商直接投资是我国经济增长的原因，反之则不成立。魏作磊（2007）通过对服务业FDI对印度经济增长影响的研究，发现以外包形式的国际服务业转移到印度，促进了印度经济的增长。陈景华（2009）通过建立一个简明的实证模型，对中国利用服务业外商直接投资与经济增长的关系进行了协整检验以及Granger因果分析，结果发现服务业FDI与经济增长之间存在长期稳定的关系，并且两者互为因果。施永（2011）实证分析了中国服务业利用外资与经济增长存在着显著的正向关系，服务业开放度的提升对经济增长表现出明显的推动作用。张亚非（2012）收集了1998~2010年安徽省数据，利用回归协整和Granger因果计量方法实证分析了安徽省FDI和GDP之间的关系，结果显示，安徽省服务业FDI对经济增长和就业有很大的拉动作用。姚战琪（2012）将我国服务业外商直接投资与服务业增加值、国内生产总值作为一个系统中相互决定和相互依存的内生变量构建动态模型，分析变量间的互动关系和内在影响机制，其实证结果表明，我国服务业外商直接投资、服务业增加值、国内生产总值三变量之间存在一个协整方程，同时，服务业增加值与GDP保持双向的Granger因果关系，而服务业外商直接投资是引起国内生产总值增长的Granger原因，但国内生产总值不是服务业外商直接投资变动的Granger原因。

此外，刘艳（2010，2012）利用向量误差修正模型和面板数据计量回归方法，通过对中国全要素生产率的时间序列数据以及服务业、制造业和16个省（区、市）的面板数据进行计量分析，认为服务业存在显著的行业内溢出效应和行业间溢出效应，对中国总体经济的技术进步存在正向促进作用。

上述实证分析基本上认为FDI总体对我国技术进步和经济福利具有正向影响，服务业对经济增长具有正向的促进作用。而服务业FDI与经济增长关系的研究一般采用协整的方法，一般表现为单向的正向影响。

2. 服务业FDI对东道国制造业效率影响的研究

关于服务业开放与东道国制造业效率关系的研究比较有限，近年来才出现为数不多的专门研究。

（1）产业层面的研究。

1）国外研究：

大多数学者认为服务业自由化对东道国制造业效率具有促进作用，Markusen（1989）认为，服务贸易可以使下游产业使用的中间投入品在种类上增加，在质量上提高，并获取规模效应，从而推动制造业全要素生产率的提高。Karaomerlioglu 和 Carlsson（1999）研究证实，服务业尤其是生产性服务业的发展，是制造业生产率得以提高的前提和基础。Raff 和 Ruhr（2007）认为，服务贸易促进服务业与制造业在空间分布上形成联动效应，从而提高下游制造业的劳动生产率。Francois 和 Woerz（2007）认为，服务业开放度对提高出口、附加值和制造业就业有正面效应。Fernandes 和 Paunov（2007，2008）也认为，服务业 FDI 能够促进制造业生产率提高。

此外，还有学者以某个国家为研究对象，如 Kim（2000）对韩国的研究表明，服务贸易自由化和全要素生产率的增长之间存在相关性，对外资开放较早的服务部门的全要素生产率增长相对比较快，而且以该部门服务作为中间服务投入的相关制造业部门的全要素生产率也增长很快。Javorcik 和 Li（2007）发现，罗马尼亚零售商中的外国直接投资对于该部门制造业提供者的全要素生产率有积极影响。

上述研究基本上认为服务业自由化对东道国制造业效率具有正向的影响，服务业自由化可促进东道国制造业效率的提升。

2）国内研究：

国内学者刘志彪（2006）分析指出，脱离于制造业母体的现代生产者服务业，能降低服务业的投入成本、提高服务投入品质，有助于制造业的专业化、精细化和生产效率的提高。顾乃华等（2006）的研究结果表明，在我国经济转型期发展生产性服务业有利于提升制造业的竞争力，市场化程度越高的地区（东部地区），生产性服务与制造业的互动关系越突出。先进制造业的发展，需要专业化的、高级生产要素的服务投入与之匹配，高技术服务业自由化有利于促进东道国相关产业部门尤其是下游制造业部门的生产率增长。

第一，关于服务业对制造业效率影响的研究。首先，从理论层面分析服务业对制造业效率影响的研究：江静等（2007）使用 D－S 垄断竞争框架建立理论模型，对生产性服务业提升制造业效率的内在机理进行了分析，并采用相关统计数据分别从地区层面和行业层面实证分析生产性服务业对制造业效率的提升作用，结果表明生产性服务业的扩张有助于制造业效率的提升。其次，从实证角度分析国内服务业对制造业效率影响的研究：喻春娇等（2012）采用武汉城市圈 9 个城市 2000～2009 年的面板数据，并结合其他经济变量，实证检验了武汉城市圈生产性服务业对制造业效率的提升作用。结果显示，生产性服务业的发展对武汉城市圈制造业生产率具有明显的正向促进效应，而其他经济变量的促进作用不同。黄莉芳等（2012）

运用1999~2008年制造业行业的面板数据，实证分析了生产性服务业基于成本费用和生产规模提升制造业效率的传导机制，同时针对不同要素类型制造业和三大经济带制造业进行了相应的分析。魏作磊和李丹芝（2012）根据珠三角9个城市2000~2010年的面板数据研究发现，生产服务业对珠三角制造业的竞争力提升具有积极的促进作用。

上述关于服务业对制造业效率影响的理论研究较少，而为数不多的实证研究则是以区域服务业对制造业效率的影响为研究对象进行分析，以行业数据或跨国数据进行服务业对制造业效率影响的研究非常少见。

第二，关于服务业FDI对制造业效率影响的研究。首先，从理论层面分析服务业FDI对制造业效率影响的研究：刘兵权和王耀中（2010）通过构建一个高端制造业发展的数理模型，发现高端制造业的均衡增长率主要依赖于制度的演进、分工水平和引进、消化吸收、模仿先进技术效率以及时间贴现率，同时通过实证检验，结果显示，现代生产性服务业吸引FDI与储蓄额能较好地促进高端制造业发展，而且高端制造业发展与现代生产性服务业吸引FDI互为因果关系。罗立彬（2010）从理论层面分析服务业FDI促进东道国制造业效率的直接和间接效应，并采用行业面板数据分别从总量和分行业两个层面对两者关系进行计量分析，证明了服务业与制造业有较强的产业关联性，认为服务业FDI有助于提升制造业效率、降低制造业生产成本、提高其市场竞争力。夏晴（2011）认为，中国服务业FDI的流入能够促进制造业生产率的提高，其主要作用机制是资本溢出效应。陈雯和胡际（2012）在传统的生产者服务业和制造业互动关系基础上，加入服务贸易、生产者服务业外商直接投资和对外投资等因素，构建一个开放视角下生产者服务业和制造业行业间的互动网络，并通过实证研究，发现低层次生产者服务业和低端制造业的互动关系与高层次生产者服务业和高端制造业的互动关系存在显著的不同。其次，从实证角度分析服务业FDI对制造业效率影响的研究：韩德超（2012）在考虑知识流动和制度变迁效应的情况下，采用动态面板分析方法，利用2004~2009年数据，分行业估算了各生产性服务业外商直接投资对工业生产效率的影响。魏作磊和佘颖（2012）采用中国25个省市1999~2010年的面板数据，运用动态GMM估计方法，对生产服务业FDI对中国制造业竞争力的影响进行检验。

上述关于服务业FDI对制造业效率影响的研究较少，一般从理论层面进行描述为主，且从静态角度进行分析，构建理论模型进行系统的研究较少；

而为数不多的实证研究则多采用省际面板数据进行分析,以行业数据或跨国面板数据进行服务业 FDI 对制造业效率影响的研究非常少见。

(2) 微观企业层面的研究。从微观层面分析服务业 FDI 对制造业效率影响的研究只有国外为数不多的几篇文献,Arnold、Javorcik 和 Mattoo(2006,2008)运用捷克和印度的企业层面数据研究发现,一国服务市场开放和国内下游制造业的全要素生产率之间具有显著的正向关系,而服务自由化提高下游制造业效率主要途径是通过服务业外资企业进入国内生产。Blind 和 Jungmittag(2004)运用德国服务业企业数据对服务业 FDI 和进口竞争对服务企业创新活动的影响进行经验研究,发现服务业 FDI 和进口对于服务业企业的产品和程序两个方面的创新活动都具备显著的正向作用。Fernandes 和 Paunov(2008)利用 1992~2004 年智利企业数据进行研究,发现服务业 FDI 与制造业企业劳动生产率增长之间的关系显著正相关。①

此外,还有学者研究服务业集聚与劳动生产率的关系,如范剑勇(2006)借鉴了 Ciccone 和 Hall(1996)的模型,利用中国 2004 年地级市和副省级城市的数据研究了产业集聚对中国劳动生产率差异的影响,认为中国非农产业劳动生产率对非农就业密度的弹性为 8.8%,高于现阶段欧美国家的水平。陈耀和冯超(2008)对劳动力成本上升和人民币升值背景下的沿海产业集群迁移的影响因素、可能的迁移倾向和应对策略进行了分析,认为产业集群的本地关联性和对国际市场的依赖程度不同,生产和贸易成本上升对这些集群区位再选择的影响也不同。程大中和陈福炯(2005)在构造产业相对密集度指标及其与产业劳动生产率之间关系的基础上,讨论了中国服务业及其分部门相对密集度的地区与部门差异性,研究发现,除房地产业外,中国服务业及其分部门的相对密集度对其劳动生产率均产生显著的正向影响。胡霞(2009)同样借助该模型研究了纯粹的服务业集聚对劳动生产率的影响,她将 2005 年、2000 年和 1996 年的分析结果进行对比后发现,相比资本而言,资本—劳动比率对服务业生产率的弹性系数一直在上升,服务业集聚度对服务业生产率的作用在逐步减弱。②

综上,关于服务业 FDI 对制造业效率影响的研究还不是很充分,但已有

---

① 刘艳:《中国服务业 FDI 的技术溢出研究》,暨南大学博士学位论文,2010 年 11 月。
② 陈国亮:《新经济地理学视角下的生产性服务业集聚研究》,浙江大学博士学位论文,2010 年 6 月。

研究基本上证明了服务业尤其是高端服务业对制造业效率的促进作用。服务业 FDI 对制造业效率影响的研究，从理论层面系统地构建理论模型进行研究的较少；而实证研究大多采用省际面板数据进行分析，以行业数据或跨国面板数据进行服务业或服务业 FDI 对制造业效率影响的研究还很少见。

3. 关于 FDI 行业间溢出效应的研究

近年来，随着 FDI 技术溢出研究的发展，一些学者指出 FDI 技术溢出的渠道更可能发生在行业间（即垂直方向）而不是行业内（即水平方向），即溢出可能通过外资企业与东道国本地销售商等下游企业形成的前向关联及与本地供应商等上游企业发生的后向关联而产生。

对后向关联产生的 FDI 行业间溢出研究较多，学者们大多认为外商投资企业具有显著的后向关联效应。20 世纪 60 年代初，MacDougall（1960）在研究 FDI 对东道国经济福利的影响时首次考虑了技术溢出效应。近年来国内学者逐渐开始了外商投资企业的后向关联效应研究，结论略有不同，但也基本证明了外商投资企业具有后向关联效应。王昆和廖涵（2011）通过将 FDI 垂直溢出进行分解，并考虑投入产出效率的变化，检验了中国 FDI 溢出效应。结果表明：外企通过购买国内投入品而产生的后向溢出是最重要的技术溢出渠道，且对产出的影响呈非线性；外企通过购买中间进口产品而产生的后向溢出效应则可能存在门槛效应；外企通过提供中间进口产品而产生的前向溢出效应是否存在还不确定。孙江永（2011）运用非均衡面板数据的广义矩估计，从产业关联和技术差距的角度来考察外商直接投资对中国纺织业的技术溢出效应。结果表明，外商直接投资主要通过水平关联和后向关联对纺织业内资企业产生溢出效应；而外商直接投资通过水平关联促进内资企业生产效率的改善取决于内外资企业间的技术差距。覃毅和张世贤（2011）运用 2000~2007 年中国规模以上全部工业企业数据，实证分析外商直接投资在行业内、后向和前向产业中的渗透度，以及内资企业全要素生产率、技术效率和技术进步。结果表明，中国工业部门各行业中的外商直接投资对同行业产生正的行业内水平溢出效应，并对上游产业中的内资企业产生更强的后向溢出效应，而对下游企业产生负的前向溢出效应。韩阳（2013）对中国 22 个工业部门的外资技术溢出效应进行了实证分析，结果表明，外商直接投资确实通过产业内与产业间两种溢出渠道推动了中国国内企业的技术进步，其中产业间溢出比产业内溢出更重要，而产业间溢出中后向关联比前向关联更重要。

有学者分析了后向溢出的原因和渠道，Lall（1980）、Blomstrom 和 Kokko（1998）指出，发生在产业间的 FDI 后向关联效应主要通过以下渠道发生：①FDI 企业帮助预期的供给者建立生产设施；②FDI 企业向当地供应商提供技术援助、信息支持以提高供应商产品的质量或对其进行设备改造；③FDI 企业对当地供应商在原材料和中间产品采购方面提供技术和管理上的帮助；④为当地供应商在管理和组织上提供培训和帮助；⑤帮助当地供应商寻找新客户。Kugler（2006）指出，跨国企业为了确保从供应商处得到高品质的产品，可以设立高采购标准，也可以在管理培训、生产组织、原材料采购等方面提供技术帮助或支持。①

4. 关于服务业 FDI 对东道国制造业效率作用路径的研究

上述研究基本上证明了 FDI 行业间溢出效应的存在，但具体通过哪些途径对制造业效率产生影响的研究还非常少，如冯泰文（2009）在对生产性服务业的发展与制造业效率关系进行理论分析的基础上，引入交易成本和生产制造成本作为中介变量，研究因生产性服务业的发展而提升制造业效率的内部机理。赵伟和郑雯雯（2011）从贸易成本角度切入，分析了从生产性服务业到贸易成本再到制造业集聚之间的链条机理，并以贸易成本为中介变量构建了相应的实证模型。结果表明，生产性服务业对制造业集聚的效应，主要是通过改变贸易成本施加的；生产性服务业对技术密集型制造业集聚的贸易成本中介效应要大于劳动密集型和资本密集型制造业。华广敏（2012）运用中国制造业 28 个细分行业 2003～2010 年的面板数据，引入交易成本、生产制造成本和创新能力作为中介变量，研究高技术服务业 FDI 对制造业效率提升的路径和机理，结果表明，信息传输、计算机服务和软件业通过降低交易成本提高中国制造业效率，科学研究、技术服务和地质勘查业 FDI 通过提高创新能力提高制造业效率，其他中介变量均没有显著的中介效应。同时华广敏（2013）通过对中美高技术服务业 FDI 对制造业效率的影响路径进行比较分析，总结了美国高技术服务业 FDI 促进制造业效率提升的路径和成功经验，提出了我国高技术服务业 FDI 对制造业效率发挥促进作用的建议。本书将沿着上述思路，对高技术服务业 FDI 对东道国制造业效率的影响进行实证分析。

---

① 杨晶晶：《经济开放促进技术创新的理论及实证研究》，湖南大学博士学位论文，2010 年 1 月。

四、关于高技术服务业的研究

从 20 世纪 70 年代以后,特别是西方国家开始进入后工业化社会,服务业在经济中的比重不断提高,服务业的相关研究相继开始,如美国经济学家富克斯(Victor R. Fuchs, 1968)在《服务经济》一书中提出了"服务经济"的概念,他通过对美国服务业发展做了大量的调查和研究之后,探讨了服务就业变化的主要原因。近年来高技术服务业发展迅速,日益成为各国经济、产业发展的重要因素。本部分主要是对近年来国内关于知识密集型服务业与高技术服务业的研究进行梳理,进而归纳出目前我国高技术服务业的研究现状。

1. 关于知识密集型服务业的研究

Andersen 等(2000)指出,知识密集型服务业对其他产业的生产率产生了重大影响,因此是非常重要的。Muller E. 和 Zenker A.(2001)指出,知识密集型企业在创新体系中具有双重作用:一方面,知识密集型企业作为一种外部的知识源,会对其客户的创新做出贡献;另一方面,知识密集型服务引入内部创新,会提供高质量的服务场地,从而为经济运行和经济增长做出贡献。王炳才和尹丹红(2008)通过分析制造业中的创新体系,揭示了制造业中的创新体系的本质特征表现为政府主导下的知识密集型服务体系。张珺(2010)在考察全球产业转移的现状后,通过建立全球服务生产网络的分析框架,分析了全球服务生产网络的主要构成和特征,提出发展中国家可通过融入网络来实现知识密集型服务业及服务业的快速发展。张晓欣(2010)对知识密集型服务业的创新特征、知识密集型服务业促进制造企业战略升级的作用机制以及加快发展知识密集型服务业促进制造业升级的对策进行了分析。胡汉辉等(2011)分析了知识集群的内涵与特征和知识集群形成的基本路径,并基于知识集群讨论了我国制造型集群整体性升级的对策。施永(2011)从高新技术制造业、知识密集型服务业、知识型服务外包、产业技术创新转移四个方面,分析了美国企业与中国浙江企业进行的合作空间,并提出了浙江承接美国知识密集产业国际转移和国际科技合作的对策。

总之,现有研究大多认同知识密集型服务业自身的创新功能和经济带动效应很显著,但很少关注知识密集型服务业如何发挥创新功效和带动效应的理论机制研究。

2. 关于高技术服务业发展及影响研究

国内学者对美国、日本、欧洲高技术服务业的发展特点、运行方式及国际经验进行了具体分析。关于国外高技术服务业为研究对象的研究：夏杰长（2008）等学者分析了高新技术不断向服务业渗透的原因以及高新技术与服务业耦合将对经济发展产生的影响，并利用发达国家的投入产出表数据对其影响进行了实证检验。王江和李郁璞（2010）通过对创新型的美国模式、应用型的印度模式、改进型的日本模式等国际上具有代表性的高技术服务业发展模式进行比较研究，从而为北京市高技术服务业选择了一种符合自身特征的发展模式。吴畏（2011）认为，美国现代服务业中的信息服务业等产业的总量接近服务业总体规模的一半；日本信息服务产业已成为推动日本经济飞速发展的巨大推动力和保持其国际竞争优势地位的战略性产业；通过分析欧洲及英国的创意产业以及欧洲第三方物流及金融服务业，认为高技术服务业在其国民经济中占主导地位。

关于国内高技术服务业发展及其影响因素方面的研究：赵弘和谢倩（2008）认为，近年来北京的高技术服务业发展较快，在自主创新能力、产业结构优化等方面的带动效应逐渐明显。仇冬芳等（2011）通过构建高技术服务业的评价指标体系，测算了江苏省与其他省、市高技术服务业的发展水平，对地区产业弱势原因进行了分析，并提出了政策建议。李光等（2011）指出，高技术服务业对湖北跨越式发展具有战略支撑作用，并提出了加快高技术服务业发展的建议。王江和李郁璞（2010）则指出，相对于发达国家而言，北京的高技术服务业存在自主研发能力不高、创新能力不强、产业集聚度低等问题，并对高技术服务业发展前景作了分析。韩东林和云坡（2012）基于2009年第二次全国R&D资源清查数据，对我国高技术服务业R&D资源配置效率进行了省际比较分析。廖文杰（2012）分析了苏州在率先基本实现现代化的背景下，发展高技术服务业所面临的优势和外部机会，以及存在的不足和外部威胁，并提出相应的发展对策和思路。张红琪和鲁若愚（2012）通过对高技术服务业概念的回顾，介绍了高技术服务产品的侵蚀现象，同时分析了高技术服务业产品侵蚀时间的影响因素，并通过模型分析了高技术服务企业产品侵蚀时机的选择。姚战琪（2012）分析了发展高技术服务业的意义及模式选择，指出中国加快发展高技术服务业有助于带动产业结构优化与升级，实现中国制造向中国创造转变，认为渐进性赶超模式和模仿创新模式是推动中国高新技术服务业发展的主要动力。

通过对上述文献的分析发现,当前国内对高技术服务业的研究或是对发达国家高技术服务业运行方式及国际经验进行分析,或是集中于理论概念、体系项目建设等方面,极少涉及理论机制建立和实证分析的探究。因此,本书分析高技术服务业FDI提升制造业效率的理论机理,探讨高技术服务业FDI对制造业效率的提升路径,这对我国产业提高效率、促进产业升级具有十分重要的意义。

本章小结

现有文献为今后的研究打下了基础,也为以后研究提供了新的方向,但也存在有待提高之处,主要表现在以下几个方面:

(1) 理论方面,目前外商投资主要集中在制造业方面,对于服务业外商投资理论研究处于刚刚起步阶段,很多分析方法和手段都采用与制造业转移相似的方法,分析方法相对较为单一,很多都是描述性分析,且从比较静态角度分析,尚未充分考虑服务业发展的动态性;而国内对高技术服务业的研究更多是进行描述性的分析,极少涉及理论机制的研究。本书借鉴新增长理论内生提高机理,从动态角度分析高技术服务业FDI对制造业效率影响的理论机理。

(2) 实证方面,现有文献关于服务业FDI与东道国经济增长的实证研究较充分,但关于服务业FDI对制造业影响的研究相对较少,且一般采用省际层面数据进行研究,较少采用行业数据和跨国数据;而行业间溢出效应一般从前后关联角度进行分析,关于服务业FDI对制造业产生效应的路径研究非常少见,这正是本书要研究的重点。本书将中介效应模型引入到高技术服务业与制造业效率关系的研究中,以生产成本和创新能力作为中介变量,采用行业面板数据对高技术服务业FDI对制造业效率的作用路径进行实证分析。

(3) 由于世界以及各国服务贸易统计手段和方法尚待完善,且各国统计口径不统一,对服务贸易的划分也各异,对于高技术服务业分类和统计标准各个国家分歧较大,而在我国高技术服务业统计的研究刚刚起步,目前国内外尚未有明确、完整和公认的界定,因此数据的收集和整理会相当困难。

第三章 服务业及高技术服务业FDI特征分析

本章分别对世界及中国服务业和高技术服务业FDI现状进行分析,以对后面的研究提供现实基础。

第一节 世界服务业及高技术服务业FDI特征分析

首先分析世界FDI的发展趋势,然后具体分析世界服务业及高技术服务业FDI的发展状况、世界服务业及高技术服务业FDI的行业分布、世界服务业及高技术服务业FDI的国家分布。

一、世界FDI发展趋势分析

先分析三次产业FDI在世界FDI中的变化趋势,然后分析不同发展水平国家FDI在世界FDI中以及在本国经济发展中的变化趋势。

1. 三次产业FDI在世界FDI中的变化趋势

从世界三次产业FDI比重看,服务业FDI所占比重最高,其次为制造业,初级产业FDI所占比重最低。从外商投资发展趋势看,服务业外商投资一直占据首位,2007年以前所占比重保持在60%左右,随着经济危机的出现,金融业、贸易等产业投资出现了下滑,2008年开始服务业外商投资出现了波动;制造业外商投资在2005~2011年所占比重基本在30%以上,处于较平稳发展态势;初级产业外商投资所占比重从2005年的3.71%上升到2011年的

23.67%（见表3-1），主要受煤炭、石油投资增加的影响。到目前为止，世界服务业FDI仍居首位，服务业外商投资依旧是FDI的主要行业领域。

表3-1　2005~2011年世界各行业FDI流入流量比重

单位：%

年份 行业	2005	2006	2007	2008	2009	2010	2011
初级产业	3.71	6.89	7.24	12.77	19.26	22.23	23.67
制造业	31.91	34.06	32.91	46.16	30.46	38.32	38.06
服务业	64.38	59.05	59.85	41.08	50.28	39.45	38.27

数据来源：UNCTAD，Cross-border M&A Database，http://www.unctad.org/fdistatistics。

2. 不同发展水平国家FDI在世界FDI中的变化趋势

从世界FDI范围看，世界FDI流入存量不断增加，从2000年的74500.22亿美元增加到2011年的204381.99亿美元，增长174.34%；发达国家FDI流入存量从2000年的56537.15亿美元增加到2011年的130559.03亿美元，增长130.93%；发展中国家FDI流入存量从2000年的17354.88亿美元增加到2011年的66250.32亿美元，增长281.74%；转型国家FDI流入存量从2000年的608.20亿美元增加到2011年的7572.64亿美元，增长1145.10%（见图3-1）。上述情况表明，发达国家FDI存量最高，转型国家FDI存量最低，说明目前世界范围内发达国家仍是外商投资的重点地区，各国FDI流入量不断增加，说明全球化趋势不断增强。

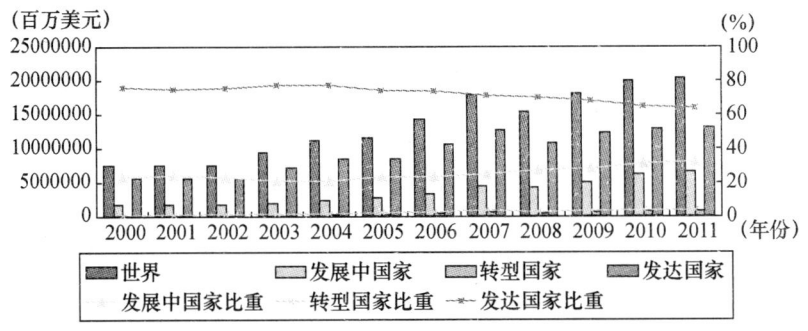

图3-1　2000~2011年不同发展水平国家FDI流入存量占世界FDI总存量的比重

数据来源：根据UNCTAD数据整理。

但不同发展水平国家 FDI 流入量占世界 FDI 总量的比重变化不同,从不同发展水平国家 FDI 流入存量看,发达国家 FDI 流入存量占世界 FDI 总存量的比重从 2000 年的 75.89% 下降到 2011 年的 63.88%,下降了 12.01 个百分点;发展中国家 FDI 流入存量占世界 FDI 总存量的比重从 2000 年的 23.30% 增长到 2011 年的 32.41%,提高了 9.12 个百分点;转型国家 FDI 流入存量占世界 FDI 总存量的比重从 2000 年的 0.82% 增长到 2011 年的 3.71%,提高了 2.89 个百分点(见图 3-1)。从不同发展水平国家 FDI 流入流量看,发达国家 FDI 流入流量占全球 FDI 总流量的比重从 2000 年的 81.25% 下降到 2011 年的 49.06%,下降了 32.19 个百分点;发展中国家 FDI 流入流量占全球 FDI 总流量的比重从 2000 年的 18.24% 增长到 2011 年的 44.90%,提高了 26.66 个百分点;转型国家 FDI 流入流量占全球 FDI 总流量的比重从 2000 年的 0.50% 增长到 2011 年的 6.04%,提高了 5.54 个百分点(见图 3-2)。上述情况表明,发达国家 FDI 流入量比重不断下降,发展中国家和转型国家 FDI 流入量比重不断上升,说明世界范围内 FDI 的投资重心正由发达国家向发展中国家和转型国家转移。

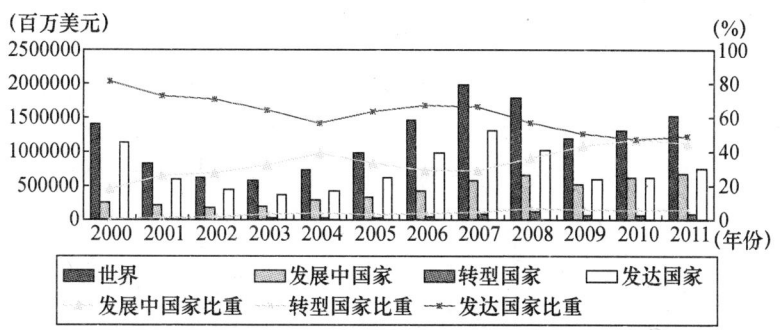

图 3-2 2000~2011 年不同发展水平国家 FDI 流入流量占世界 FDI 总流量的比重
数据来源:根据 UNCTAD 数据整理。

3. 不同发展水平国家 FDI 在本国经济发展中的变化趋势

从各国经济发展来看,不同发展水平国家 FDI 流入量在本国 GDP 中所占比重不同。转型国家 FDI 流量占 GDP 的比重基本上是最高的(见图 3-3),2003~2011 年所占比重为 3.10%~3.57%,发展中国家 FDI 流量占 GDP 的比重次之,2003~2011 年所占比重为 2.41%~2.87%,而发达国家 FDI 流量占GDP的比重最低，2003~2011年所占比重为1.30%~1.73%。说明转型国家外商投资相对整个国家经济来说是非常重要的；而发达国家FDI总量虽高，但外商投资在整个国家经济中并不占据重要地位。

从变化趋势看，世界FDI总流量占世界GDP总值的比重从2000年的4.34%下降到2.19%，下降了2.15个百分点；发达国家FDI流量占GDP的比重从2000年的4.58%下降到2011年的1.73%，下降了2.85个百分点；发展中国家FDI流量占GDP的比重从2000年的3.64%下降到2011年的2.87%，下降了0.77个百分点；转型国家FDI流量占GDP的比重从2000年的1.77%增长到2011年的3.57%，提高了1.80个百分点（见图3-3）。说明转型国家外商投资在国内经济中占有越来越重要的地位，而发达国家外商投资在国内经济中的地位呈下降趋势。

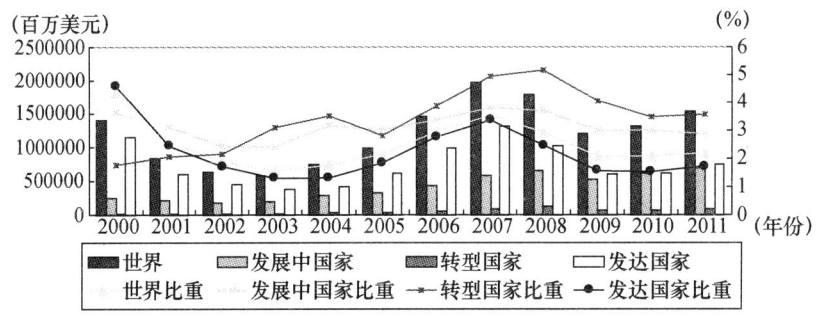

图3-3 2000~2011年不同发展水平国家FDI流入流量占GDP的比重
数据来源：根据UNCTAD数据整理。

二、世界服务业及高技术服务业FDI发展趋势分析

从世界服务业外商投资发展趋势看，服务业外商投资一直占据首位，2000~2011年，世界服务业流入总量①不断增加，从2000年的15159.61亿美元增加到2011年的40819亿美元，增长了169.26%；发达国家服务业流入

---

① 服务贸易总协定按照服务提供方式对服务贸易进行了定义，其所定义的四种提供服务方式包括跨境提供/过境交付、境外消费、商业存在、自然人移动，而商业存在实际上主要就是服务业FDI，且为服务贸易的主要形式，占有绝大部分份额，因此本书暂时用服务贸易额代替服务业FDI。

第三章 服务业及高技术服务业 FDI 特征分析

量从 2000 年的 10723.91 亿美元增加到 2011 年的 24537.84 亿美元,增长 128.81%;发展中国家服务业流入量从 2000 年的 4151.82 亿美元增加到 2011 年的 14821.59 亿美元,增长 256.99%;转型国家服务业流入量从 2000 年的 283.88 亿美元增加到 2011 年的 1459.57 亿美元,增长 414.15%(见图 3-4)。上述情况表明,世界服务业全球化趋势正快速增强,从总量看,发达国家服务业流入量最高,转型国家服务业流入量最低,但增长速度最快。

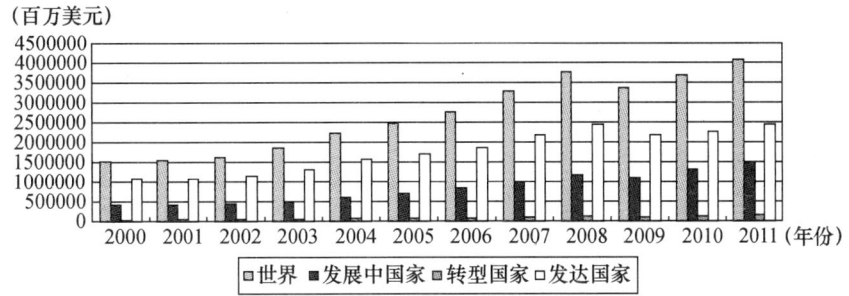

图 3-4 2000~2011 年世界服务业流入总量变化趋势

数据来源:根据 UNCTAD 数据整理。

但不同发展水平国家服务业流入量占世界服务业流入总量的比重变化不同,从不同发展水平国家服务业流入量所占比重看,发达国家服务业流入量占世界服务业流入总量的比重从 2000 年的 70.74% 下降到 2011 年的 60.11%,下降了 10.63 个百分点;发展中国家服务业流入量占世界服务业流入总量的比重从 2000 年的 27.39% 增长到 2011 年的 36.31%,提高了 8.92 个百分点;转型国家服务业流入量占世界服务业流入总量的比重从 2000 年的 1.87% 增长到 2011 年的 3.58%,提高了 1.71 个百分点(见表 3-2)。上述情况表明,发达国家服务业流入量比重不断下降,发展中国家和转型国家服务业流入量不断上升,说明世界范围内服务业的投资重心正向发展中国家和转型国家转移。

从世界高技术服务业外商投资发展趋势看,2000~2011 年世界高技术等现代服务业①发展呈上升趋势,其流入量占世界服务业流入总量的比重从

---

① UNCTAD 数据库中将服务业只分为运输、旅游、其他服务业,而其他服务业又包括通信、建筑、金融、保险、计算机与信息业、版税与许可费支付和其他商业服务、文化娱乐与政府服务等,但缺少其他服务业的细分行业数据。因为其他服务业中大部分是高技术服务业,因此本书将其他服务业称为高技术等现代服务业。

2000年的43.54%增长到2011年的48.75%,2009年更是高达50.81%(见图3-5)。说明高技术等现代服务业国际转移比重日益增加,全球化趋势增强。

表3-2 2000~2011年不同发展水平国家服务业流入量占世界服务业流入总量的比重

单位:%

年份	发达国家	转型国家	发展中国家
2000	70.74	1.87	27.39
2001	70.66	2.23	27.11
2002	70.65	2.42	26.93
2003	71.16	2.50	26.34
2004	70.29	2.68	27.03
2005	68.84	2.77	28.39
2006	67.38	2.89	29.73
2007	66.44	3.20	30.36
2008	64.94	3.49	31.57
2009	64.52	3.19	32.29
2010	61.40	3.36	35.24
2011	60.11	3.58	36.31

数据来源:根据 UNCTAD 数据整理。

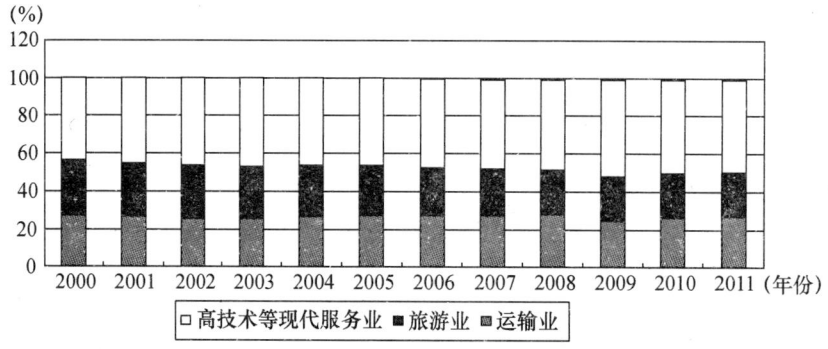

图3-5 2000~2011年世界服务各行业流入量占服务业流入总量的比重

数据来源:根据 UNCTAD 数据整理。

三、世界服务业及高技术服务业 FDI 的行业分析

1. 世界服务业及高技术服务业 FDI 的行业分析

从世界范围看,2000~2011 年,世界高技术服务等行业发展呈上升趋势,高技术服务等行业流入量占世界服务业流入总量的比重从 2000 年的 43.54% 增长到 2011 年的 48.75%,2009 年更是高达 50.81%;旅游业发展呈下降趋势,旅游业流入量占世界服务业流入总量的比重从 2000 年的 28.83% 下降到 2011 年的 23.25%,下降了 5.58 个百分点;运输业发展较平稳,2011 年运输业流入量占世界服务业流入总量的比重仅比 2000 年下降了 0.64%(见图 3-5)。上述情况表明,世界传统服务业发展较慢,甚至处于下降趋势,而高技术等现代服务业发展正日益加快,全球化趋势日益加强。

从不同发展水平的国家看,2000~2011 年,发达国家高技术服务等行业发展呈上升趋势,高技术服务等行业流入量占世界服务业流入总量的比重从 2000 年的 44.31% 增长到 2011 年的 53.23%,增长了 8.92 个百分点;旅游业发展呈下降趋势,旅游业流入量占世界服务业流入总量的比重从 2000 年的 30% 下降到 2011 年的 22.90%,下降了 7.10 个百分点;运输业也呈下降趋势,运输业流入量占世界服务业流入总量的比重从 2000 年的 25.69% 下降到 2011 年的 22.17%,下降了 3.52 个百分点(见图 3-6)。上述情况表明,高技术等现代服务业正快速流入到发达国家,而传统服务业在发达国家正迅速减少,发达国家的产业结构将更加趋于完善,更加有利于效率的提升。

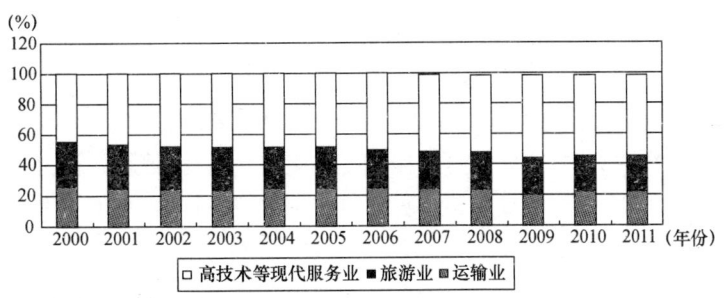

图 3-6 2000~2011 年发达国家服务各行业流入量占服务业流入总量的比重

数据来源:根据 UNCTAD 数据整理。

2000~2011年，发展中国家高技术等现代服务业所占比重较低且利用外资速度较慢，其流入量占世界服务业流入总量的比重从2000年的41.67%下降到2011年的41.56%，基本处于缓慢波动状态；旅游业发展呈小幅下降趋势，旅游业流入量占世界服务业流入总量的比重从2000年的25%下降到2011年的22.94%，下降了2.06个百分点；运输业呈稳步上升状态，运输业流入量占世界服务业流入总量的比重从2000年的33.34%上升到2011年的35.50%，上升了2.16个百分点（见图3-7）。上述情况表明，发展中国家传统服务业稳步上升发展，但高技术等现代服务业发展缓慢，其外资流入到发展中国家缓慢，尚不能为相关产业的发展提供及时的服务，进而促进生产效率的提高。

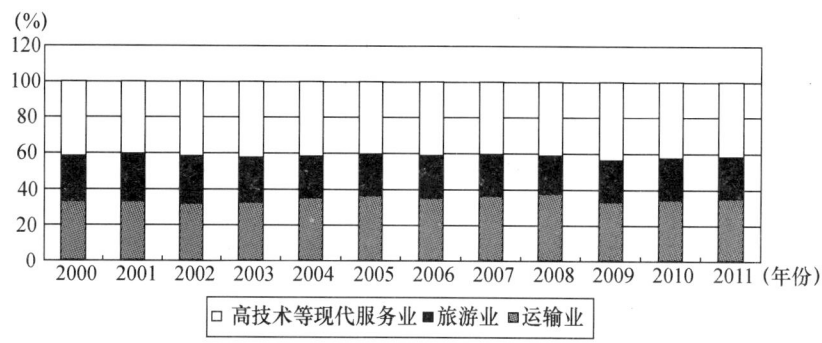

图3-7　2000~2011年发展中国家服务各行业流入量占服务业流入总量的比重
数据来源：根据UNCTAD数据整理。

2000~2011年，转型国家高技术等现代服务业发展呈上升趋势，其流入量占世界服务业流入总量的比重从2000年的41.77%增长到2011年的46.24%，增长了4.47个百分点；旅游业发展呈下降趋势，旅游业流入量占世界服务业流入总量的比重从2000年的41.03%下降到2011年的32.34%，下降了8.69个百分点；运输业发展呈上升趋势，运输业流入量占世界服务业流入总量的比重从2000年的17.21%上升到2011年的21.42%，上升了4.21个百分点（见图3-8）。上述情况表明，转型国家传统服务业尚不能同步发展，正处于调整之中，而高技术等现代服务业发展迅速，能够利用高技术等现代服务业吸引外商投资，快速为相关产业提供服务，提高生产效率。

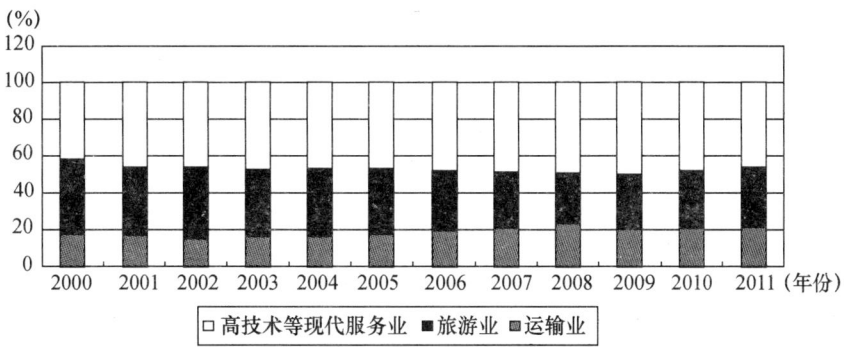

图 3-8　2000~2011 年转型国家服务各行业流入量占服务业流入总量的比重

数据来源：根据 UNCTAD 数据整理。

2. 美国服务业及高技术服务业 FDI 的行业分析

从美国三次产业看，服务业外商投资所占比重最高，1999~2011 年为 55.84%~61.59%，农业和采矿业外商投资所占比重最低，1999~2011 年为 1.64%~5.51%。从外商投资趋势看，服务业外商投资增长最快，所占比重从 1999 年的 55.84% 上升到 2011 年的 61.59%；制造业外商投资快速下降，所占比重从 1999 年的 42.52% 下降到 2011 年的 32.90%（见图 3-9）。这表明服务业一直是美国吸收外商投资的重点，并继续从制造业投资向服务业投资转移，服务业的快速发展优化了美国的产业结构。

从美国服务业外商投资看，金融保险业和批发业 FDI 存量所占比重较高，1999~2011 年分别为 19.84%~24.77% 和 18.38%~24.53%；零售业和房地产租赁业 FDI 存量比重较低且保持平稳发展，1999~2011 年分别为 2.47%~3.54% 和 3.08%~8.96%；专业研发和科学技术服务业 FDI 存量增长较快，从 1999 年的 2.19% 上升到 2011 年的 5.61%，说明美国积极利用外商投资进行研发创新，并积极利用外资为国内企业提供技术支持；其他服务业 FDI 存量增长较快，主要由于外商的自有公司（Holding Companies）增长较快，从 1999 年的 2.61% 上升到 2011 年的 13.42%；信息产业 FDI 存量所占比重下降较快，从 1999 年的 14.62% 下降到 2011 年的 9.37%，原因是 1999 年 IT 产业泡沫破裂导致信息产业投资大幅减少；金融保险业和银行业 FDI 存量波动较大，分别从 1999 年的 24.77% 和 11.61% 下降到 2008 年的 20.62% 和 5.65%，继而又上升到 2011 年的 24.01% 和 9.75%，主要受金融危机的影响（见图3-10）。总的来说，除去受到外界影响和冲击外，美国传统服务业外商投资较平稳，科学技术服务等高技术服务业外商投资增长较快。

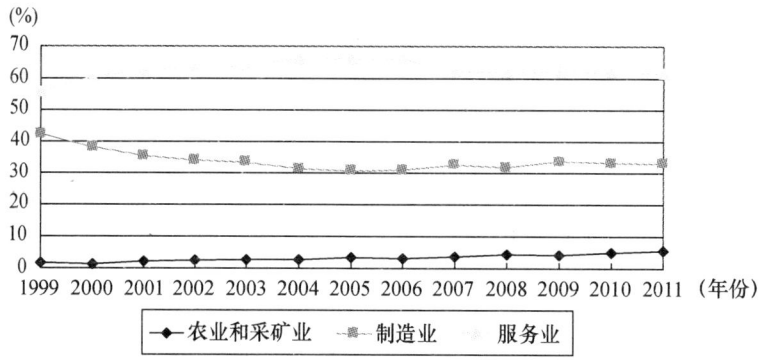

图3-9　1999~2011年美国三次产业FDI流入存量的变化趋势

数据来源：根据美国BEA数据计算整理。

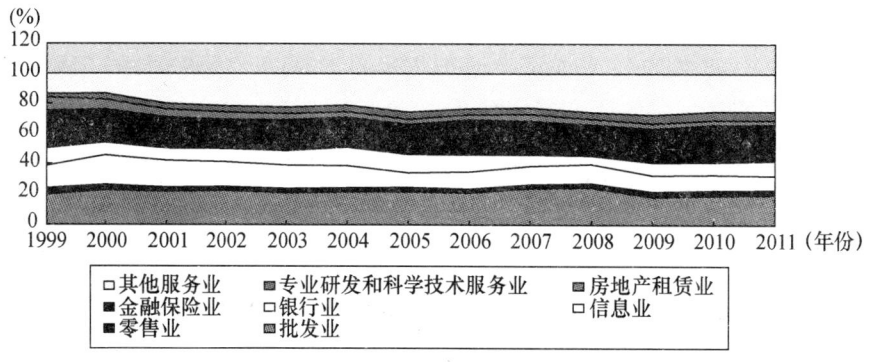

图3-10　1999~2011年美国服务业FDI流入存量的行业分布

数据来源：根据美国BEA数据计算整理。

从美国高技术服务业外商投资看，专业研发和科学技术服务业增长较快，FDI存量从1999年的2.19%上升到2011年的5.61%，说明美国积极利用外商投资进行研发创新，并积极利用外资为国内企业提供技术支持。美国自有公司（Holding Companies）增长较快，从1999年的2.61%上升到

2011年的13.42%，信息产业1999年IT产业泡沫破裂导致信息产业投资大幅减少，FDI存量所占比重从1999年的14.62%下降到2011年的9.37%（见图3-11）。

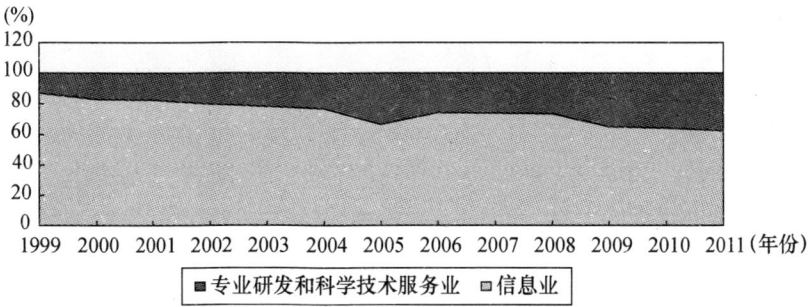

图3-11　1999~2011年美国高技术服务业FDI流入存量的行业分布

数据来源：根据美国BEA数据计算整理。

四、世界服务业及高技术服务业FDI的国家分布

1. 世界服务业及高技术服务业FDI的国家分布

（1）世界服务业FDI的国家分布。2000~2011年，世界服务业流入总量不断增加，发达国家服务业流入量所占比重最高，其次为发展中国家，转型国家服务业流入量所占比重最低。

第一，世界服务业FDI流入的东道国分布。为了研究发达国家内部服务业FDI的国别结构，本书选择了几个主要的服务业FDI东道国作为样本，其中包括美国、德国、法国、英国、荷兰、瑞士、西班牙、意大利、日本。美国一直是服务业对外直接投资和吸引外资存量规模最大的国家（见表3-3），2010年美国吸引外资存量占样本国家存量的27.10%。德国、法国和英国在服务业吸引外资方面一直占据重要地位，在样本国家当中，三个国家所占的比重一直保持在10%~25%，但德国在服务业吸引外资方面呈略微下降趋势，法国呈小幅上升趋势。荷兰和瑞士在服务业吸引外资方面也占有一定的比重，但荷兰吸引服务业外资呈下降趋势，所占样本国家外资存量从2003年的9.59%下降到2010年的5.70%；瑞士在吸引服务业外资方面呈上升趋势，所占样本国家外资存量从2003年的4.90%上升到2010年的9.10%。另外，西班牙和意大利的地位波动不大。在服务业吸引外资方面，日本的地位从来就不突出，虽然有所上升，但到2010年，其占样本国家的比重也只有2.42%。

表3-3 2003~2010年世界服务业FDI流入存量的国家分布

单位：%

年份 国家	2003	2004	2005	2006	2007	2008	2009	2010
美国	22.14	28.80	30.81	27.14	23.37	25.42	24.95	27.10
德国	22.29	18.95	16.78	16.26	16.15	16.52	15.91	15.95
法国	16.01	15.35	15.37	15.29	16.04	16.49	16.59	15.41
英国	13.67	12.99	12.80	14.90	14.71	11.67	12.47	12.60
荷兰	9.59	7.93	8.22	7.32	9.10	7.25	6.91	5.70
瑞士	4.90	4.99	4.26	5.24	5.70	7.79	7.97	9.10
西班牙	4.24	4.08	4.64	6.93	6.57	6.01	5.69	5.64
意大利	3.33	3.34	3.48	3.75	5.03	4.53	4.74	3.33
日本	1.71	1.46	1.51	1.26	1.46	2.43	2.31	2.42

注：因为德国、日本和西班牙所占比重较高，对其缺失数据根据前后年份的差距进行了补充；样本国家中的韩国、卢森堡所占比重较低，故省略掉。

数据来源：根据OECD数据计算整理。

总之，目前国际服务业转移主要集中在发达国家之间，由于服务业生产和销售具有不可分割性，对其承接的配套产业要求很高，一些资本技术密集的新兴行业很难真正进入到发展中国家。而发达国家凭借自身服务业发展水平高的优势以及完备的基础设施、先进的管理运营模式和规范的市场运行机制，吸引外资的流入（李欣，2009）。不过，由于成本上升的影响以及出于风险分散的考虑，欧美和日本近年来软件和信息服务等行业呈现出向发展中国家，特别是印度、中国、爱尔兰、巴西等新兴经济体加快转移的趋势，发展中国家在吸收和输出服务业外商直接投资中所占的比重有所上升。

第二，世界服务业FDI流出的母国分布。本书选取美国、德国、法国、英国、荷兰、瑞士、西班牙、意大利、日本作为服务业投资母国样本。美国作为服务业最大的投资母国,2010 年对外直接投资存量占样本国家存量的 34.70%。德国、法国和英国在服务业对外投资方面占据重要地位,在样本国家当中,三个国家所占的比重一直保持在 10%~20%,但英国服务业对外直接投资呈下降趋势,其他两个国家波动不大。荷兰和瑞士在服务业对外投资中也占有一定的比重,但荷兰服务业对外投资呈下降趋势,所占样本国家外资存量从 2003 年的 7.33% 下降到 2010 年的 5.09%;瑞士在服务业对外投资中呈上升趋势,所占样本国家外资存量从 2003 年的 5.33% 上升到 2010 年的 6.79%。另外两个欧洲国家西班牙和意大利对外投资波动不大。日本在服务业对外投资方面呈小幅上升趋势,从 2003 年的 2.78% 上升到 2010 年的 4.07%(见表 3-4)。总之,服务业 FDI 投资母国主要集中在发达国家,但由于其经济运行及世界经济环境等因素影响,发达国家对外投资也会出现波动。

表 3-4 2003~2010 年世界服务业 FDI 流出存量的国家分布

单位:%

年份 国家	2003	2004	2005	2006	2007	2008	2009	2010
美国	30.63	33.52	34.46	31.66	31.38	34.11	33.73	34.70
德国	14.05	13.06	12.82	13.12	13.05	12.55	12.36	12.65
法国	14.18	14.05	14.77	14.93	15.35	14.68	14.75	13.61
英国	16.89	15.71	13.33	11.92	11.96	9.92	10.51	10.55
荷兰	7.33	6.92	6.95	7.22	6.76	5.70	5.47	5.09
瑞士	5.33	5.35	5.61	5.81	5.12	5.64	6.18	6.79
西班牙	4.52	4.12	4.28	4.89	5.04	4.87	4.57	4.27
意大利	2.94	2.89	3.54	3.76	4.37	4.36	4.40	3.88
日本	2.78	2.61	2.79	2.65	2.73	3.85	3.81	4.07

注:因为德国、日本和西班牙所占比重较高,对其缺失数据根据前后年份的差距进行了补充;样本国家中的韩国、卢森堡、瑞典、波兰所占比重较低,故省略掉。
数据来源:根据 OECD 数据计算整理。

综上,美国一直是服务业 FDI 的最大投资母国和东道国,在服务业对外直接投资和吸引外资方面处于绝对领先地位。德国、法国和英国在服务业对外直接投资和吸引外资中仅次于美国,但英国服务业对外直接投资呈下降趋势。日本服务业对外直接投资和吸引外资虽有小幅上升趋势,但所占的比重并不高①。

(2)世界高技术服务业 FDI 的国家分布。

第一,世界高技术服务业 FDI 流入的东道国分布。根据在高技术服务业 FDI 中所占的比重,本书选取美国、英国、法国、德国、荷兰作为高技术服务业 FDI 东道国样本,其中美国是吸引高技术服务业外资规模最大的国家,在吸引高技术服务业投资中占有绝对的优势,但自 2002 年以来呈下降趋势,在样本国家中所占的比重从 2002 年的 68.68% 下降到 2010 年的 33.04%,可能与 IT 行业虚拟经济的泡沫破裂有关。英国吸引高技术服务业投资快速增加,占样本国家外资存量的比重从 2003 年的 3.72% 上升到 2010 年的 32.20%,上升了近 10 倍。荷兰在高技术服务业吸引外资方面也占有重要地位,在样本国家当中,所占的比重在 15%~20%,但呈小幅下降的趋势,占样本国家外资存量的比重从 2003 年的 19.07% 下降到 2010 年的 14.94%。法国和德国在高技术服务业吸引外资方面波动不大(见表3-5)。发达国家一直是高技术服务业 FDI 流入的主要国家,凭借其自身较高的服务业水平和完善的基础设施及其运行环境,成为承接高技术服务业转移的重要国家。

表3-5 2003~2010 年世界高技术服务业 FDI 流入存量的国家分布

单位:%

年份 国家	2003	2004	2005	2006	2007	2008	2009	2010
美国	61.90	54.74	43.84	41.43	37.11	38.22	29.93	33.04
英国	3.72	10.94	9.66	14.82	15.07	10.59	23.83	32.20
荷兰	19.07	18.36	18.29	15.71	13.51	19.11	15.28	14.94
法国	8.91	9.96	9.17	7.68	6.76	7.16	6.25	7.81
德国	4.49	4.19	5.37	9.67	8.30	8.47	6.89	7.28

注:选取电信、计算机服务、研发服务作为高技术服务业;德国 2010 年缺失的数据已根据前后年份的差距进行了补充;样本国家中的意大利、西班牙所占比重较小,故省略掉。

数据来源:根据 OECD 数据计算整理。

---

① 该分析与罗立彬(2010)的结论有出入,可能因为所选的时间范围不同。

第三章 服务业及高技术服务业 FDI 特征分析

第二,世界高技术服务业 FDI 流出的母国分布。本书选取美国、荷兰、德国、法国作为高技术服务业投资母国样本,其中,美国作为服务业最大的投资母国,是高技术服务业对外直接投资规模最大的国家,且高技术服务业对外直接投资呈上升趋势,占样本国家对外投资存量的比重从 2003 年的 25.98% 上升到 2010 年的 38.24%。荷兰高技术服务业对外投资快速增加,占样本国家对外投资存量的比重从 2003 年的 19.81% 上升到 2010 年的 31.68%。德国和法国高技术服务业对外直接投资呈下降趋势,德国所占样本国家外资存量的比重从 2003 年的 28.68% 下降到 2010 年的 17.14%;法国所占样本国家外资存量的比重从 2003 年的 23.02% 下降到 2010 年的 11.92%(见表 3-6)。

表 3-6 2003~2010 年世界高技术服务业 FDI 流出存量的国家分布

单位:%

年份 国家	2003	2004	2005	2006	2007	2008	2009	2010
美国	25.98	37.87	34.71	37.03	37.41	30.65	36.90	38.24
荷兰	19.81	27.11	24.76	23.55	23.13	30.84	33.14	31.68
德国	28.68	25.97	20.87	19.42	18.23	15.22	16.93	17.14
法国	23.02	7.52	18.43	19.40	20.68	23.01	12.63	11.92

注:选取电信、计算机服务、研发服务作为高技术服务业;德国 2010 年缺失的数据已根据前后年份的差距进行了补充(英国是高技术服务业对外直接投资的重要国家,但由于数据的缺失,未能将其列入);样本国家中的韩国所占比重较小,故省略掉。
数据来源:根据 OECD 数据计算整理。

综上,美国在吸收高技术服务业外商投资和对外直接投资方面均占非常重要的地位,但近年来吸收高技术服务业外商投资所占比重有所下降。英国吸收外商直接投资增长较快,荷兰对外投资增长很快,但德国对外投资呈下降趋势。法国在外商投资中波动不大,作为东道国和母国的地位保持较平稳。

2. 美国服务业及高技术服务业 FDI 的国家分布①

美国一直是服务业 FDI 的最大投资母国和东道国,作为投资母国的地位

---

① 将美国的信息产业和专业研发、科学与技术服务合并为高技术服务业,对于非洲和拉丁美洲在美国的高技术服务业投资的一些数据缺失,已根据前后年限差额将其补齐。

尤其突出,因此,有必要对美国服务业 FDI 流入和流出的国家分布进行分析。

(1) 美国服务业及高技术服务业 FDI 流入的国家分布。美国作为东道国吸收服务业 FDI 的主要来源地是欧洲,其次为加拿大和亚太地区,而非洲和中东地区对美国的服务业投资极少。2007~2010 年,欧洲对美国服务业投资占世界对美国服务业投资总额的比重分别为 68.03%、70.84%、69.85%、69.75%,而高技术服务业投资所占的比重更是高达 83.25%、82.79%、77.94% 和 83.27%,欧洲对美国吸收服务业特别是高技术服务业外商投资起到至关重要的作用。加拿大和亚太地区对美国服务业投资所占比重在 10%~15%,但高技术服务业投资所占比重偏低,特别是加拿大对美国高技术服务业投资比重从 2007 年的 6.75% 降到了 2010 年的 1.59%,但加拿大和亚太地区对美国服务业投资仍具有一定的影响。非洲和中东地区对美国服务业投资的比重在 1% 以下,特别是非洲对美国高技术服务业投资的比重在 0.01%~0.04%,其影响微乎其微(见图 3-12~图 3-15)。从

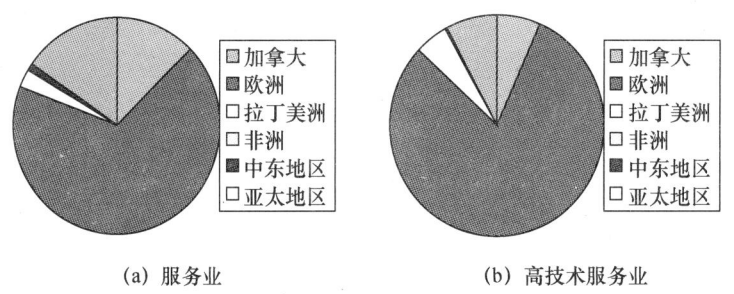

(a) 服务业　　　　　　　(b) 高技术服务业

图 3-12　2007 年美国服务业 FDI 流入存量的国家分布

数据来源:根据 BEA 数据计算整理。

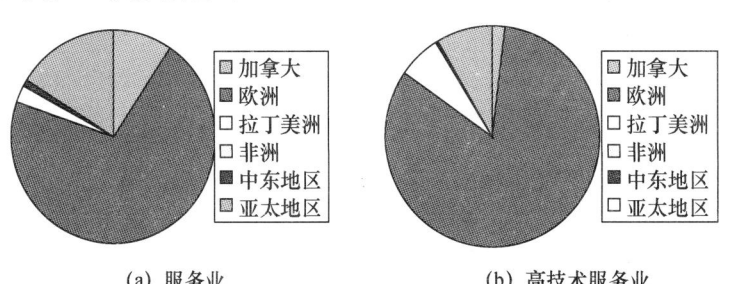

(a) 服务业　　　　　　　(b) 高技术服务业

图 3-13　2008 年美国服务业 FDI 流入存量的国家分布

数据来源:根据 BEA 数据计算整理。

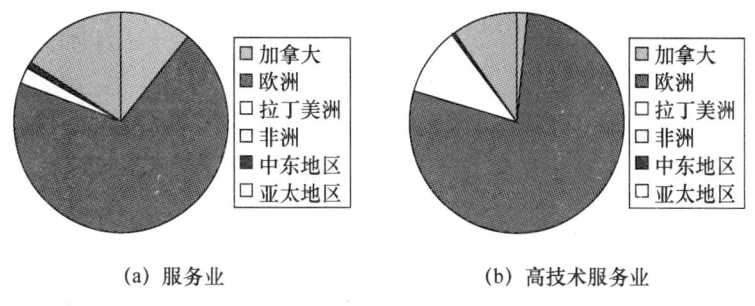

(a) 服务业　　　　　　　　(b) 高技术服务业

图 3-14　2009 年美国服务业 FDI 流入存量的国家分布

数据来源：根据 BEA 数据计算整理。

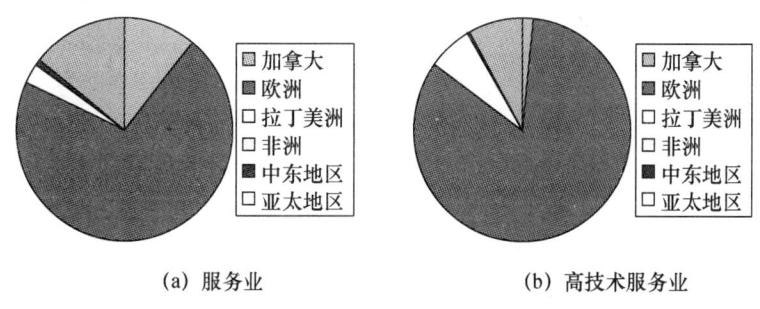

(a) 服务业　　　　　　　　(b) 高技术服务业

图 3-15　2010 年美国服务业 FDI 流入存量的国家分布

数据来源：根据 BEA 数据计算整理。

国家来看，英国、日本、德国、法国、荷兰、瑞士为美国服务业主要投资国，2007~2010 年对美国服务业投资所占比重为 60.29%~63.98%，对美国高技术服务业投资比重为 67.83%~79.18%，其中英国对美国服务业投资比重高达 19.61%~23.94%，对美国高技术服务业投资比重为 16.37%~26.67%，德国对美国服务业投资比重虽为 8.65%~9.95%，但对美国高技术服务业投资比重为 20.94%~24.46%，且呈上升趋势，由此可见，发达国家对美国服务业特别是高技术服务业投资具有重要作用（见表 3-7）。

（2）美国服务业及高技术服务业 FDI 流出的国家分布。美国作为投资母国对外投资的主要地区是欧洲，其次为拉丁美洲和亚太地区，而美国对非洲和中东地区的服务业投资较少。2007~2010 年（见表 3-8），美国对欧洲服务业投资占美国服务业投资总额的 59.13%~60.06%，高技术服务

表 3-7 2007~2010 年美国服务业和高技术服务业 FDI 流入存量的国家分布

单位：%

项目 国家和地区	美国服务业 FDI 流入存量的国家分布				美国高技术服务业 FDI 流入存量的国家分布			
年份	2007	2008	2009	2010	2007	2008	2009	2010
加拿大	12.46	9.46	10.83	10.69	6.75	1.92	1.58	1.59
欧洲	68.03	70.84	69.85	69.75	83.25	82.79	77.94	83.27
拉丁美洲	2.71	2.57	2.41	2.80	5.14	6.42	10.10	6.59
非洲	0.08	0.10	0.08	0.12	0.04	0.02	0.02	0.01
中东地区	1.00	0.90	0.90	0.74	0.31	0.35	0.44	0.35
亚太地区	15.28	16.13	15.93	14.14	8.04	8.50	9.86	8.12
法国	6.39	6.89	7.18	7.12	10.23	10.30	11.81	10.10
德国	9.95	8.65	9.28	9.01	22.80	20.94	24.46	21.04
意大利	0.84	0.72	0.25	0.23	—	—	—	—
卢森堡	5.12	5.83	6.36	6.81	—	—	5.79	—
荷兰	8.72	7.86	7.89	6.39	8.01	7.74	8.32	—
西班牙	1.41	1.69	2.40	2.26	—	—	—	—
瑞士	5.04	5.09	6.31	7.09	6.06	—	—	4.98
英国	20.92	23.94	20.70	19.61	21.32	26.67	18.42	16.37
澳大利亚	2.34	2.39	2.55	2.73	—	0.28	—	—
中国	0.04	0.07	0.07	0.07	—	0.01	0.03	0.04
印度	0.12	0.19	0.16	0.14	0.54	0.54	0.74	—
日本	11.54	11.55	11.51	11.07	3.66	7.47	8.53	7.02
韩国	0.79	0.77	0.75	0.80	0.01	—	0.00	0.00
新加坡	0.10	0.57	0.09	0.14	0.09	—	—	—
欧盟	61.83	63.93	62.87	62.07	72.61	75.05	70.12	77.39

注："—"表示缺省数据。

数据来源：根据 BEA 数据计算整理。

业投资所占的比重为 66.22%~69.38%，欧洲是美国对外投资的重要地区。美国对拉丁美洲的服务业投资较稳定，所占比重为 19.17%~19.87%，但高技术服务业投资所占的比重较低，仅为 4.76%~5.49%，但呈轻微上升趋势。2007~2010年,美国对亚太地区的服务业投资比重分别为13.49%、13.63%、13.26%、14.09%,高技术服务业投资所占的比重为18.74%、19.63%、20.38%和21.1%,美国对亚太地区高技术服务业投资不断增加,美国对非洲和中东地区服务业投资比重不足1%,但对中东地区高技术服务业投资比重为1.01%~1.35%,且有小幅上升,说明美国高技术服务业投资虽然重点在欧洲地区,但随着服务经济的发展和服务业自由化进程的推进,发展中国家越来越成为吸引服务业FDI的东道国。

表3-8 2007~2010年美国服务业和高技术服务业对外投资存量的国家分布

单位:%

项目 年份 国家和地区	美国服务业对外投资存量的国家分布				美国高技术服务业对外投资存量的国家分布			
	2007	2008	2009	2010	2007	2008	2009	2010
加拿大	6.30	6.12	6.32	6.52	7.11	4.71	5.53	5.50
欧洲	59.37	60.06	59.46	59.13	67.80	69.38	67.29	66.22
拉丁美洲	19.70	19.18	19.87	19.17	5.10	4.76	5.21	5.49
非洲	0.61	0.55	0.54	0.67	0.25	0.23	0.25	0.38
中东地区	0.53	0.55	0.60	0.53	1.01	1.29	1.35	1.21
亚太地区	13.49	13.63	13.26	14.09	18.74	19.63	20.38	21.21

数据来源:根据BEA数据计算整理。

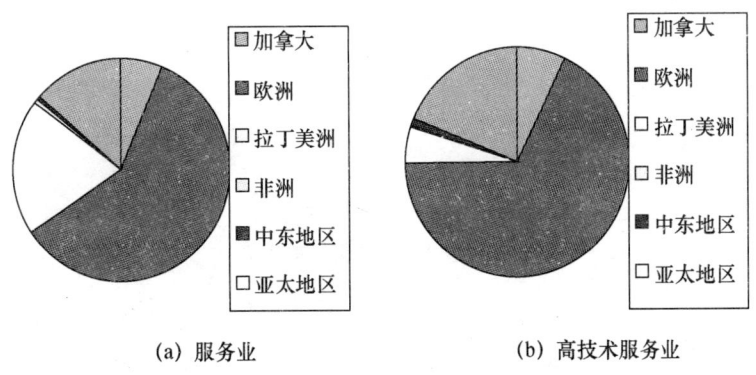

(a) 服务业　　　　　(b) 高技术服务业

图3-16 2007年美国服务业对外投资存量的国家分布

数据来源:根据BEA数据计算整理。

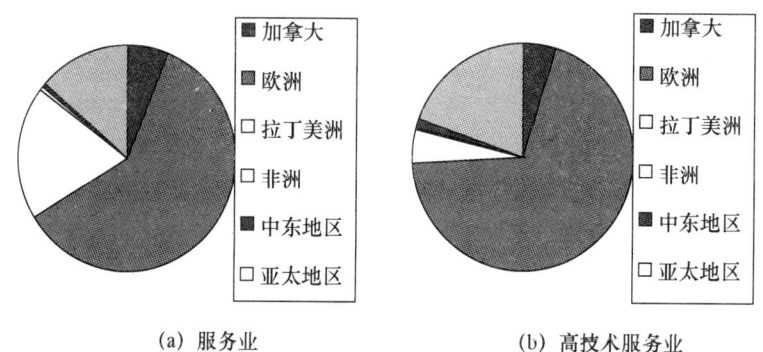

(a) 服务业　　　　　　(b) 高技术服务业

图 3-17　2008 年美国服务业对外投资存量的国家分布

数据来源：根据 BEA 数据计算整理。

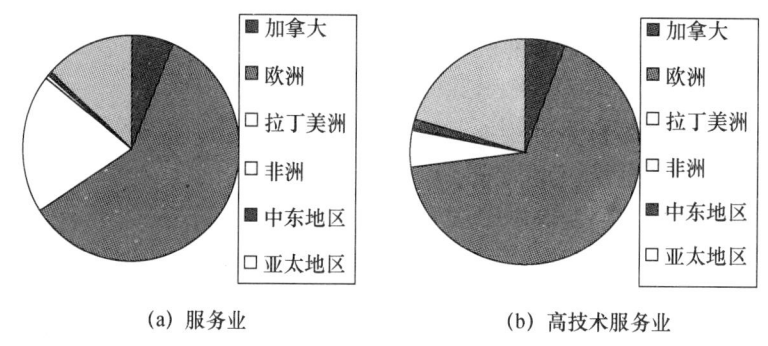

(a) 服务业　　　　　　(b) 高技术服务业

图 3-18　2009 年美国服务业对外投资存量的国家分布

数据来源：根据 BEA 数据计算整理。

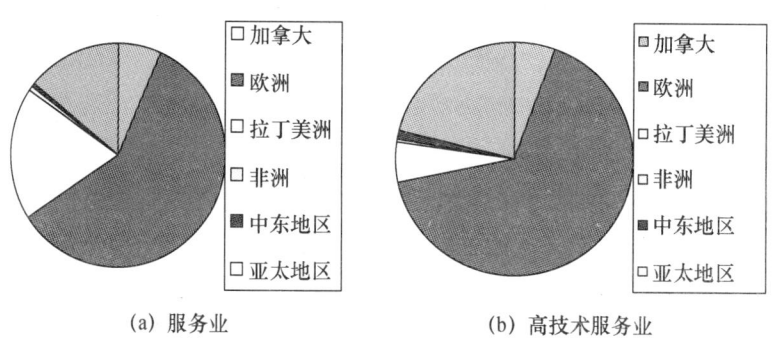

(a) 服务业　　　　　　(b) 高技术服务业

图 3-19　2010 年美国服务业对外投资存量的国家分布

数据来源：根据 BEA 数据计算整理。

综上，美国作为东道国吸收服务业 FDI 的主要来源地是欧洲，其次为加拿大和亚太地区，而非洲和中东地区对美国的服务业投资极少。美国作为投资母国对外投资的主要地区是欧洲，其次为拉丁美洲和亚太地区，而美国对非洲和中东地区的服务业投资较少。

五、服务业及高技术服务业 FDI 的原因

1. 信息技术的发展为高技术服务业 FDI 提供了技术支持

信息技术的发展，导致高技术服务企业组织管理成本的降低和规模经济边界的拓展，同时也促进了高技术服务企业跨国投资方式的改变。20 世纪 80 年代以来，科学技术尤其是信息技术的突破性进展，为许多服务活动的跨国投资创造了可能性。高技术服务企业的信息化管理，从根本上改变了收集、处理和利用信息的方式，从而导致组织形式的巨大变革。信息技术的发展给大企业和银行提供了更多的在世界范围内监督其资产发展状况和加强在世界运作的可能，同时信息技术的发展使跨国公司可以更好地通过一体化管理节省交易费用和提高管理效率。正是由于信息技术的支持，高技术服务业跨国公司才得以迅速发展，对外投资进一步扩大。

2. 高技术服务需求促进了高技术服务业 FDI

高技术服务需求的增加是导致服务型跨国公司出现并扩张的重要原因。产品的信息化、电子化使人们对高技术服务需求日益增加。随着高技术服务需求的增加，越来越多的服务型跨国公司出现。制造业投资需要依赖研发、通信等高技术服务的支持，为了更好地为消费者和制造业的跨国公司服务，许多高技术服务业的跨国公司在东道国进行投资活动。制造业生产的需求和社会分工的扩展促进了高技术服务业 FDI 的发展。

3. 新兴国家的经济环境进一步改善

首先，新兴市场经济国家在工业化过程中，基础设施得到改善，拥有大量的现代化信息通信网络设施，基础设施成本也在不断下降。其次，随着社会经济的发展，新兴市场经济国家已经储备了大量的高素质人才，这为承接高技术服务业转移创造了良好的人力资源环境。最后，新兴市场国家为了承接国际高技术服务业，实行了各种税收优惠政策。因此，发达国家将高技术服务业转移到新兴市场国家，服务成本大幅度降低，服务业的竞争力大大提高。

4. 各国政府相继放松对服务业的管制

长期以来，传统上被认为是自然垄断的产业如电信、运输、金融等一直都由各国政府实行严格的经济管制，成为国外产业进入的壁垒。20世纪80年代后，政府经济性管制不再被认为是提高经济性效益唯一的手段，世界各国开始逐渐放松对传统垄断产业的管制，并提高这些产业的对外开放度，从而为国外产业的进入创造了条件，同时也为这些产业全球化扫清了障碍。这些管制政策的放松对服务业的产业融合及产业的全球化发展起到了推动作用。[1] 正是基于此背景，高技术服务业FDI才得以迅速发展起来。

5. 跨国公司自身发展的需要

跨国公司特别是高技术服务业跨国公司为了自身发展的需要，逐渐从国内的竞争中转向开拓国外市场，进行全球化的扩张，争夺世界市场份额。这些公司在进行全球化扩张时，建立起了自己的世界系统，通过自己的网络资源，更好地服务于世界性的顾客，提高了公司的声誉，赢得了顾客的信赖，将自身的实力外部化表现出来，从而赢得更多的市场。与此同时，跨国公司利用经营网络和管理经验，把在国内成功的服务理念和分销系统在国外使用，把公司在国内的竞争优势转移到国外。[2] 基于此，高技术服务业跨国公司进一步发展并壮大。

第二节 中国服务业及高技术服务业 FDI 特征分析

本部分对中国服务业及高技术服务业的发展及 FDI 现状进行分析，以对中国服务业及高技术服务业吸引 FDI 的现状有一个准确的认识。

一、中国服务业及高技术服务业发展的现状

1. 中国各行业增加值分析

（1）中国三次产业增加值分析。从中国三次产业发展看，第一产业增加值所占比重较低，而且呈下降趋势，从 2004 年的 13.39% 下降到 2009 年

---

[1] 刘志中：《服务业国际转移及其溢出效应研究》，辽宁大学博士学位论文，2009年5月。
[2] 赵玉娟：《服务业 FDI 对中国的经济效应研究》，苏州大学博士学位论文，2010年9月。

的 10.33%，下降了 3.06%；第二产业和第三产业所占比重较高，分别在 40% 以上，但发展趋势有所不同，第二产业所占比重从 2004 年的 46.23% 上升到 2009 年的 46.24%，基本保持平稳；第三产业所占比重从 2004 年的 40.38% 上升到 2009 年的 43.43%，上升了 3.04%（见表 3-9）。这表明第一产业对中国经济增长的贡献在下降，服务业对中国经济增长的贡献在上升。

表 3-9 中国三次产业增加值所占的比重   单位：%

年份 行业	2004	2005	2006	2007	2008	2009	变化率
第一产业	13.39	12.24	11.11	10.77	10.73	10.33	-3.06
第二产业	46.23	47.68	47.95	47.34	47.45	46.24	0.02
第三产业	40.38	40.08	40.94	41.89	41.82	43.43	3.04

注：因为中国服务业 2004 年前后的统计口径不一致，为了准确反映各行业发展变化情况，只选取了 2004～2009 年的数据。本表行业分类按新国民经济行业分类（GB/T 4754-2002）划分，农林牧渔服务业包括在第一产业中。

数据来源：根据国家统计局数据计算整理。

（2）中国服务业及高技术服务业增加值分析。从中国服务业各行业发展看，批发和零售业，金融业，房地产业，科学研究，技术服务和地质勘查业，公共管理和社会组织发展较快（见表 3-10），金融业增加值所占比重从 2004 年的 3.37% 增加到 2009 年的 5.21%，增加了 1.84%；房地产业增加值所占比重从 2004 年的 4.49% 增加到 2009 年的 5.47%，增加了 0.98%；批发和零售业增加值所占比重从 2004 年的 7.79% 增加到 2009 年的 8.50%，增加了 0.71%；公共管理和社会组织增加值所占比重从 2004 年的 3.84% 增加到 2009 年的 4.45%，增加了 0.61%；科学研究、技术服务和地质勘查业增加值所占比重从 2004 年的 1.10% 增加到 2009 年的 1.39%，增加了 0.28%。

而交通运输、仓储和邮政业，信息传输、计算机服务和软件业，住宿和餐饮业增加值发展较慢，交通运输、仓储和邮政业增加值所占比重从 2004 年的 5.82% 降到 2009 年的 4.91%，下降了 0.91%；信息传输、计算机服务和软件业增加值所占比重从 2004 年的 2.65% 下降到 2009 年的

2.39%，下降了0.25%；住宿和餐饮业增加值所占比重从2004年的2.29%降到2009年的2.09%，下降了0.20%（见表3-10）。这表明中国服务业虽然在快速发展，但在一定程度上受国际和国内经济形势的影响，而高技术服务业中的科学研究、技术服务和地质勘查业出现小幅增长，信息传输、计算机服务和软件业出现微弱的下降趋势，说明中国高技术服务业有待更多促进政策出台，推动其快速发展。

表3-10 中国服务业及高技术服务业各行业增加值所占的比重

单位:%

年份 行业	2004	2005	2006	2007	2008	2009	变化率
服务业	40.38	40.08	40.94	41.89	41.82	43.43	3.04
交通运输、仓储和邮政业	5.82	5.91	5.63	5.49	5.21	4.91	-0.91
信息传输、计算机服务和软件业	2.65	2.60	2.63	2.52	2.50	2.39	-0.25
批发和零售业	7.79	7.39	7.64	7.88	8.34	8.50	0.71
住宿和餐饮业	2.29	2.29	2.22	2.09	2.11	2.09	-0.20
金融业	3.37	3.44	3.74	4.64	4.73	5.21	1.84
房地产业	4.49	4.50	4.79	5.20	4.69	5.47	0.98
租赁和商务服务业	1.64	1.59	1.75	1.77	1.79	1.82	0.17
科学研究、技术服务和地质勘查业	1.10	1.12	1.24	1.29	1.27	1.39	0.28
水利、环境和公共设施管理业	0.48	0.46	0.44	0.42	0.40	0.43	-0.05
居民服务和其他服务业	1.55	1.71	1.64	1.50	1.47	1.55	-0.01
教育	3.06	3.09	2.96	2.89	2.83	3.07	0.01
卫生、社会保障和社会福利业	1.64	1.60	1.54	1.51	1.47	1.49	-0.15
文化、体育和娱乐业	0.65	0.65	0.63	0.61	0.61	0.65	0.00
公共管理和社会组织	3.84	3.73	4.09	4.07	4.39	4.45	0.61

注：因为中国服务业2004年前后的统计口径不一致，为了准确反映各行业发展变化情况，只选取了2004～2009年的数据。本表行业分类按新国民经济行业分类（GB/T 4754-2002）划分，农林牧渔服务业包括在第一产业中。

数据来源：根据国家统计局数据计算整理。

2. 中国各行业固定资产投资分析

(1) 中国三次产业固定资产投资分析。从中国三次产业固定资产投资看,第一产业固定资产投资所占比重最低且投资基本保持平稳;第二产业固定资产投资所占比重较大,呈略微上升趋势,从 2004 年的 40.78% 上升到 2012 年的 42.24%,上升了 1.46%;第三产业固定资产投资所占比重最高,呈下降趋势,从 2004 年的 56.54% 下降到 2012 年的 54.83%,下降了 1.71%(见表 3-11),这主要由于第二产业作为实体经济,受外界因素影响较小;而服务业易受到经济危机等外界因素的冲击,出现较大波动。

表 3-11　中国三次产业固定资产投资所占的比重

单位:%

年份 行业	2004	2005	2006	2007	2008	2009	2010	2011	2012
第一产业	2.68	2.62	2.50	2.48	2.93	3.07	2.85	2.81	2.93
第二产业	40.78	43.75	44.07	44.53	44.53	42.85	42.46	42.53	42.24
第三产业	56.54	53.63	53.43	52.99	52.54	54.08	54.69	54.66	54.83

注:因为中国服务业 2004 年前后的统计口径不一致,为了准确反映各行业发展变化情况,只选取了 2004~2012 年的数据;固定资产投资按主要行业分的全社会固定资产投资计。

数据来源:根据国家统计局数据计算整理。

(2) 中国服务业及高技术服务业固定资产投资分析。从中国服务业各行业固定资产投资看,主要服务业如交通运输、仓储和邮政业,信息传输、软件和信息技术服务业,教育,公共管理、社会保障和社会组织服务业所占比重均呈下降趋势(见表 3-12),交通运输、仓储和邮政业固定资产投资所占比重从 2004 年的 10.85% 下降到 2012 年的 8.39%,下降了 2.46%;信息传输、软件和信息技术固定资产投资所占比重从 2004 年的 2.35% 下降到 2012 年的 0.72%,下降了 1.63%;教育固定资产投资所占比重从 2004 年的 2.87% 下降到 2012 年的 1.23%,下降了 1.64%;公共管理、社会保障和社会组织固定资产投资所占比重从 2004 年的 3.46% 下降到 2012 年的 1.61%,下降了 1.85%。

而房地产业所占比重较高,且呈上升趋势,房地产业固定资产投资所占比重从 2004 年的 23.67% 上升到 2012 年的 26.46%,增加了 2.79%,其他服务业固定资产投资变化不大（见表3-12）。这表明中国服务业各行业固定资产投资在受到经济危机冲击后没有呈现明显的增长；而高技术服务业固定资产投资目前所占比重较低，信息传输、软件和信息技术服务业固定资产投资呈下降趋势，科学研究和技术服务业固定资产投资尽管出现略微上升趋势，但涨幅不明显，因此应加大高技术服务业固定资产投资力度，以促进高技术服务业发展。

表3-12 中国服务业及高技术服务业各行业固定资产投资所占的比重

单位：%

行业 \ 年份	2004	2005	2006	2007	2008	2009	2010	2011	2012
服务业	56.54	53.63	53.43	52.99	52.54	54.08	54.69	54.66	54.83
批发和零售业	1.81	1.93	2.06	2.10	2.17	2.29	2.17	2.39	2.62
交通运输、仓储和邮政业	10.85	10.83	11.03	10.31	9.85	11.12	10.81	9.08	8.39
住宿和餐饮业	0.80	0.91	1.00	1.11	1.13	1.17	1.21	1.27	1.38
信息传输、计算机服务和软件业	2.35	1.78	1.71	1.35	1.25	1.15	0.88	0.70	0.72
金融业	0.19	0.12	0.11	0.11	0.15	0.16	0.18	0.21	0.25
房地产业	23.67	21.97	22.30	23.62	23.40	21.98	23.33	26.22	26.46
租赁和商务服务业	0.60	0.62	0.66	0.69	0.78	0.91	0.97	1.09	1.25
科学研究、技术服务和地质勘查业	0.47	0.49	0.45	0.41	0.45	0.53	0.50	0.54	0.66
水利、环境和公共设施管理业	7.20	7.07	7.41	7.39	7.83	8.85	8.93	7.87	7.91
居民服务和其他服务业	0.45	0.41	0.35	0.32	0.30	0.36	0.40	0.46	0.51
教育	2.87	2.49	2.06	1.73	1.46	1.57	1.45	1.25	1.23
卫生、社会保障和社会福利业	0.73	0.75	0.70	0.64	0.67	0.83	0.76	0.75	0.70
文化、体育和娱乐业	1.10	0.97	0.87	0.91	0.92	1.06	1.06	1.02	1.14
公共管理和社会组织	3.46	3.30	2.72	2.31	2.17	2.11	2.04	1.81	1.61

注：因为中国服务业2004年前后的统计口径不一致，为了准确反映各行业发展变化情况，只选取了2004~2012年的数据；固定资产投资按主要行业分的全社会固定资产投资计。本表行业分类按新国民经济行业分类（GB/T 4754-2002）划分，农林牧渔服务业包括在第一产业中。

数据来源：根据国家统计局数据计算整理。

3. 中国各行业就业现状分析

（1）中国三次产业就业现状分析。从中国三次产业就业人数看，第一产业就业人数所占比重最低而且呈下降趋势，从2004年的4.20%下降到

2012年的2.22%,下降了1.98%;第二产业所占比重从2004年的42.28%上升到2012年的47.57%,上升了5.29%,主要由于建筑业就业人员所占比重从2004年的7.58%上升到2012年的13.19%,上升了5.61%,但其长期发展趋势还有待进一步分析;第三产业就业人数所占比重最高,2004~2012年就业人数所占比重均在50%以上,但就业呈略微下降趋势,从2004年的53.52%下降到2012年的50.21%,主要由于教育,交通运输、仓储和邮政业等传统服务业人数所占比重减少(见表3-13)。这表明由于城市化进程加快、农民工外出就业等因素,导致第一产业就业人数呈下降趋势;第二产业除建筑业以外的其他行业就业人数基本保持平稳;第三产业就业人数所占比重最高,尽管第三产业出现略微下降趋势,但仍然是目前吸纳就业人员的最主要产业。

表3-13 中国三次产业就业人员所占的比重

单位:%

年份 行业	2004	2005	2006	2007	2008	2009	2010	2011	2012
第一产业	4.20	3.91	3.72	3.55	3.36	2.97	2.88	2.49	2.22
第二产业	42.28	43.38	44.16	44.53	43.91	43.99	44.26	46.90	47.57
第三产业	53.52	52.71	52.12	51.92	52.73	53.04	52.86	50.61	50.21

注:因为中国服务业2004年前后的统计口径不一致,为了准确反映各行业发展变化情况,只选取了2004~2012年的数据;就业人数按行业分的城镇单位就业人数(年底数)计。

数据来源:根据国家统计局数据计算整理。

(2)中国服务业及高技术服务业就业现状分析。从中国服务业各行业就业人数看,首先,传统服务业如教育,批发和零售业,交通运输、仓储和邮政业,公共管理和社会组织所占比重较高,但呈下降趋势(见表3-14),教育就业人数所占比重从2004年的13.22%下降到2012年的10.85%,下降了2.36%;批发和零售业就业人数所占比重从2004年的5.29%下降到2012年的4.67%,下降了0.61%;交通运输、仓储和邮政业就业人数所占比重从2004年的5.69%下降到2012年的4.38%,下降了1.31%;公共管理和社会组织就业人数所占比重从2004年的10.80%下降到2012年的10.12%,下降了0.68%。

表3-14 中国服务业及高技术服务业各行业就业人员所占的比重

单位:%

行业\年份	2004	2005	2006	2007	2008	2009	2010	2011	2012
服务业	53.52	52.71	52.12	51.92	52.73	53.04	52.86	50.61	50.21
批发和零售业	5.29	4.77	4.40	4.22	4.22	4.14	4.10	4.49	4.67
交通运输、仓储和邮政业	5.69	5.38	5.23	5.18	5.14	5.05	4.84	4.60	4.38
住宿和餐饮业	1.60	1.59	1.57	1.55	1.58	1.61	1.60	1.68	1.74
信息传输、计算机服务和软件业	1.11	1.14	1.18	1.25	1.31	1.38	1.42	1.48	1.46
金融业	3.21	3.15	3.14	3.24	3.42	3.57	3.60	3.51	3.46
房地产业	1.20	1.28	1.31	1.38	1.42	1.52	1.62	1.72	1.80
租赁和商务服务业	1.75	1.92	2.02	2.06	2.25	2.31	2.38	1.99	1.92
科学研究、技术服务和地质勘查业	2.00	2.00	2.01	2.02	2.11	2.17	2.24	2.07	2.17
水利、环境和公共设施管理业	1.59	1.58	1.60	1.61	1.62	1.64	1.68	1.60	1.60
居民服务和其他服务业	0.49	0.47	0.48	0.48	0.46	0.47	0.46	0.42	0.41
教育	13.22	13.01	12.84	12.65	12.58	12.33	12.12	11.22	10.85
卫生、社会保障和社会福利业	4.46	4.46	4.49	4.51	4.62	4.74	4.85	4.71	4.72
文化、体育和娱乐业	1.11	1.07	1.04	1.04	1.03	1.03	1.01	0.94	0.90
公共管理和社会组织	10.80	10.88	10.80	10.74	10.95	11.09	10.94	10.18	10.12

注:因为中国服务业2004年前后的统计口径不一致,为了准确反映各行业发展变化情况,只选取了2004~2012年的数据;就业人数按行业分的城镇单位就业人数(年底数)计。本表行业分类按新国民经济行业分类(GB/T 4754-2002)划分,农林牧渔服务业包括在第一产业中。

数据来源:根据国家统计局数据计算整理。

而高技术服务业如信息传输、计算机服务和软件业,金融业,房地产业,科学研究、技术服务业等所占比重较低,但呈上升趋势。信息传输、计算机服务和软件业就业人数所占比重从2004年的1.11%上升到2012年的1.46%,增加了0.35%;金融业就业人数所占比重从2004年的3.21%上升到2012年的3.46%,增加了0.25%;房地产业就业人数所占比重从2004年的1.20%上升到2012年的1.80%,增加了0.60%;科学研究、技术服务业就业人数所占比重从2004年的2.00%上升到2012年的2.17%,增加了0.17%(见表3-14)。这表明尽管传统服务业就业人数目前所占比重较高,但从发展趋势看,呈现下降趋势;尽管高技术服务业就业人数目前所占比重较低,但从发展趋势看,呈现上升趋势,服务业发展重点正由传统服务业转向高技术服务业。

二、中国服务业及高技术服务业 FDI 的行业分析

1. 中国服务业及高技术服务业 FDI 流入的行业分析

从中国三次产业外商直接投资流入所占比重看，第一产业外商直接投资流入所占比重从 2004 年的 1.84% 下降到 2010 年的 1.81%，下降了 0.03%；第二产业所占比重从 2004 年的 74.98% 下降到 2010 年的 50.94%，下降了 24.04%，主要由于制造业外商直接投资比重下降了 24.05%；第三产业所占比重从 2004 年的 23.18% 上升到 2010 年的 47.25%，上升了 24.08%（见表 3-15）。这表明中国制造业吸收外商直接投资比重大幅减少，服务业吸收外商直接投资比重大幅上升，外商直接投资将对我国服务业发展产生重要影响。

表 3-15 2004~2010 年中国三次产业实际吸引外资的比重

单位:%

年份 行业	2004	2005	2006	2007	2008	2009	2010	变化率
第一产业	1.84	1.19	0.95	1.24	1.29	1.59	1.81	-0.03
第二产业	74.98	74.09	67.45	57.33	57.64	55.62	50.94	-24.04
第三产业	23.18	24.72	31.60	41.44	41.07	42.79	47.25	24.08

数据来源：根据商务部投资司数据计算整理。

从中国服务业各行业吸收外商直接投资看，各行业外商直接投资流入所占比重大体上都处于上升趋势，其中房地产业外商直接投资占服务业 FDI 比重最高，而且增长速度最快，从 2004 年的 9.81% 上升到 2010 年的 22.68%，上升了 12.87%，这与国内房地产业的飞速发展及其产生的巨额利润有关，也由此影响到了租赁和商务服务业外商投资所占比重从 2004 年的 4.66% 上升到 2010 年的 6.74%；批发和零售业外商直接投资所占比重从 2004 年的 1.22% 上升到 2010 年的 6.24%，上升了 5.02%（见表 3-16），该产业处于产业链的末端环节，也是附加值较高的环节，是外商一直积极投资的环节。

这里重点说一下高技术服务业外商直接投资,高技术服务业FDI占服务业FDI比重不高,但呈现出增长的趋势,信息传输、计算机服务和软件业外商直接投资所占比重从2004年的1.51%增长到2010年的2.35%,增长了0.84%;科学研究、技术服务和地质勘查业外商直接投资所占比重从2004年的0.48%增长到2010年的1.86%,增长了1.38%(见表3-16)。这说明国外开始注重中国高技术服务业的投资,如果较好地与国内高技术服务业的发展进行融合和衔接,将会对中国产业的发展和全社会生产效率的提高起到积极的促进作用。

表3-16 2004~2010年中国服务业各行业实际吸引外资的比重

单位:%

行业 \ 年份	2004	2005	2006	2007	2008	2009	2010	变化率
服务业	23.18	24.72	31.60	41.44	41.07	42.79	47.25	24.08
交通运输、仓储和邮政业	2.10	3.00	3.15	2.68	3.09	2.81	2.12	0.02
批发和零售业	1.22	1.72	2.84	3.58	4.80	5.99	6.24	5.02
住宿和餐饮业	1.39	0.93	1.31	1.39	1.02	0.94	0.88	-0.50
金融业	0.42	0.36	0.47	0.34	0.62	0.51	1.06	0.65
房地产业	9.81	8.98	13.06	22.86	20.12	18.66	22.68	12.87
租赁和商务服务业	4.66	6.21	6.70	5.38	5.48	6.75	6.74	2.09
信息传输、计算机服务和软件业	1.51	1.68	1.70	1.99	3.00	2.50	2.35	0.84
科学研究、技术服务和地质勘查业	0.48	0.56	0.80	1.23	1.63	1.86	1.86	1.38
水利、环境和公共设施管理业	0.38	0.23	0.31	0.36	0.37	0.62	0.86	0.48
居民服务和其他服务业	0.26	0.43	0.80	0.97	0.62	1.76	1.94	1.68
卫生、社会保障和社会福利业	0.14	0.07	0.02	0.02	0.02	0.05	0.09	-0.06
教育	0.06	0.03	0.05	0.04	0.04	0.01	0.01	-0.06
文化、体育和娱乐业	0.74	0.51	0.38	0.60	0.28	0.35	0.41	-0.33
公共管理和社会组织	0.00	0.01	0.01	0.00	0.00	0.00	0.00	—

数据来源:根据国家统计局数据计算整理。

2. 中国服务业FDI流出的行业分析

从绝对值上看,中国对外直接投资金额远远小于中国实际吸引外资的金额,2010年中国实际吸引外资额为105735.24亿美元,而同年中国对外直接投资金额仅为68811.31亿美元①,相差近1倍。说明中国主要是吸引外资的国家,而由于国际竞争力和市场需求等原因中国对外直接投资金额较少。

从中国三次产业对外直接投资看,第一产业对外直接投资所占比重从2003年的2.85%下降到2010年的0.78%,下降了2.07%;第二产业所占比重从2003年的71.72%下降到2010年的18.91%,下降了52.81%,其中采矿业所占比重从2003年的48.30%下降到2010年的8.31%,制造业所占比重从2003年的21.86%下降到2010年的6.78%;第三产业所占比重从2003年的25.43%上升到2010年的80.31%,上升了54.88%(见表3-17)。这表明中国第二产业对外直接投资比重大幅减少,第三产业对外直接投资比重大幅上升,这也显示出国际投资正从第二产业向第三产业转移的趋势。

表3-17　2003~2010年中国三次产业对外直接投资的比重

单位:%

年份 行业	2003	2004	2005	2006	2007	2008	2009	2010	变化率
第一产业	2.85	5.25	0.86	0.87	1.03	0.31	0.61	0.78	-2.07
第二产业	71.72	48.79	32.99	45.35	25.16	17.24	29.03	18.91	-52.81
第三产业	25.43	45.96	66.15	53.77	73.81	82.46	70.36	80.31	54.88

数据来源:根据商务部投资司数据计算整理。

从中国服务业各行业对外直接投资看(见表3-18),各行业对外直接投资呈现曲折式上升趋势,租赁和商务服务业对外直接投资所占比重从2003年的9.77%波动上升到2010年的44.01%,上升了34.24%;交通运输、仓储和邮政业对外直接投资所占比重从2003年的2.70%波动上升到2010年的8.22%,上升了5.51%;金融业对外直接投资所占比重从2006年的16.68%下降到2010年的12.54%,下降了4.14%,同样房地产业对外直接投资也出现了较大幅度的波动,可能是受金融危机的影响。上述情况说明中国对外直接投资正处于发展的初级阶段,出现不稳定上升态势,还有待进一步完善和发展。

---

① 数据来源于商务部投资司。

高技术服务业外商直接投资对东道国制造业效率影响的研究

表3-18 2003~2010年中国服务业各行业对外直接投资的比重

单位:%

年份 行业	2003	2004	2005	2006	2007	2008	2009	2010
服务业	25.43	45.96	66.15	53.77	73.81	82.46	70.36	80.31
交通运输、仓储和邮政业	2.70	15.07	4.70	6.50	15.34	4.75	3.66	8.22
信息传输、计算机服务和软件业	0.31	0.55	0.12	0.23	1.15	0.53	0.49	0.74
批发和零售业	12.51	14.55	18.43	5.26	24.92	11.65	10.85	9.78
住宿和餐饮业	0.03	0.04	0.06	0.01	0.04	0.05	0.13	0.32
金融业	—	—	—	16.68	6.29	25.13	15.45	12.54
房地产业	-0.45	0.15	0.94	1.81	3.43	0.61	1.66	2.34
租赁和商务服务业	9.77	13.63	40.30	21.36	21.15	38.85	36.22	44.01
科学研究、技术服务和地质勘查业	0.22	0.33	1.06	1.33	1.15	0.30	1.37	1.48
水利、环境和公共设施管理业	0.22	0.02	0.00	0.04	0.01	0.25	0.01	0.10
居民服务和其他服务业	0.07	1.60	0.51	0.53	0.29	0.30	0.47	0.47
教育	0.00	0.00	0.00	0.01	0.03	0.00	0.00	0.00
卫生、社会保障和社会福利业	0.00	0.00	0.00	0.00	0.00	0.00	0.00	0.05
文化、体育和娱乐业	0.04	0.02	0.00	0.00	0.02	0.04	0.03	0.27
公共管理和社会组织	0.00	0.00	0.01	0.00	0.00	0.00	0.00	0.00

注:"—"表示在国家统计局数据库未找到该数据。
数据来源:根据商务部投资司数据计算整理。

三、中国服务业 FDI 的国家（或地区）分布

1. 中国外商直接投资的国家（或地区）分布①

从整体上看，中国吸收外商直接投资主要来源于亚洲，占总量的一半以上，其中主要来源于中国香港；其次来源于拉丁美洲，约20%左右；再次来源于北美洲和欧洲，所占比重为10%左右；其他各洲的投资比重均在5%以下（见表3-19）。

---

① 本部分应分析中国服务业及高技术服务业外商直接投资的国家分布，但由于数据的限制，只能暂时分析中国外商直接投资的国家分布。

第三章 服务业及高技术服务业 FDI 特征分析

表 3-19　2002~2010 年中国外商直接投资的国家（或地区）分布

单位:%

年份 国家（或地区）	2002	2003	2004	2005	2006	2007	2008	2009	2010	变化率
亚洲	61.75	63.74	62.05	59.21	55.67	56.33	60.98	67.36	73.39	11.64
中国香港	33.86	33.08	31.33	29.75	32.11	37.05	44.41	51.18	57.28	23.42
日本	7.94	9.45	8.99	10.82	7.30	4.80	3.95	4.56	3.86	-4.08
韩国	5.16	8.39	10.30	8.57	6.18	4.92	3.39	3.00	2.55	-2.61
中国台湾	7.53	6.31	5.14	3.57	3.39	2.37	2.05	2.09	2.34	-5.19
新加坡	4.43	3.85	3.31	3.65	3.59	0.26	0.14	4.00	5.13	0.70
东盟5国	6.07	5.33	4.80	3.97	4.81	5.35	5.53	4.78	5.66	-0.40
非洲	1.07	1.15	1.28	1.78	1.93	1.99	1.81	1.45	1.21	0.14
欧洲	7.68	7.98	7.91	9.35	9.06	5.84	5.91	6.10	5.60	-2.08
英国	1.70	1.39	1.31	1.60	1.15	1.11	0.99	0.75	0.67	-1.03
德国	1.76	1.60	1.75	2.54	3.14	0.98	0.97	1.35	0.84	-0.92
法国	1.09	1.13	1.08	1.02	0.61	0.61	0.64	0.73	1.17	0.08
荷兰	1.08	1.36	1.34	1.73	1.33	0.82	0.93	0.82	0.86	-0.22
拉丁美洲	13.83	12.91	14.92	18.72	22.47	26.91	22.62	16.31	12.79	-1.04
开曼群岛	2.24	1.62	3.37	3.23	3.33	3.44	3.40	2.87	2.36	0.13
英属维尔京群岛	11.60	10.80	11.10	14.96	17.85	22.14	17.27	12.55	9.88	-1.72
北美洲	12.31	9.65	8.21	6.18	5.85	4.53	4.28	4.08	3.80	-8.51
加拿大	1.11	1.05	1.01	0.75	0.67	0.53	0.59	0.96	0.60	-0.51
美国	10.28	7.85	6.50	5.07	4.55	3.50	3.19	2.84	2.85	-7.43
大洋洲及太平洋岛屿	0.81	3.24	3.26	3.31	3.59	3.67	3.43	2.81	2.20	1.39
其他	0.19	1.33	2.38	1.44	1.42	0.73	0.97	1.88	1.01	0.82

数据来源：根据商务部投资司数据计算整理。

具体来看，中国吸收亚洲外商直接投资呈上升趋势，所占比重从 2002 年的 61.75% 上升到 2010 年的 73.39%，上升了 11.64%；其中主要投资地区为中国香港，香港地区在中国投资所占比重从 2002 年的 33.86% 上升到 2010 年的 57.28%，上升了 23.42%。中国吸收拉丁美洲外商直接投资波动较大，所占比重从 2002 年的 13.83% 上升到 2007 年的 26.91%，继而又下降到 2010 年的 12.79%，其中主要受英属维尔京群岛投资的影响。中国吸收北美洲外商直接投资呈下降趋势,所占比重从 2002 年的 12.31% 下降到 2010 年的 3.80%,下降了 8.51%;其中主要投资国为美国,美国在中国投资所占的比重从 2002 年的 10.28% 下降到 2010 年的 2.85%。中国吸收欧洲外商直接投资也呈下降趋势,所占比重从 2002 年的 7.68% 下降到 2010 年的 5.60%,下降了 2.08%。非洲和大洋洲及太平洋岛屿在中国投资所占比重较小,2002~2010 年所占投资比重分别在 1.07%~1.21% 和 0.81%~2.20%,对中国经济的影响较小(见表 3-19)。由于发达国家受经济危机影响导致资金紧张,同时也由于发达国家在产业链上的投资转移到其他国家,发达国家对中国投资所占比重呈现明显的下降趋势,这不利于中国产业吸收外资企业技术溢出和提高产品附加值。

2. 中国对外直接投资的国家(或地区)分布①

从整体上看,中国对外直接投资的地区主要为亚洲,占总量的一半以上,其次为拉丁美洲,再次为非洲和欧洲,对其他各洲的投资比重较小。具体来看,中国对亚洲直接投资呈上升趋势,所占投资比重从 2004 年的 54.57% 上升到 2010 年的 65.24%,上升了 10.67%;其中主要投资目的地为中国香港地区,对中国香港地区投资所占的比重从 2004 年的 47.81% 上升到 2010 年的 55.96%,上升了 8.15%。中国对拉丁美洲直接投资波动较大,所占比重从 2004 年的 32.06% 上升到 2005 年的 52.74%,继而又下降到 2010 年的 15.31%,下降了 16.75%,其中主要受开曼群岛投资的影响。中国对非洲的投资呈下降趋势,所占比重从 2004 年的 5.77% 下降到 2010 年的 3.07%,下降了 2.70%。中国对欧洲直接投资波动较大,所占比重从 2004 年的 3.11% 下降到 2008 年的 1.57%,继而又上升到 2010 年的 9.82%,受金融危机的影响较大。中国对北美洲直接投资出现类似的波动,投资比重从 2004 年的 2.30% 下降到 2008 年的 0.65%,继而又上升到 2010 年的 3.81%。2004~2010 年中国对大洋洲直接投资所占比重为 0.72%~4.39%,波动较大(见表 3-20)。从上述情况看,中国对外直接投资主要分布在中国香港,在其他地区投资较分散且波动较大,说明中国对外直接投资正处于发展的初级阶段,投资目的地较分散,且出现不稳定发展态势,中国应该努力开拓国外市场,并提高国际竞争力。

---

① 本部分应分析中国服务业及高技术服务业对外直接投资的国家分布,但由于数据的限制,只能暂时分析中国对外直接投资的国家分布。

表 3-20　2004~2010 年中国对外直接投资的国家（或地区）分布

单位:%

国家（或地区） \ 年份	2004	2005	2006	2007	2008	2009	2010	变化率
合计	100.00	100.00	100.00	100.00	100.00	100.00	100.00	0.00
亚洲	54.57	35.68	43.46	62.60	77.89	71.48	65.24	10.67
中国香港	47.81	27.89	39.30	51.81	69.12	62.98	55.96	8.15
印度尼西亚	1.13	0.10	0.32	0.37	0.31	0.40	0.29	-0.83
日本	0.28	0.14	0.22	0.15	0.10	0.15	0.49	0.21
中国澳门	0.48	0.07	-0.24	0.18	1.15	0.81	0.14	-0.34
新加坡	0.87	0.17	0.75	1.50	2.77	2.50	1.63	0.75
韩国	0.73	4.80	0.15	0.21	0.17	0.47	-1.05	-1.78
泰国	0.43	0.04	0.09	0.29	0.08	0.09	1.02	0.59
越南	0.31	0.17	0.25	0.42	0.21	0.20	0.44	0.14
非洲	5.77	3.19	2.95	5.94	9.82	2.55	3.07	-2.70
阿尔及利亚	0.20	0.69	0.56	0.55	0.08	0.40	0.27	0.07
苏丹	2.67	0.74	0.29	0.25	-0.11	0.03	0.04	-2.62
几内亚	0.26	0.13	0.05	0.05	0.01	0.05	0.01	-0.25
马达加斯加	0.25	0.00	0.01	0.05	0.11	0.08	0.05	-0.20
尼日利亚	0.83	0.43	0.38	1.47	0.29	0.30	0.27	-0.56
南非	0.32	0.39	0.23	1.71	8.60	0.07	0.60	0.27
欧洲	3.11	4.12	3.39	5.81	1.57	5.93	9.82	6.72
英国	0.53	0.20	0.20	2.14	0.03	0.34	0.48	-0.05
德国	0.50	1.05	0.44	0.90	0.33	0.32	0.60	0.10
法国	0.19	0.05	0.03	0.04	0.06	0.08	0.04	-0.15
俄罗斯	1.41	1.66	2.56	1.80	0.71	0.62	0.83	-0.58
拉丁美洲	32.06	52.74	48.03	18.50	6.58	12.96	15.31	-16.75
巴哈马	0.79	0.19	0.02	0.15	-0.10	0.00	0.00	-0.79
开曼群岛	23.39	42.11	44.42	9.82	2.73	9.49	5.08	-18.31
墨西哥	0.49	0.03	-0.02	0.06	0.01	0.00	0.04	-0.45
英属维尔京群岛	7.01	10.00	3.05	7.08	3.76	2.85	8.89	1.88
北美洲	2.30	2.62	1.46	4.25	0.65	2.69	3.81	1.51
加拿大	0.09	0.26	0.20	3.90	0.01	1.08	1.66	1.57
美国	2.18	1.89	1.12	0.74	0.83	1.61	1.90	-0.28

续表

年份 国家（或地区）	2004	2005	2006	2007	2008	2009	2010	变化率
大洋洲	2.19	1.65	0.72	2.91	3.49	4.39	2.75	0.56
澳大利亚	2.27	1.57	0.50	2.01	3.38	4.31	2.47	0.20
新西兰	-0.09	0.03	0.02	-0.01	0.01	0.02	0.09	0.18

数据来源：根据商务部投资司数据计算整理。

四、中国 FDI 的地区分布

从中国外商直接投资的地区分布看，首先，中国外商直接投资主要集中在华东地区，2002～2011年华东地区外商直接投资占全国FDI总额的比重为44.05%～52.84%，主要分布在上海和江苏地区；其次为华南地区，2002～2011年华南地区FDI占全国FDI总额的比重为18.21%～28.85%，主要分布在广东地区；再次为华北地区，2002～2011年华北地区FDI占全国FDI总额的比重为10.77%～11.70%，主要分布在北京和天津地区；而西北地区2002～2011年FDI占全国FDI总额的比重仅为1.17%～1.60%（见表3-21）。上述情况表明，在我国外资大多投向东部发达地区，并且外资倾向集中于大中城市，而西部地区利用外商直接投资明显不足，我国应将更多的投资政策倾向于西部地区，以达到区域间的平衡发展。

从中国外商直接投资地区分布的变化趋势看，2002～2011年华东地区外商直接投资所占比重呈上升趋势，从2002年的44.05%上升到2011年的52.84%，上升了8.75%，主要由于上海和江苏受国家政策影响，外商投资增多；其次为西南地区，西南地区FDI所占比重从2002年的2.62%上升到2011年的4.37%，上升了1.75%，主要由于重庆和四川外商投资增多；再次为华北地区，华北地区FDI所占比重从2002年的10.77%上升到2002年的11.70%，上升了0.93%，主要由于北京外商投资增多；而华南地区FDI所占比重从2011年的28.85%下降到2011年的18.21%，下降了10.64%，主要由于广东在20世纪90年代外商投资处于高峰期，近年来加工贸易在减少；东北地区FDI所占比重从2002年的8.70%下降到2011年的7.85%，下降了0.85%，主要由于辽宁外商投资在减少（见表3-21）。上述情况表明，由于国家政策、贸易方式及发展周期的影响，我国华东和西南地区外商直接投资处于上升趋势，而华南和东北地区外商直接投资处于下降趋势。

表 3-21 2002~2010 年中国外商直接投资的地区分布

单位：%

年份 地区	2002	2003	2004	2005	2006	2007	2008	2009	2010	2011	变化率
合 计	100.00	100.00	100.00	100.00	100.00	100.00	100.00	100.00	100.00	100.00	
北 京	4.59	4.09	3.87	3.77	3.73	4.25	4.54	4.65	4.78	4.86	0.27
天 津	4.11	4.38	4.14	4.25	3.96	4.39	4.52	4.22	4.30	4.09	-0.53
河 北	1.38	1.35	1.28	1.30	1.28	1.18	1.29	1.29	1.31	1.33	-3.74
山 西	0.44	0.42	0.39	0.37	0.50	0.61	0.51	0.59	0.57	0.63	42.38
内蒙古	0.24	0.31	0.67	0.64	0.68	0.65	0.76	0.87	0.75	0.79	224.05
华 北	10.77	10.54	10.35	10.34	10.14	11.07	11.62	11.61	11.71	11.70	0.93
辽 宁	7.18	6.32	5.24	5.72	5.83	6.05	6.39	6.35	6.62	6.50	-9.39
吉 林	0.87	0.80	0.79	0.75	1.39	1.15	0.68	0.72	0.70	0.66	-24.60
黑龙江	0.65	0.66	0.68	0.71	0.81	0.71	0.74	0.74	0.75	0.69	6.48
东 北	8.70	7.78	6.70	7.18	8.03	7.92	7.81	7.81	8.06	7.85	-0.85
上 海	13.25	13.77	13.45	13.52	13.00	13.13	13.71	13.55	13.53	13.84	4.44
江 苏	12.72	13.44	16.89	17.79	19.03	19.46	18.92	18.73	19.19	19.63	54.37
浙 江	4.18	5.43	6.35	6.56	6.90	6.93	6.83	6.61	6.81	6.86	64.14
安 徽	0.95	0.94	0.90	0.94	0.99	1.14	1.07	1.06	1.07	1.03	8.78
福 建	7.36	7.14	6.44	5.98	5.97	5.40	5.38	5.15	4.91	4.82	-34.57
江 西	0.92	1.14	1.25	1.47	1.58	1.73	1.72	1.78	2.01	2.03	121.51
山 东	4.68	5.41	5.50	5.36	5.01	4.34	4.23	4.39	4.50	4.63	-1.00
华 东	44.05	47.27	50.78	51.62	52.47	52.14	51.86	51.27	52.02	52.84	8.79
河 南	1.12	1.08	1.06	1.19	1.13	1.06	1.16	1.28	1.23	1.22	9.44
湖 北	1.44	1.53	1.60	1.58	1.42	1.37	1.44	1.49	1.50	1.62	12.23
湖 南	0.86	0.95	0.99	1.12	1.15	1.12	1.17	1.14	0.95	1.02	18.97
华 中	3.41	3.55	3.64	3.89	3.70	3.55	3.77	3.90	3.67	3.86	13.00
广 东	26.83	24.77	22.83	21.64	20.29	19.10	17.98	18.21	17.26	16.59	-38.17
广 西	1.06	0.96	1.01	0.96	1.03	1.04	1.09	1.11	1.03	0.98	-7.28
海 南	0.96	0.95	0.80	0.72	0.73	1.14	1.13	1.08	0.81	0.64	-33.12

续表

年份 地区	2002	2003	2004	2005	2006	2007	2008	2009	2010	2011	变化率
华南	28.85	26.69	24.64	23.32	22.05	21.29	20.20	20.39	19.10	18.21	-10.64
重庆	0.65	0.51	0.48	0.45	0.45	0.85	1.00	1.10	1.29	1.52	133.52
四川	1.16	1.17	1.02	1.05	1.08	1.30	1.95	1.96	2.14	1.95	68.30
贵州	0.21	0.21	0.19	0.16	0.16	0.13	0.14	0.15	0.15	0.19	-8.65
云南	0.57	0.55	0.51	0.46	0.51	0.51	0.55	0.62	0.64	0.69	21.04
西藏	0.03	0.03	0.02	0.03	0.03	0.02	0.02	0.02	0.02	0.02	-28.49
西南	2.62	2.47	2.23	2.15	2.23	2.82	3.67	3.85	4.25	4.37	1.75
陕西	1.06	1.07	0.95	0.88	0.82	0.77	0.56	0.66	0.69	0.68	-35.53
甘肃	0.21	0.20	0.25	0.22	0.14	0.12	0.12	0.13	0.15	0.14	-32.27
青海	0.06	0.08	0.07	0.04	0.07	0.08	0.10	0.08	0.07	0.06	2.43
宁夏	0.15	0.26	0.28	0.24	0.20	0.09		0.08	0.09	0.09	-39.91
新疆	0.11	0.10	0.11	0.12	0.14	0.14	0.20	0.21	0.20	0.18	70.94
西北	1.60	1.71	1.66	1.51	1.36	1.21	1.07	1.17	1.19	1.17	-26.84

数据来源：根据国家统计局数据（各地区外商投资企业年底注册登记情况）计算整理。

五、中国服务业及高技术服务业FDI存在的问题

近年来中国服务业和高技术服务业投资尽管取得了一定的成就，但中国服务业投资从总体上看规模小、水平低，与发达国家的服务业及高技术服务业投资发展水平相比还有较大差距。其主要原因有以下几个方面：

（1）FDI产业布局不合理。一直以来，中国引进外资主要集中在第二产业，尤其是制造业。尽管服务业利用外资比重稳步上升，在2011年首次超过了制造业利用外资比重，但在世界范围内中国服务业利用外资还处于较低水平，中国服务业流入量占世界服务业流入总量的比重远低于发达国家甚至发展中国家水平，服务业特别是高技术服务业投资比重较低，不利于服务业内部结构调整及促进其他产业效率的提升，不利于中国整体产业结构的优化。

（2）FDI行业分布不合理。中国服务业FDI大多数流向房地产业、批发

零售业等传统行业,而流入计算机服务业和商务服务业等高技术服务业的比例较低。相比而言,发达国家服务业的外商投资更多地投入到知识、技术密集型的高技术服务业。中国外商直接投资行业分布不合理,影响了中国高技术服务业的发展及整体经济效率的提高。

(3) FDI来源结构不合理。来自发达国家的FDI可以产生知识、技术溢出效应,带动东道国服务业的发展,但中国服务业FDI主要来源于亚洲国家和地区,而美国、德国、法国等发达国家在中国服务业的直接投资较少。这种情况下,FDI溢出效应不能得到最大程度的发挥,不利于吸收学习西方发达国家先进的技术和理念,也与多渠道引资的国家政策相悖,中国外商直接投资国家分布的不平衡需要国内经济政策和经济环境的改善而进一步改变。①

(4) FDI区域布局不合理。服务业的外商直接投资在中国区域间分布极不合理,由于基础设施、区位特征及产业配套等因素,服务业特别是高技术服务业外资大多分布在东部发达地区,而且主要集中于大中城市。而西部地区由于地理位置、政策制度及经济发展水平等原因,利用外商直接投资明显不足。在未来相当长一段时期,劳动密集型外资企业将继续对吸纳我国富余劳动力发挥重要作用。为避免劳动密集型外资企业大量撤出对我国经济造成不必要的影响,促进区域间经济的协调发展,我国应积极引导外资企业从沿海向中西部转移,促进区域经济的平衡发展(刘青英,2011)。

(5) FDI法律制度不健全。长期以来,我国服务业特别是高技术服务业立法严重滞后。目前,中国还没有一个关于服务业的一般性法律,已有的规定主要是各职能部门的规章和内部文件,其立法层次较低,缺乏统一性和可操作性,从而影响了我国服务业立法的统一性和透明度。在制度方面,中国服务业引入外资更多地关注准入政策和条件,现代服务业如金融、保险、通信等领域开放度较低,至今仍保持着十分严格的市场准入限制,我国服务业长期处于过度保护和行政垄断的状态。这既不利于我国服务业特别是高技术服务业的对外开放和管理,不利于这些行业的市场培育和发展,也限制和束缚了服务业对其他产业的支持和促进。

服务业特别是高技术服务业的发展和竞争出现的需求多样化,本质上

---

① 王嵩、赵小璐:《中国服务业利用FDI的问题及提升对策》,《经济研究导刊》2012年第15期。

要求服务业特别是高技术服务业进行跨国传递,而由于服务业大多具备不可贸易性,其跨国传递的主要途径就是以 FDI 形式出现的"商业存在",服务业及高技术服务业本身的发展是 FDI 迅速发展并成为 FDI 主导行业的最根本原因。因此,中国应从发展国内服务业特别是高技术服务业开始,提高国内服务业水平,进而促进服务业特别是高技术服务业 FDI 的增长。

本章小结

本章分别从世界及中国服务业外商直接投资的发展趋势、服务业及高技术服务业 FDI 的行业分布、服务业及高技术服务业 FDI 的国家分布、服务业及高技术服务业 FDI 的地区分布进行分析,主要结论如下:

(1) 从世界外商直接投资的发展趋势看,世界 FDI 的重点正从制造业向服务业转移,服务业已经成为 FDI 的主要行业领域。从服务业及高技术服务业 FDI 的发展趋势看,发达国家服务业流入量最高,发展中国家和转型国家服务业流入量较低;但从变化趋势看,发达国家服务业流入量比重不断下降,发展中国家和转型国家服务业流入量不断上升,世界范围内服务业的投资重心正向发展中国家和转型国家转移。此外,世界高技术服务等行业 FDI 发展呈上升趋势。

(2) 关于服务业及高技术服务业 FDI 的行业分析:从世界范围看,传统服务业发展较慢甚至处于下降趋势,而高技术服务等行业发展呈上升趋势。从不同发展水平国家看,发达国家和转型国家高技术服务等行业发展呈上升趋势;发展中国家高技术服务等行业所占比重较低且发展缓慢。

(3) 关于服务业及高技术服务业 FDI 的国家分布:对所选取的几个具有代表性的发达国家进行分析,结果显示美国一直是高技术服务业和服务业 FDI 的最大投资母国和东道国,在服务业对外直接投资和吸引外资方面处于绝对领先地位。德国、法国和英国在服务业对外直接投资和吸引外资中仅次于美国。服务业和高技术服务业投资主要发生在发达国家之间,但有向发展中国家转移的趋势。

(4) 从中国服务业的发展趋势看,服务业对中国经济增长的贡献在上升,而高技术服务业对中国经济增长的贡献还不显著;从中国各产业固定资产投资看，服务业固定资产投资所占比重较高，而高技术服务业固定资产投资目前所占比重较低；从中国各产业就业人数看，服务业就业人数所占比重最高，而高技术服务业就业人数目前所占比重较低，但呈上升趋势，应加大高技术服务业固定资产投资力度。

（5）关于中国服务业及高技术服务业 FDI 的行业分析：中国服务业产值和服务业外商直接投资所占的比重在上升，但受国际和国内经济形势的影响；而高技术服务业产值和高技术服务业外商直接投资比重不高，其中信息传输、计算机服务和软件业产值所占比重出现微弱的下降趋势，说明中国高技术服务业还没有充分发展起来，有待更多促进政策出台，推动其快速发展。

（6）关于中国服务业及高技术服务业 FDI 的国家（或地区）分布：发达国家对中国投资所占比重呈现明显的下降趋势，而中国香港等国家或地区对中国投资呈现较大幅度上升趋势，这不利于中国产业吸收外资企业技术溢出。

（7）关于中国服务业及高技术服务业 FDI 的地区分布：从中国外商直接投资的地区分布看，我国外资大多分布在东部发达地区，并且外资主要集中在大中城市，而西部地区利用外商直接投资明显不足，我国应将更多的投资政策倾向于西部地区，以达到区域间的平衡发展。

综上，本章关于服务业及高技术服务业 FDI 现状分析，服务业 FDI 特别是高技术服务业 FDI 在发达国家所占比重最高，尽管发展中国家特别是中国所占比重有上升的趋势，但目前所占比重还是最低，本章为第五章和第六章的实证结果提供了现实依据，即说明了高技术服务业 FDI 对发达国家制造业效率影响显著，而对发展中国家制造业效率影响不显著的原因。

此外，随着高技术服务业数据的不断完善，对高技术服务业 FDI 从行业、国别角度可进行更深入分析。

第四章 高技术服务业 FDI 技术溢出对东道国制造业效率影响的理论机理[①]

到 20 世纪 80 年代为止,学者们对知识或技术溢出进行了大量的研究和探讨,知识和技术溢出的运用主要可以从"时间溢出"、"空间溢出"、"产业溢出"三个维度来考察,这里主要从前两个维度说明。

从时间维度来看,知识或技术溢出被称为"跨期溢出"(也被称为"跨期外部性"),Arrow Kenneth J. (1962) 的"干中学"原理是跨期效应最典型的运用,是指当前的知识创造或者技术开发可以借鉴和参考先前的知识和技术,即先前的知识和技术对当前的创造行为有促进和启发作用,能够提高创造速度或降低创造成本。Arrow Kenneth J. 借鉴了卡尔多(1957)将技术进步视为由资本积累决定的观点,假设技术进步或生产效率的提高是资本积累的副产品,即投资产生溢出效应,不仅是进行投资的厂商可以通过积累生产经验提高生产效率,其他厂商也可以通过学习而提高生产效率。另外,罗默早期的增长模型和卢卡斯的人力资本积累模型也都体现了知识的跨期溢出效应。

从空间维度来看,区际贸易和区际资本流动很大程度上促进了知识和技术的区际溢出,而区际贸易和区际资本流动是反映区际经济开放度的最主要指标。Coe D. T. 和 E. Helpman (1995) 基于 Grossman G. M. 和 E. Helpman (1991) 的"创新驱动"增长理论模型,实证考察了进口贸易对国际技术溢出和全要素生产率增长的影响,结果表明,贸易伙伴国的研发投入能够通过贸易途径显著地提升本国全要素生产率。Diego Puge (1999) 详细解释了交易成本作为表征信息和知识交流频度的指标的合理性,并就交易成本对信息、知识和技术溢出等的影响进行了说明。当区域经济一体化程度提高时,影

[①] 本章内容感谢安虎森教授《空间经济学》课程的指导,但文责自负。

响区际交易的自然成本和人为成本都比较低，本地企业观察和学习的接触机会才会增多，利用其他国家溢出知识的学习能力才会大大提高。

综上，知识溢出双增长模型（KSDIM）是基于新经济地理学框架，在假定知识的空间溢出与区际市场开放度间紧密关联的前提下，借鉴新增长理论的时间跨期溢出效应，分析知识溢出（外部性）对于提高资本创造效率和消费品生产效率的影响。本书在知识溢出双增长模型基础上，把物质资本看作高技术服务业技术资本的物化物；依赖高技术服务业技术转移构成的总技术资本存量的跨期溢出效应降低制造业的创造成本，从而实现内生增长，提高生产效率。

第一节 模型假设条件

一、基本假设

模型的结构可以概括为 $2\times3\times2$，假设有东道国和母国两个国家（加 * 表示母国），在初始的要素禀赋、技术、开放度以及偏好方面是相同的；三个部门，即农业部门 A、制造业部门 M 和高技术服务部门 I；两种要素，即技术资本 K 和劳动力 L。

农业部门以规模报酬不变和完全竞争为特征，只使用劳动要素生产同质产品，单位农产品的成本是 wa_A，其中 a_A 为劳动力投入要素，w 为单位劳动的名义工资，农产品交易不存在交易成本。

制造业部门以规模收益递增和垄断竞争为特征，每个企业只生产一种同其他企业有差异的产品，以高技术服务业技术资本为固定成本，生产每单位工业品只使用一单位技术资本，技术资本的收益率为 π_I；劳动作为可变成本，每单位产出利用 a_M 单位劳动，因此成本函数为 $\pi_I + wa_M x$，工业品在区域间交易存在"冰山"型交易成本，即每运送 τ 单位产品，运输成本为 $\tau - 1$ 单位产品，工业品国内交易无成本。

第四章 高技术服务业 FDI 技术溢出对东道国制造业效率影响的理论机理

高技术服务部门以规模报酬不变和完全竞争为特征①，只使用劳动力作为投入。高技术服务业技术不能直接用于制造业的生产，但可以被制造企业消化吸收从而提高生产效率，东道国高技术服务业单位技术创造成本用 $F = wa_I$ 表示，a_I 为东道国高技术服务业创造单位技术资本所需要的劳动力数量；母国高技术服务业单位技术创造成本用 $F^* = wa_I^*$ 表示，a_I^* 为母国高技术服务业创造单位技术资本所需劳动力数量。

效用函数分为总效用函数和子效用函数，总效用函数 U 是指消费农产品和多样化的工业品时的效用函数，用柯布—道格拉斯效用函数来表示，C_A 是农产品的消费量，C_M 是工业品的消费量，同时，也可以表示工业品消费的效用大小；子效用函数即工业品效用函数 C_M 是由所有种类的工业品组成的不变替代弹性（CES）效用函数。如式（4-1）所示：

$$U = C_M^\mu C_A^{1-\mu}, \quad C_M = \left(\int_{i=0}^{n^w} c_i^{(\sigma-1)/\sigma} \mathrm{d}i \right)^{\sigma/(\sigma-1)}, 0 < \mu < 1 < \sigma \qquad (4-1)$$

其中，μ 表示工业产品支出在总支出中所占的比例，σ 是不同工业品之间的替代弹性，这里假设所有替代弹性都相同。n^w 是东道国和母国企业或产品数量之和，$n^w = n + n^*$。

二、高技术服务业技术创造成本和生产效率函数假设

由于高技术服务业技术的累积具有跨期外部性，可以不断降低技术的创造成本。本国服务业技术可以完全被利用，但是外国服务业技术能否充分利用就要依赖于国家间的经济开放度。这里将国家经济开放度用 ϕ 表示，假设高技术服务部门的成本函数是以"可利用的总技术资本存量"为分母的"反比例函数"形式，以东道国为例，高技术服务业技术创造成本为 $a_I = \dfrac{1}{K + f(\phi)K^*}$，其中，$f(\phi)$ 是 ϕ 的增函数形式，这里假设 $f(\phi) = \dfrac{1+\phi}{2}$，那么，

---

① 尽管高技术服务部门在技术总量上存在着动态的规模经济（由式 $a_I = \dfrac{1}{K + \dfrac{(1+\phi)K^*}{2}}$ 和 $a_I^* = \dfrac{1}{K^* + \dfrac{(1+\phi)K}{2}}$ 可知），但假设每个高技术服务企业的规模都太小而不能内化溢出效应，即每个高技术服务企业都把 a_I 看作给定的参数。

东道国和母国高技术服务业技术创造成本分别如式（4-2）所示：

$$a_I = \frac{1}{K + \frac{(1+\phi)K^*}{2}}, \quad a_I^* = \frac{1}{K^* + \frac{(1+\phi)K}{2}} \tag{4-2}$$

制造业部门产品的生产效率也从技术资本积累的外部性中获益，也就是说，产品生产效率随着"可利用的总技术存量"增大而增大。新经济地理学中表示生产效率的变量是产出的边际投入 a_M，它表示生产一单位产品所需要的劳动力数量，a_M 的大小同劳动力的生产效率 $\frac{1}{a_M}$ 成反比，$\frac{1}{a_M}$ 则是生产效率指标，因此，这里构建 a_M 与"可利用的总技术资本存量"呈负相关的函数，采用"负幂函数"的形式，假设 $f(\phi) = \frac{1+\phi}{2}$，东道国和母国的产出边际投入分别如式（4-3）所示：

$$a_M = \left(K + \frac{(1+\phi)K^*}{2}\right)^{1/(1-\sigma)}, \quad a_M^* = \left(K^* + \frac{(1+\phi)K}{2}\right)^{1/(1-\sigma)} \tag{4-3}$$

因为 $\sigma > 1$，所以 $\frac{1}{1-\sigma} < 0$。

第二节　短期均衡分析

短期均衡中，在高技术服务业技术资本存量既定的条件下，市场完全出清，消费者实现效用最大化，企业实现利润最大化，以下对经济系统中各个部门和各个变量之间关系的短期均衡条件进行分析。

一、农业部门

在农业部门，农产品国家间交易没有成本，因此，两个国家农产品价格相等，即 $p_A = p_A^*$。假设 $a_A = 1$，由于用单位农产品价格作为计价单位，所以农产品价格和农业劳动者工资为：

$$p_A = p_A^* = w = w^* = 1 \tag{4-4}$$

二、制造业部门

1. 制造企业产出量

在消费者收入一定的约束下,假设所有消费者的偏好都相同,即每个人都具有相同的效用函数。消费者效用最大化的问题可以分为总效用和子效用最大化,总效用最大化是消费者在消费农产品和工业品组合之间的选择,即:

$$\max_{C_M, C_A} (C_M^\mu C_A^{1-\mu})$$

s.t. $P_M C_M + P_A C_A = Y$

其中,P_M、P_A 分别为工业品集合体的价格和农业品价格,Y 为消费者的收入水平。根据最大化问题的标准解法,建立拉格朗日函数并求解,可得该最大化问题的解是:

$$C_M = \frac{\mu Y}{P_M}, C_A = \frac{(1-\mu)Y}{P_A} \tag{4-5}$$

因此消费者的最大化效用为:

$$U_{\max} = \left(\frac{\mu Y}{P_M}\right)^\mu \left[\frac{(1-\mu)Y}{P_A}\right]^{1-\mu} = \mu^\mu (1-\mu)^{(1-\mu)} P_M^{-\mu} P_A^{-(1-\mu)} Y \tag{4-6}$$

子效用最大化是考虑消费者消费工业品组合时,其支出要最小。即:

$$\min \int_{i=0}^{n+n^*} p_i c_i \mathrm{d}i \qquad \text{s.t. } C_M = \left[\int_{i=0}^{n+n^*} c_i^{(\sigma-1)/\sigma} \mathrm{d}i\right]^{\sigma/(\sigma-1)}$$

建立拉格朗日函数可得该问题的最优化解为:

$$c_i = \frac{p_i^{-\sigma}}{\left[\int_{i=0}^{n+n^*} p_i^{-(\sigma-1)} \mathrm{d}i\right]^{\sigma/(\sigma-1)}} C_M \tag{4-7}$$

从而,得到消费者对工业品的总支出为:

$$\int_{i=0}^{n+n^*} p_i c_i \mathrm{d}i = \int_{i=0}^{n+n^*} \frac{p_i^{1-\sigma}}{\left[\int_{i=0}^{n+n^*} p_i^{-(\sigma-1)} \mathrm{d}i\right]^{\sigma/(\sigma-1)}} C_M \mathrm{d}i = \left[\int_{i=0}^{n+n^*} p_i^{1-\sigma} \mathrm{d}i\right]^{-1/(\sigma-1)} C_M \tag{4-8}$$

此处将工业品价格指数定义为 P_M,则有:

$$P_M = \left(\int_{i=0}^{n+n^*} p_i^{1-\sigma} \mathrm{d}i\right)^{1/(1-\sigma)} \tag{4-9}$$

将式(4-9)代入式(4-7)可以得到工业品的需求函数:

$$c_i = \left(\frac{p_i}{P_M}\right)^{-\sigma} C_M \tag{4-10}$$

结合式（4-5）和式（4-10），可以得到消费者消费农产品和工业品组合的需求函数分别为：

$$c_i = \mu Y \left(\frac{p_i^{-\sigma}}{P_M^{1-\sigma}}\right), \quad C_A = (1-\mu) Y / P_A \tag{4-11}$$

因为均衡状态下收入等于支出，将 Y 换作 E，并将 i 换作 j，将式（4-9）中的 P_M 表示成离散形式，可得：

$$c_j = p_j^{-\sigma} \mu E \Big/ \sum_{i=0}^{n+n^*} p_i^{1-\sigma} = p_j^{-\sigma} \mu E \Big/ \int_{i=0}^{n^w} p_i^{1-\sigma} \mathrm{d}i \tag{4-12}$$

其中，p_j 为工业品 j 的价格，n^w 为企业总数或者工业品种类总数。生产产品 j 的企业，它的产出包括两个市场上的需求，即本国市场的需求以及外国市场的需求，由于我们假设运输成本为冰山运输成本，因此生产产品 j 的企业的产出量为：$x_j = c_j + \tau c_j^*$。

2. 制造商产品价格

在 D-S 垄断竞争模型中，制造业企业是自由进入和退出的，因此，均衡时企业的净利润为零，各个企业都实现均衡产量和均衡价格。由式（4-12）的产品需求函数 $c_j = p_j^{-\sigma} \mu E \Big/ \sum_{i=0}^{n^w} p_i^{1-\sigma}$ 可知，对第 j 种产品而言，如果忽略 p_i 对 $\sum_{i=0}^{n^w} p_i^{1-\sigma}$ 的影响，那么 $\sum_{i=0}^{n^w} p_i^{1-\sigma}$ 和 μE 就是常数。第 j 种产品的价格和产量之间的关系可以写成：

$$c_j = k p_j^{-\sigma} \tag{4-13}$$

其中，$k = \mu E / (\sum_{i=0}^{n^w} p_i^{1-\sigma})$。

生产产品 j 的厂商的利润可以写成：

$$\pi_M = p_j c_j - (F + w a_M c_j)$$

其中，F 为固定成本。在式（4-13）的约束下，建立厂商利润的拉格朗日方程，分别对 $c(j)$ 和 $p(j)$ 求导：

$$\frac{\mathrm{d}L}{\mathrm{d}p_j} = c_j - k\lambda\sigma p_j^{-\sigma-1} = 0 \tag{4-14}$$

$$\frac{\mathrm{d}L}{\mathrm{d}c_j} = p_j - w a_M - \lambda = 0 \tag{4-15}$$

把式（4-13）代入式（4-14），求出 λ 后，把 λ 代入式（4-15），

第四章 高技术服务业 FDI 技术溢出对东道国制造业效率影响的理论机理

则可得到：

$$p_j = \frac{wa_M}{1 - \frac{1}{\sigma}} \tag{4-16}$$

式（4-16）说明 N 个厂商为对称性厂商，所有厂商的产出和价格都相等，因此可以把下角 j 去掉，则 $p = \frac{wa_M}{1 - \frac{1}{\sigma}}$。

3. 高技术服务业技术资本收益率

制造业产品市场是垄断竞争市场，企业的收入包括劳动力收入和技术资本收入两部分，因为高技术服务业技术资本作为固定成本来使用，因此，产品销售越多，高技术服务业技术资本收益就越大。根据制造业产品最优定价和市场对产品的需求，可以得出高技术服务业技术资本收益表达式，如式（4-17）所示（推导过程见附录1）：

$$\begin{aligned}\pi_I &= \frac{px}{\sigma} \\ &= \frac{\mu p^{1-\sigma}}{\sigma} \left[\frac{E^w s_E}{n^w p^{1-\sigma} (\prod s_n + \lambda(1-s_n))} + \frac{E^w (1-s_E)\lambda}{n^w p^{1-\sigma} (\prod \lambda s_n + (1-s_n))} \right] \prod \end{aligned} \tag{4-17}$$

其中，$\prod = \left(\frac{a_M}{a_M^*}\right)^{1-\sigma} = \dfrac{\left[s_n + \dfrac{(1+\phi)(1-s_n)}{2}\right]}{\left[(1-s_n) + \dfrac{(1+\phi)s_n}{2}\right]}$，$\lambda = \tau^{1-\sigma}$，为了方便起见，本地生产并在本地销售的产品价格可以标准化为1，于是，可以将东道国和母国制造业产品价格指数用符号表示为：$\cup = \prod s_n + \lambda(1-s_n)$，$\cup^* = \prod \lambda s_n + (1-s_n)$，再令 $\eta = \mu/\sigma$。这样，东道国企业的技术资本收益率如式（4-18）所示：

$$\pi_I = \eta B \frac{E^w}{K^w}, \quad B = \left(\frac{s_E}{\cup} + \lambda \frac{1-s_E}{\cup^*}\right) \prod, \quad \eta \equiv \frac{\mu}{\sigma} \tag{4-18}$$

同样，母国企业的利润函数可写成：

$$\pi_I^* = \eta B^* \frac{E^w}{K^w}, \quad B^* = \left(\lambda \frac{s_E}{\cup} + \frac{1-s_E}{\cup^*}\right) \prod \tag{4-19}$$

4. 两国经济支出

分别计算两个国家的支出。每个国家的支出等于国内的要素收入减去在高技术服务业技术资本创造的支出。要素收入包括劳动力的收入和高技术服务业技术资本的收益,技术资本创造要不断弥补技术资本折旧和维持技术资本的净增长,弥补高技术服务业技术资本折旧的资本创造支出为 $-\delta K^w a_I$、保持技术存量以 g 净增长的资本创造支出为 $-gK^w a_I$。因此,东道国和母国的支出表达式为:

对东道国经济:
$$E = s_L L^w + s_n \eta B E^w - (g+\delta) K a_I \quad (4-20)$$

对母国经济:
$$E^* = (1-s_L)L^w + s_n^* \eta B^* E^w - (g+\delta) K^* a_I^* \quad (4-21)$$

由式(4-18)和式(4-19)可推出①:
$$s_n \eta B E^w + s_n^* \eta B^* E^w = \eta E^w$$

东道国和母国支出相加可得整个经济体总支出:
$$E^w = L^w + \eta E^w - (g+\delta)(K a_I + K^* a_I^*) \quad (4-22)$$

将高技术服务业技术创造成本函数代入式(4-22)可得:
$$E^w = L^w + \eta E^w - (g+\delta)\left[\frac{s_n}{s_n + f(\phi)(1-s_n)} + \frac{1-s_n}{\lambda s_n + f(\phi)(1-s_n)}\right]$$

整理得:
$$E^w = \frac{L^w - (g+\delta)\left[\dfrac{s_n}{s_n + f(\phi)(1-s_n)} + \dfrac{1-s_n}{f(\phi)s_n + (1-s_n)}\right]}{1-\eta}$$

第三节 长期均衡分析

一、消费者跨期效用函数

知识溢出双增长模型是一个包含区位因素的内生增长模型,因而涉及消费者的跨期效用最大化问题。效用函数仍由柯布—道格拉斯函数和不变

---

① 推导过程:$s_n B + (1-s_n) B^* = s_n \left(\dfrac{s_E}{U} + \lambda \dfrac{1-s_E}{U^*}\right) + (1-s_n)\left(\lambda \dfrac{s_E}{U} + \dfrac{1-s_E}{U^*}\right)$
$= \dfrac{s_E}{U}[s_n + \lambda(1-s_n)] + \dfrac{1-s_E}{U^*}[\lambda s_n + (1-s_n)] = 1$

替代弹性函数给出。为了便于讨论，我们假设消费者的跨期替代弹性为1，并把各期现值效用函数 $u(C)$ 表示为对数形式 $\ln C$，则有：

$$U = \int_{i=0}^{\infty} e^{-\iota\rho}\ln C \mathrm{d}t, C = C_A^{1-\mu}C_M^{\mu}, C_M = \left(\int_{i=0}^{n^w} c_i^{(\sigma-1)/\sigma}\mathrm{d}i\right)^{\sigma/(\sigma-1)} \quad (4-23)$$

其中，ρ 是消费者的时间偏好率，即消费者的效用折现率。

二、长期均衡条件

在长期，通过总技术存量和空间分布的调整使高技术服务业技术资本的价值与资本创造成本相等，即托宾 q 值等于 1。这一条件就是长期均衡条件。同时长期均衡可以形成两种不同的空间均衡结构，第一种是对称均衡，是指高技术服务业技术资本或高技术服务企业均等分布在东道国和母国两个区域，均衡条件可以用式（4-24）表示；第二种是核心—边缘均衡，是所有高技术服务业技术资本或高技术服务企业都集中到一个区域，均衡条件可用式（4-25）表示：

$$q = \frac{v}{F} = 1, \quad q^* = \frac{v^*}{F^*} = 1, \quad 0 < s_n < 1 \quad (4-24)$$

$$q = 1, \quad q^* < 1, \quad s_n = 1, \quad \text{或} \quad q < 1, \quad q^* = 1, \quad s_n = 0 \quad (4-25)$$

其中，q 是高技术服务业技术价值与资本成本的比率，即托宾的 q 值。v 表示高技术服务业技术价值，F 表示高技术服务业技术成本。

在长期均衡条件下，高技术服务业技术存量的增长率（假设为 g）和高技术服务业技术资本的空间分布 s_n 达到稳态水平，由市场支出份额式（4-12）的推导过程可得出整个经济体总支出的定义式为 $E^w = L^w + \eta E^w - (g+\delta)(Ka_I + K^*a_I^*)$，由此可知，当经济系统达到长期均衡时，经济的总收入 E^w 也达到其稳态水平并保持不变。而高技术服务业技术资本的总收益（总营业利润）$\pi_I s_n K^w + \pi_I^*(1-s_n)K^w = \eta E^w$，在 E^w 不变的情况下，也是一个定值。另外，由于高技术服务业技术资本存量以 g 的速率积累，技术资本存量的增加意味着经济中工业品种类增加，而单位高技术服务业技术资本的收益以 g 的速率在下降，即 $\pi_I(t) = \pi_I e^{-gt}, \pi_I^*(t) = \pi_I^* e^{-gt}$。再者，高技术服务业技术资本还面临着一个固定的折旧率，单位技术资本在未来仍可使用的技术资本量变为 $e^{-\delta t}$；另外，还要考虑高技术服务业技术资本所有者对未来收益的折现值。综上，高技术服务业单位技术资本在当期的价值可以写成：

$$v = \int_0^\infty e^{-\rho t} e^{-\delta t} (\pi_I e^{-gt}) \mathrm{d}t = \frac{\pi_I}{\rho + \delta + g}, \text{同理} \ v^* = \frac{\pi_I^*}{\rho + \delta + g} \quad (4-26)$$

其中，g 是长期均衡时的技术存量 K^w 的增长速度。

三、长期均衡的特征

1. 高技术服务业技术资本的增长

（1）对称均衡下的高技术服务业技术资本增长。当长期均衡状态为对称均衡时，$s_n = s_n^* = 1/2$，根据式（4-12）得出的整个经济体总支出定义式 $E^w = L^w + \eta E^w - (g + \delta)(Ka_I + K^* a_I^*)$，并将高技术服务业技术创造成本式（4-2）代入，求解对称均衡的总支出的表达式为：

$$E^w = \frac{L^w - (g+\delta)\left[\dfrac{s_n}{s_n + \dfrac{(1-s_n)(1+\phi)}{2}} + \dfrac{1-s_n}{\dfrac{(1+\phi)s_n}{2} + (1-s_n)}\right]}{1-\eta}$$

$$= \frac{1}{1-\eta}\left[L^w - \frac{4(g+\delta)}{\phi+3}\right] \quad (4-27)$$

由于长期均衡状态为对称均衡，$s_n = s_n^* = 1/2$，$B=1$，$q = q^* = 1$，根据式（4-24）有：

$$q = \frac{v}{F} = \frac{\pi_I}{(\rho+\delta+g)a_I} = \frac{\eta E^w \left[K + \dfrac{(1+\phi)K^*}{2}\right]}{(\rho+\delta+g)K^w}$$

$$= \frac{\eta E^w \left[s_n + \dfrac{(1+\phi)(1-s_n)}{2}\right]}{(\rho+\delta+g)} = \frac{\eta E^w (3+\phi)}{4(\rho+\delta+g)} = 1$$

再把上面的 E^w 代入并求解出 g 可得：

$$g_{sym} = \frac{\eta L^w (3+\phi)}{4} - (1-\eta)\rho - \delta, \quad E^w = L^w + \frac{4\rho}{3+\phi} \quad (4-28)$$

由于对称均衡的情况，所以有 $g = g^* = g_{sym}$。

由式（4-28）可知，当长期均衡状态为对称均衡时，高技术服务业技术增长率受经济开放度的影响，经济开放度越大，技术资本增长速度就越快，区域的开放程度同高技术服务业技术资本的增长速度是正向相关关系。另外，工业品支出份额越大、产品间替代弹性越小（产品种类越多），劳动

第四章 高技术服务业 FDI 技术溢出对东道国制造业效率影响的理论机理

力数量越大、技术资本的增长率就越大,而技术资本折旧率越高、技术资本收益的折现率越高,那么技术资本的增长速度就越低。

结论1:对称长期均衡条件下,高技术服务业技术资本增长率与经济开放度、工业品支出份额和劳动力数量正相关;与产品间替代弹性、技术资本折旧率和技术资本收益的折现率负相关。

(2) 核心—边缘均衡下的高技术服务业技术资本增长。以东道国为核心,母国为边缘为例,下面分析东道国区域的技术资本增长速度。在这种情况下,满足:$q = \frac{v}{F} = \frac{\pi_I}{(\rho+\delta+g)a_I} = \frac{\eta B E^w}{(\rho+\delta+g)K^w a_I} = 1$, $q^* < 1$。将 $s_n = 1$ 和 $s_n^* = 0$ 及东道国和母国的产出边际投入式(4-3)代入到技术资本收益表达式(4-18)可得 $B=1$。另外,当 $s_n = 1$ 时,整个经济体总支出定义式 $E^w = L^w + \eta E^w - (g+\delta)(Ka_I + K^* a_I^*)$,进一步简化得:$E^w = L^w + \eta E^w - (g+\delta)$,整理后得核心—边缘均衡条件下整个经济体的总支出表达式为:$E^w = \frac{L^w - (g+\delta)}{1-\eta}$,将 $B=1$ 和 E^w 代入到上面的托宾 q 表达式中可得:$q = \frac{v}{F} = \frac{\eta B E^w}{(\rho+\delta+g)K^w a_I} = \frac{\eta(L^w - g - \delta)}{(1-\eta)(\rho+\delta+g)} = 1$,进一步解出高技术服务业技术增长率为:

$$g_{CP} = \eta L^w - (1-\eta)\rho - \delta \tag{4-29}$$

式(4-29)为所有高技术服务业都集中在东道国时的长期均衡增长率,与式(4-28)的对称均衡下的高技术服务业技术增长率相比较,核心区的高技术服务业技术增长率明显大于对称均衡下的高技术服务业技术增长率,如式(4-30)所示,因为经济开放度总是小于1,两者之差为正。可见,不同的空间分布模式影响长期的均衡高技术服务业技术增长率。

$$g_{CP} - g_{sym} = \frac{\eta L^w (1-\phi)}{4} \tag{4-30}$$

结论2:核心—边缘长期均衡条件下,高技术服务业技术资本增长率与经济开放度无关,同样,与工业品支出份额和劳动力数量正相关;与产品间替代弹性、技术资本折旧率和技术资本收益的折现率负相关。且核心—边缘均衡的高技术服务业技术增长率要大于对称均衡的增长率。

2. 制造业生产效率的增长

制造业部门生产效率从高技术服务业技术积累的外部性中获益,即制造业生产效率随着"高技术服务业总技术存量"增大而增大。当高技术服务业技术资本存量以 g 的速度增长时，即 $K_{(t)} = ke^{gt}$，$K_{(t)}^* = k^* e^{gt}$，制造业生产效率 $\dfrac{1}{a_M(t)}$ 也会随着高技术服务业技术资本的增长而提高，这里 $a_M(t)$ 表示技术资本存量增长后的产出边际投入，$a_M(t)$ 的大小同劳动力的生产效率成反比，为了简化起见，构建 $a_M(t)$ 与"高技术服务业总技术资本存量内生增长"的模型：$a_M^{(t)} = [ke^{gt} + f(\phi) k^* e^{gt}]^{\frac{1}{1-\sigma}}$，取对数，得：

$$\ln a_M(t) = \frac{1}{1-\sigma}\ln e^{gt} + \frac{1}{1-\sigma}[\ln(k + f(\phi)k^*)] \tag{4-31}$$

令 $f(\phi) = \dfrac{1+\phi}{2}$，代入式（4-31）得：

$$\ln a_M(t) = \frac{1}{1-\sigma}[e^{gt} + \ln(k + \frac{(1+\phi)}{2}k^*)] \tag{4-32}$$

其中，a_M 表示高技术服务业技术资本增长后制造业产出的边际投入。

（1）高技术服务业均匀分布两国时制造业生产效率的增长。

$$\ln a_M(t) = \frac{1}{1-\sigma}[e^{gt} + \ln(k + \frac{(1+\phi)}{2}k^*)] \tag{4-33}$$

因为 $\dfrac{1}{1-\sigma} < 0$，所以 $a_M(t)$ 与 g 负相关，生产效率 $\dfrac{1}{a_M(t)}$ 与 g 正相关。

根据式（4-28）$g_{sym} = \dfrac{\eta L^w(3+\phi)}{4} - (1-\eta)\rho - \delta$，又因为 $\eta = \dfrac{\mu}{\sigma}$，

所以 $g_{sym} = \dfrac{\mu L^w(3+\phi)}{4\sigma} - (1-\dfrac{\mu}{\sigma})\rho - \delta$，其中 $\dfrac{\mu}{\sigma} < 1$。

由此可知，当东道国和母国高技术服务企业数量相当时，东道国制造业生产效率 $\dfrac{1}{a_M(t)}$ 受经济开放度的影响，经济开放度越大，生产效率就越大，同时，工业品支出份额越大、产品间替代弹性越小（产品种类越多）、劳动力数量越大，则生产效率增长就越快，而技术资本折旧率越高、技术资本收益折现率越高，生产效率的增长速度就越慢。

结论3：当高技术服务业均匀分布两国时，制造业生产效率与经济开放度、工业品支出份额和劳动力数量正相关；与产品间替代弹性、技术资本折旧率和技术资本收益的折现率负相关。

（2）高技术服务业集中在东道国时制造业生产效率的增长。

第四章 高技术服务业 FDI 技术溢出对东道国制造业效率影响的理论机理

$$\ln a_M(t) = \frac{1}{1-\sigma}[e^{gt} + \ln(k + \frac{(1+\phi)}{2}k^*)] \tag{4-34}$$

因为 $\frac{1}{1-\sigma} < 0$，所以 $a_M(t)$ 与 g 负相关，生产效率 $\frac{1}{a_M(t)}$ 与 g 正相关。

根据式（4-29）$g_{CP} = \eta L^w - (1-\eta)\rho - \delta$，又因为 $\eta = \frac{\mu}{\sigma}$，

所以 $g_{CP} = \frac{\mu}{\sigma} L^w - (1 - \frac{\mu}{\sigma})\rho - \delta$，其中 $\frac{\mu}{\sigma} < 1$。

由此可知，高技术服务业集中于东道国或母国时，制造业生产效率受工业品支出份额和劳动力数量正向影响，受产品间替代弹性、技术资本折旧率和技术资本收益的折现率负向影响。

结论 4：当高技术服务业集中于东道国时，东道国制造业生产效率与经济开放度无关，与工业品支出份额和劳动力数量正相关；与产品间替代弹性、技术资本折旧率和技术资本收益的折现率负相关。

又因为 $g_{CP} - g_{sym} = \frac{\eta L^w (1-\phi)}{4} > 0$，

由 $g_{CP} > g_{sym}$ 可知，高技术服务业集中于东道国或母国时的技术增长率要大于均匀分布两国时的增长率，且前者制造业生产效率要大于后者制造业增长率。

结论 5：高技术服务业集中于东道国或母国时的制造业生产效率比高技术服务业均匀分布两国时的生产效率要高。

3. 长期均衡过程的图形动态演绎

为了能够更直观地表示经济开放度如何内生决定高技术服务业转移时的两国区位均衡状态，可以借助于动态图形进行说明。

nn 曲线是指满足长期均衡条件的高技术服务业分布 s_n 和支出份额 s_E 相对应的函数关系，一般将 s_n 表示为 s_E 的函数；EE 曲线是由支出份额 s_E 的定义式推导的，某个国家的支出份额 s_E 等于该国家的支出与整个经济体总支出的比值，同时满足长期均衡条件，EE 曲线一般将 s_E 表示为 s_n 的函数，这样曲线上的点反映了实际 s_E 和 s_n 对应关系的点。nn 曲线和 EE 曲线都随着经济开放度的变化而变化，由于两条曲线在两条线的中点(0.5,0.5)相交，相对关系也随时变化。

（1）nn 曲线和 EE 曲线的确定。nn 曲线是以满足高技术服务业技术资本创造条件的托宾 q 值来推导的。当实现长期均衡时，东道国和母国的托宾

q 值都必然等于 1。由两等式 $q = \dfrac{v}{F} = \dfrac{\pi}{(\rho + g + \delta)} a_E = 1$ 和 $q^* = \dfrac{v^*}{F^*} = \dfrac{\pi^*}{(\rho + g + \delta)} a_I^* = 1$ 可得出 $\pi a_I^* = \pi^* a_I$（该等式是上两等式的必要非充分条件），以此作为 nn 曲线函数关系并将高技术服务业技术资本收益率和高技术服务业技术创造成本代入。由于 s_E 和 s_n 之间是隐函数关系，无法将 s_n 表示为 s_E 函数的形式，所以将 nn 曲线表示成 s_E 是 s_n 的函数，具体形式如式（4-35）所示：

$$s_E = \frac{\left[\prod s_n + \phi(1 - s_n)\right]\left(1 - \phi \prod^2\right)}{\left(\prod^2 - \phi\right)\left[\prod \phi s_n + (1 - s_n)\right] + \left(1 - \phi \prod^2\right)\left[\prod s_n + \phi(1 - s_n)\right]} \quad (4-35)$$

其中，$\prod = \left(\dfrac{a_M}{a_M^*}\right)^{1-\sigma} = \dfrac{s_n + \dfrac{(1+\phi)(1-s_n)}{2}}{(1-s_n) + \dfrac{(1+\phi)s_n}{2}}$。

EE 曲线决定支出份额 s_E，支出份额是在短期均衡下得出的，而这里是要从满足长期均衡的角度来讨论，以东道国作为对象计算，从支出份额的定义出发，用东道国的总支出除以整个经济体的总支出，东道国支出是东道国的技术资本收入和劳动力收入减去东道国总支出即高技术服务业技术创造成本支出，由于经济系统达到长期均衡时，高技术服务业技术创造成本等于技术资本价值，因此，在推导过程中可将高技术服务业技术资本价值替换为技术资本成本，最后得到 EE 曲线的表达式为（推导过程见附录 2）：

$$s_E = \frac{L^w + \dfrac{2\rho s_n}{2 s_n + (1 - s_n)(1 + \phi)}}{2 L^w + \dfrac{2\rho s_n}{2 s_n + (1 - s_n)(1 + \phi)} + \dfrac{2\rho(1 - s_n)}{2(1 - s_n) + s_n(1 + \phi)}} \quad (4-36)$$

（2）战斧图解。鉴于理论模型较难求解，本书将采用模拟方法分析变量之间的逻辑关系和变化趋势，赋值 $L^w = 1$ 和 $\rho = 0.3$，然后用 Matlab7.0 软件进行数值模拟，联立式（4-35）和式（4-36），就可以得出两条曲线的一系列交点 C 点和 D 点，取值如表 4-1 所示。

利用表 4-1 的结果或使用 Matlab7.0 软件模拟就能很容易地绘出所设想的长期均衡区位图解（见图 4-1）（战斧图模拟程序见附录 3）。

第四章　高技术服务业 FDI 技术溢出对东道国制造业效率影响的理论机理

表 4-1　不同经济开放度对应的 s_n 值

ϕ 值	C 点的 s_n 值	D 点的 s_n 值
<0.125	0.5	0.5
0.125	0.0038	0.9962
0.13	0.057	0.943
0.135	0.114	0.886
0.14	0.178	0.822
0.145	0.253	0.747
0.15	0.357	0.643
0.152	0.431	0.569
0.159	0.496	0.504
>0.159	1	0

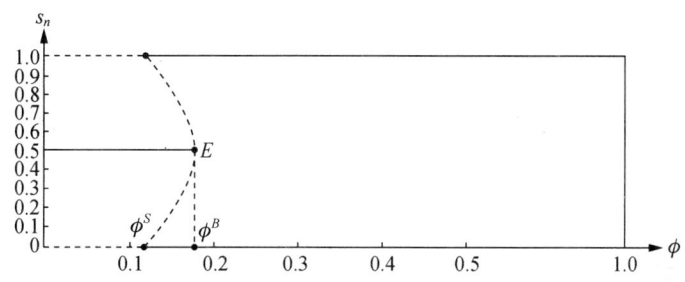

图 4-1　知识溢出双增长模型的战斧图

图 4-1 中的三条黑实线表示长期均衡区位，其中，由最初的 $s_n = 0.5$ 的一段表示对称均衡，后面的 $s_n = 0$ 和 $s_n = 1$ 两段分别表示以母国为核心和以东道国为核心的核心—边缘均衡，两种均衡中间的弧形虚线上的点是 C 点和 D 点的轨迹，这些点不是均衡点，更不是稳定的，但是能表示出两种均衡转换的路径。

ϕ^B 为"突破点"，是开始打破对称均衡时的经济开放度；ϕ^S 为"持续点"，是开始出现并能够维持核心—边缘均衡时的经济开放度。在图 4-1 中，持续点 $\phi^S = 0.125$，突破点 $\phi^B = 0.159$。当经济开放度大于持续点 ϕ^S 后，出现了两种稳定的核心—边缘均衡，而当经济开放度大于突破点 ϕ^B 后，对称均衡不再存在了。而在两个点之间，稳定地存在三种均衡，一是对称均衡,二是以东道国为核心的核心—-边缘结构,三是以母国为核心的核心—边缘结构,选择何种均衡往往受到经济政策和高技术服务业发展状况等因素的影响。

本章小结

本章在知识溢出双增长模型基础上,把物质资本看作高技术服务业技术资本的物化物;依赖高技术服务业转移构成的总技术资本存量的跨期溢出效应降低制造业的生产成本,从而实现内生增长,提高制造业效率。

本章模型的结构可以概括为$2\times3\times2$,首先,在短期均衡中,高技术服务业技术资本存量既定的条件下,市场完全出清,对经济系统中各个部门和各个变量之间关系的短期均衡条件进行分析。其次,在长期均衡中,将高技术服务业转移的技术积累效应,也就是技术的外部性原理应用到技术资本创造成本中,即高技术服务业转移时技术的积累效应降低了制造业生产成本,提高了制造业效率。高技术服务业FDI通过降低生产成本(或提高创新能力)进而提高制造业效率的实证检验将在第五章进行。

在达到长期均衡时,东道国高技术服务业转移达到稳态,高技术服务业均匀分布两国时,高技术服务业技术资本增长与经济开放度有关,经济开放度越大,增长速度越快,而高技术服务业集中于母国或东道国时,高技术服务业技术资本增长与经济开放度无关。此外,无论是高技术服务业均匀分布两国时还是高技术服务业集中于母国或东道国时,高技术服务业技术资本增长与东道国制造业效率提升都与市场支出份额、劳动力数量正相关;而与产品间替代弹性、技术资本折旧率、技术资本收益的折现率负相关。东道国制造业效率的影响因素将在第七章进行实证分析。

第五章 高技术服务业 FDI 对制造业效率影响的国别经验分析

通过高技术服务业 FDI 对东道国制造业效率影响的机理分析可以发现,高技术服务业 FDI 作为制造业的投入,对提高东道国制造业效率产生重要的影响。本章参照冯泰文(2009)、赵伟和郑雯雯(2011)的做法,运用温忠麟等(2004)提出的中介效应检验程序,旨在通过具体的实证分析,验证高技术服务业 FDI 对东道国制造业效率的影响,探讨其影响的程度及影响机制。基于高技术服务业 FDI 对制造业效率影响的理论机理,我们现做如下三个假设:

假设Ⅰ:高技术服务业 FDI 可以提高制造业效率。

假设Ⅱ:高技术服务业 FDI 可以降低制造业的生产成本,从而提高制造业效率。

假设Ⅲ:高技术服务业 FDI 可以提高创新能力,进而提高制造业的效率。

由于产品差异化作为高技术服务业 FDI 对制造业影响的一种机制,无法定量分析,所以本书暂不予考虑。

以上,假设Ⅰ是针对高技术服务业 FDI 的效应而提出的假定,假设Ⅱ、假设Ⅲ是对影响机制的探讨所进行的假定。在以下实证部分,采用温忠麟等(2004)提出的中介效应检验程序不仅检验高技术服务业 FDI 对东道国制造业效率的影响效应,同时在此基础上对这种影响的内部机制进行了探讨。

第一节 研究方法

本书参照冯泰文(2009)、赵伟和郑雯雯(2011)的做法,运用温忠麟等(2004)提出的中介效应检验程序,对高技术服务业 FDI 对东道国制造业效率的影响进行实证检验,从而验证理论机理。

一、中介变量和中介效应

中介变量(Mediator)是一个重要的统计概念,是自变量对因变量发生影响的中介,它代表一种内部机制,通过这种内部机制自变量对因变量起作用(Baron,1986)[①]。在考虑自变量 X 对因变量 Y 的影响时,如果 X 通过影响变量 M 来影响 Y,则称 M 为中介变量。关于中介变量与其他变量的关系,可用图5-1所示的路径和相应的方程来说明(假设变量已经标准化):

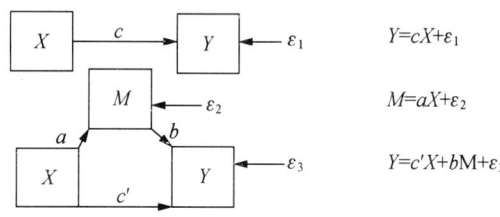

图5-1 中介变量关系

其中,c 是 X 对 Y 的总效应(Total Effect),a、b 是经过中介变量 M 的中介效应(Mediating Effect),c' 为直接效应(Direct Effect),ε_1、ε_2、ε_3 为误差项。当只有一个中介变量时,效应之间的关系为:

$c = c' + ab$

中介效应的大小可以表示为 $c - c' = ab$。

关于判断 M 是否具有中介效应,温忠麟等(2004)综合了 Baron 和 Kenny[②]、Judd 和 Kenny[③] 等人的检验方法,提出了较为实用的中介效应检验程序,该程序使中介效应检验的第一类错误率和第二类错误率都比较小,它既可以检验部分中介效应,又可以检验完全中介效应,具体步骤如下(见图5-2):

[①②] Baron R. M., Kenny D. A., "The Moderator – mediator Variable Distinction in Social Psychological Research: Conceptual, Strategic, and Statistical Considerations", *Journal of Personality and Social Psychology*, 1986, 51 (6), pp. 1173 – 1182.

[③] Judd C. M., Kenny D. A., "Process Analysis: Estimating Mediation in Treatment Evaluations", *Evaluation Review*, 1981, 5 (5), pp. 602 – 619.

第五章 高技术服务业 FDI 对制造业效率影响的国别经验分析

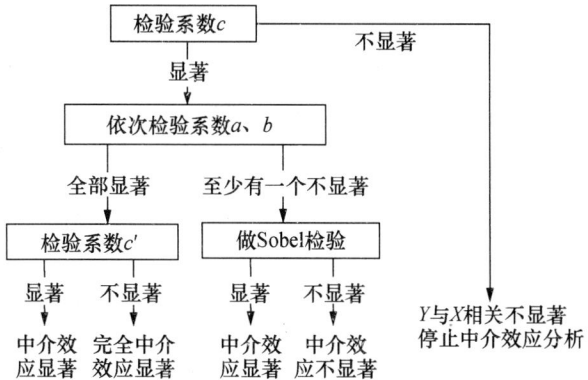

图 5-2 中介效应检验程序

(1) 检验回归系数 c, 如果 c 显著, 继续下面的第 (2) 步; 否则停止检验。

(2) 做 Baron 和 Kenny 的部分中介检验, 即依次检验系数 a、b, 如果 a、b 都显著, 意味着 X 对 Y 的影响至少有一部分是通过中介变量 M 实现的, 第一类错误率小于或等于 0.05, 继续下面第 (3) 步; 如果 a、b 至少有一个不显著, 由于该检验的功效较低 (即第二类错误率较大), 还不能下结论, 转到第 (4) 步。

(3) 做 Judd 和 Kenny 的完全中介检验中的第三个检验 (因为前两个在上一步已经完成), 即检验系数 c', 如 c' 不显著, 则说明是完全中介过程, 即 X 对 Y 的影响都是通过中介变量 M 实现的; 如果 c' 显著, 则说明只是部分中介过程, 即 X 对 Y 的影响只有一部分是通过中介变量 M 实现的, 检验结束。

(4) 计算检验统计量, 做 Sobel 检验①, 如果统计量结果显著, 则意味着 M 的中介效应显著, 否则中介效应不显著, 检验结束。关于 Sobel 检验, 用公式 $S_{ab} = \sqrt{\hat{a}^2 S_b^2 + \hat{b}^2 S_a^2}$ 直接计算 S_{ab}, 然后计算检验统计量 $Z = \dfrac{\hat{a}\hat{b}}{S_{ab}}$ (其中 $\hat{a}$、$\hat{b}$ 是系数, S_a、S_b 分别是 $\hat{a}$、$\hat{b}$ 的标准误), 根据 McKinnon 等对该统计量

---

① Sobel M. E., "Asymptotic Confidence Intervals for Indirect Effects in Structural Equation Models", In: S. Leinhardt (Ed.), *Sociological Methodology*, Washington, DC: American Sociological Association, 1982, pp. 290–312.

的检验,若样本量较小,则显著性水平0.05对应的临界值为0.97。

沿着上述逻辑,将创新能力或生产成本设定为高技术服务业FDI影响制造业效率的中介变量(见图5-3),并按照中介变量的常规逻辑去推论如下假设:高技术服务业FDI会对制造业效率发生作用,而且这种作用是通过降低生产成本或提高创新能力实现的。

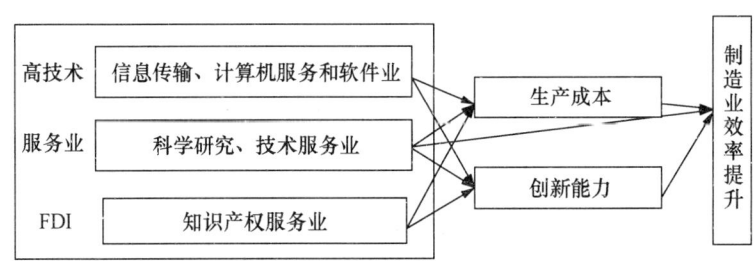

图5-3 高技术服务业FDI对制造业效率影响

二、面板数据

考虑到高技术服务业和制造业细分行业数据的时间序列观察值不足10年,本书采用面板数据这一计量方法来检验生产成本和创新能力的中介效应。

在分析面板数据时,通常有混合效应模型、固定效应模型和随机效应模型三种形式,本书选取混合回归模型进行分析。该模型假设制造业所有细分行业的截距和斜率系数保持不变(即$\beta_{it}=\beta$),则OLS给出参数的一致性、有效性估计,其方程形式为:

$$LP_{it}=\beta_1+cSFDI_t+CV_{it}+\varepsilon_{it} \tag{5-1}$$

$$M_{it}=\beta_2+aSFDI_t+CV_{it}+\varepsilon_{it} \tag{5-2}$$

$$LP_{it}=\beta_3+bM_{it}+c'SFDI_t+CV_{it}+\varepsilon_{it} \tag{5-3}$$

其中,LP_{it}为制造行业i第t年的效率,M_{it}为制造行业i第t年的创新能力或生产成本,$SFDI_t$为某高技术服务业(如信息传输、计算机服务和软件业)第t年的外商直接投资额,该变量没有下标i,表示其对制造业所有细分行业都产生整体影响,CV_{it}是控制变量,ε_{it}为随机误差项,将式(5-2)代入式(5-3),可得:

$$LP_{it}=\beta_4+(ab+c')SFDI_t+CV_{it}+\varepsilon_{it} \tag{5-4}$$

其中,ab度量的就是高技术服务业FDI通过中介变量(M)影响制造业效率的中介效应。

本书综合了 GATS 关于服务业分类以及国家统计局统计科学研究所 2008 年对高技术服务业的分类,鉴于数据的可得性,选取信息传输、计算机服务和软件业以及科学研究、技术服务、知识产权服务业代表高技术服务业,选取中国、美国、日本、韩国、新加坡 5 个具有代表性的国家面板数据,根据上述中介效应检验步骤,将面板数据引入模型分三步对 5 个国家高技术服务业 FDI 对制造业效率的影响分别进行检验。

第二节 中国高技术服务业 FDI 对制造业效率影响的实证分析

我国以往开放的重点是制造业领域,服务业开放相对滞后。根据江小涓(2011)估算,开放对我国制造业增长的贡献率约为 28%,而对服务业增长的贡献率仅为 7%。显然,我国服务业对外开放很不足,还有很大的空间。2011 年 12 月,中国国务院办公厅发布的《关于加快发展高技术服务业的指导意见》指出,高技术服务业是现代服务业的重要内容和高端环节,提出要重点推进八个领域的高技术服务加快发展。"十二五"时期,加快发展高技术服务业对我国整体产业结构的调整具有重要影响,而且对于目前在我国经济中占据最重要地位的制造业也有着积极意义。

目前我国服务业开放度还较低,服务业发展缓慢,尚不能充分发挥对制造业的促进作用。随着服务业在国际贸易和投资中地位不断地提高,我国扩大高技术服务业开放,充分发挥高技术服务业 FDI 溢出效应,是加快服务业自身发展的迫切需要,也是我国提升相关产业特别是制造业效率的必然要求。

一、中国指标选取及数据处理

本书选取的中国主要指标有[①]:

制造业效率(LP):不同的研究对制造业效率指标的选取也不同。国外

---

① 由于国家统计局关于高技术服务业分类 2003 年前后不一致,为了实证的连续性,故将中国实证数据选取为 2003~2010 年。

的研究常用的指标是产出率（增加值/产值）（Karl，2000）、劳动生产率（行业总产出/就业人数）（Karl，2000）和用数据包络分析或随机前沿生产函数估计的技术效率（Soderbom，2004）等。为了能够客观地度量中国制造业的效率水平，本书选取中国2003～2010年制造业28个细分行业的行业总产出/就业人数来度量制造业的效率，数据来源于历年《中国工业统计年鉴》，2004年工业数据来源于《中国经济普查年鉴》（2004）。

高技术服务业FDI（SFDI）：高技术服务业转移的巨大外溢效应，在产业链中对上下游产业产生较大的影响力，对提高制造业的技术效率和竞争力具有重要影响。因此，本书选取高技术服务业FDI作为重要的自变量，用行业外商直接投资实际使用金额（万美元）来表示。考虑到数据的可获得性，本书选取了信息传输、计算机服务和软件业，科学研究、技术服务业以及知识产权服务业代表高技术服务业。信息传输、计算机服务和软件业FDI以及科学研究、技术服务业FDI[①]，用行业外商直接投资实际使用金额来表示，数据来源于商务部外资司[②]；知识产权服务业因为缺少FDI数据，暂时用版税与许可费支付额来表示，数据来源于IMF。

生产成本：生产成本用中国主营业务成本来度量，主营业务成本是指企业已销售的产成品、自制半成品和工业性劳务等生产成本。用主营业务成本度量制造业各细分行业的生产成本，数据来源于历年《中国工业统计年鉴》，2004年工业数据来源于《中国经济普查年鉴》（2004）。

创新能力：专利数量是创新能力的重要标志，是衡量知识吸收和技术进步比较理想的指标。这里用专利申请数来反映创新能力，数据来源于历年《中国科技统计年鉴》（按行业分大中型工业企业专利申请数）。

为了消除价格因素的影响，本书对高技术服务业FDI进行了价格平减，而生产成本也用制造业各行业单位增加值的成本费用来表示。在对中介效应进行检验前，先将各变量进行标准化处理（即变量减去均值/标准差）。

二、中国实证检验结果分析

本书首先分别以选取的信息传输、计算机服务和软件业FDI，科学研

[①] 科学研究、技术服务业FDI以科学研究、技术服务和地质勘查业FDI来代替，由于地质勘查业外商投资金额较小，故可忽略不计。
[②] 其中2003年信息传输、计算机服务和软件业FDI数据来源于《中国外商投资报告》（2003）。

究、技术服务业 FDI 以及知识产权服务业 FDI 为自变量，以制造业效率为因变量进行回归分析，其回归系数均在 α = 0.05 的水平下显著，且回归系数为正（见表 5-1 和表 5-2 的第一步），说明高技术服务业的发展有利于制造业效率的提升，该结果还表明可以进行下一步的中介效用检验。

1. 生产成本的中介效用

假定生产成本是高技术服务业 FDI 和制造业效率之间的中介变量，根据中介变量的定义（Baron，1986；James，1984），进行回归分析考察生产成本是否具有中介效应。具体步骤为：首先，以生产成本为因变量、高技术服务业 FDI 为自变量进行回归分析（第二步）；其次，以制造业效率为因变量、高技术服务业 FDI 和生产成本为自变量进行回归分析（第三步）。根据温忠麟等（2004）提出的中介效应检验程序，如果在第二步高技术服务业 FDI 前面的回归系数和第三步中生产成本前面的回归系数都显著，那么中介效应显著；若第三步中，高技术服务业 FDI 前面的系数不再显著，则完全中介效应显著；如果至少其中一个系数不显著，则需要进一步做 Sobel 检验以确认生产成本是否是高技术服务业 FDI 与制造业效率关系的中介变量。①

沿着上述中介效应检验步骤，现将面板数据引入模型分三步对中介效应进行考察。

表 5-1　生产成本在中国高技术服务业 FDI 与制造业效率关系中的中介效用

变　量	第一步	第二步	第三步	检验结果	
				中介效应 ($c - c'$)	Sobel 检验 (Z)
信息传输、计算机服务和软件业生产成本	0.0837 *** (4.2024)	0.0051 (0.8938)	0.036888 *** (2.263696) -0.00000021 (-0.3279)	—	0.3076
科学研究、技术服务业生产成本	0.1286 *** (4.4386)	0.0107 (1.0951)	0.1002 *** (3.2623) -0.000000199 (-0.2943)	—	-0.2839

---

① 冯泰文：《生产性服务业的发展对制造业效率的影响——以交易成本和制造成本为中介变量》，《数量经济技术经济研究》2009 年第 3 期。

续表

变量	第一步	第二步	第三步	检验结果 中介效应 ($c-c'$)	Sobel 检验 (Z)
知识产权服务业	0.3523*** (5.5845)	-0.0645** (-1.9474)	0.1284* (1.6813)	—	0.2091
生产成本			-0.0326 (-0.2103)		

注：*、**、***分别表示在10%、5%、1%水平上显著。

表5-1中的生产成本在中国信息传输、计算机服务和软件业FDI与制造业效率关系中的实证结果表明，由于$\hat{a} = 0.0051$，$S_a = 0.0057$，$\hat{b} = -0.00000021$，$S_b = 0.00000064$，计算得 $Z = -0.30762270739788$，$p > 0.05$，所以生产成本在中国信息传输、计算机服务和软件业FDI与制造业效率关系中的中介效应不显著。虽然近年来中国信息与通信服务业发展迅速，但可能由于中国现代服务业如金融、保险、通信等领域开放度较低，至今保持着十分严格的市场准入限制，不利于这些行业的市场培育和发展，同时由于计算机服务和软件业外商直接投资服务对象单一，资源有效利用不足，尚不能充分发挥作用、降低生产成本、提高制造业效率。

表5-1中的生产成本在中国科学研究、技术服务业FDI与制造业效率关系中的实证结果表明，由于$\hat{a} = 0.01070200$，$S_a = 0.0097730$，$\hat{b} = -0.000000199$，$S_b = 0.00000068$，计算得 $Z = -0.283893985$，$p > 0.05$，所以生产成本在科学研究、技术服务业FDI与制造业效率关系中的中介效应不显著。目前中国利用科学研究、技术服务业FDI，进行一般性的研发服务，还没有完全充分地将其应用到实际生产中降低生产成本、提高制造业效率。

表5-1中的生产成本在中国知识产权服务业FDI与制造业效率关系中的实证结果表明，由于$\hat{a} = -0.06453600$，$S_a = 0.03314000$，$\hat{b} = -0.03257500$，$S_b = 0.15488100$，计算得 $Z = 0.20910672$，$p > 0.05$，所以生产成本在知识产权服务业FDI与制造业效率关系中的中介效应不显著。尽管我国知识产权服务业已取得很大进步，但我国知识产权战略策划、托管、商用化等相对高附加值的业务有待进一步拓展和提升，目前我国知识产权

第五章 高技术服务业 FDI 对制造业效率影响的国别经验分析

服务业尚不能通过降低生产成本来提高制造业效率。

上述对包含了中介变量生产成本模型的分析结果表明：高技术服务业 FDI 有助于中国制造业效率的提升，但这种提升效应并不是通过降低生产成本实现的，即生产成本不是中国高技术服务业 FDI 与制造业效率关系的中介变量。

2. 创新能力的中介效用

同样，根据温忠麟等（2004）提出的中介效应检验程序，对创新能力的中介效用进行检验。

表 5-2　创新能力在中国高技术服务业 FDI 与制造业效率关系中的中介效用

变　量	第一步	第二步	第三步	检验结果	
				中介效应 $(c-c')$	Sobel 检验 (Z)
信息传输、计算机服务和软件业创新能力	0.0837 *** (4.2024)	0.0665 *** (3.5841)	0.0364 *** (2.2083) 0.000000021 (0.5617)	—	0.5562
科学研究、技术服务业创新能力	0.1286 *** (4.4386)	0.2137 *** (6.3970)	0.1173 *** (3.6461) 0.0584 (1.3717)	—	1.3590
知识产权服务业创新能力	0.3523 *** (5.5845)	0.4267 *** (7.3019)	0.3220 *** (4.3862) 0.0320 (0.8080)	—	0.3465

注：*、**、*** 分别表示在 10%、5%、1% 水平上显著。

表 5-2 中的创新能力在中国信息传输、计算机服务和软件业 FDI 与制造业效率关系中的实证结果表明，由于 $\hat{a} = 0.066457$，$S_a = 0.018542$，$\hat{b} = 0.000000021$，$S_b = 0.0000000373$，计算得 $Z = 0.556183$，$p > 0.05$，所以创新能力在中国信息传输、计算机服务和软件业 FDI 与制造业效率关系中的中介效应不显著，即创新能力不是中国信息传输、计算机服务和软件业 FDI 与

制造业效率关系的中介变量。

表5-2中的创新能力在中国科学研究、技术服务业FDI与制造业效率关系中的实证结果表明,由于 $\hat{a} = 0.21371300$,$S_a = 0.03340800$,$\hat{b} = 0.05842400$,$S_b = 0.04259300$,计算得 $Z = 1.3590269$,$p < 0.05$,所以创新能力在中国科学研究、技术服务业FDI与制造业效率关系中的中介效应显著。这是因为科学研究、技术服务外商直接投资需通过提高国内创新能力,将产品研发、产品更新、产品设计等成果应用到制造业中,进而对制造业效率发挥作用,从而提高制造业效率;其他高技术服务业如商业咨询、法律服务、工业设计、建筑设计等企业大量投资,也是通过提供专业性和独立性的知识,提高企业创新能力,来间接提高企业的效率。

表5-2中的创新能力在中国知识产权服务业FDI与制造业效率关系中的实证结果表明,由于 $\hat{a} = 0.42667200$,$S_a = 0.05843300$,$\hat{b} = 0.03199300$,$S_b = 0.03959200$,计算得 $Z = 0.34649627$,$p > 0.05$,所以创新能力在知识产权服务业FDI与制造业效率关系中的中介效应不显著,即创新能力不是知识产权服务业FDI与制造业效率关系的中介变量。尽管中国知识产权服务能力已取得重大进步,但还有待进一步提高,如目前知识产权服务业整个行业未建立起一个统一的数据库资源系统和一个系统集成的信息网络中心,无法利用网络进行专利申请、审批、查询、保护等服务,同时缺乏自主的创新设计,尚不能通过提高创新能力实现制造业效率的提升。

为检验上述结果的可信度,分别在式(5-1)~式(5-3)中加入控制变量对中介效应检验结果进一步考察,结果亦与之前一致。

三、中国实证结论

关于高技术服务业FDI对中国制造业效率影响的研究结论:高技术服务业FDI对中国制造业的效率均有正的直接效应,但中介效应的影响不同,只有科学研究、技术服务业FDI通过提高创新能力对制造业效率有间接效应,其他变量未通过中介效应检验,生产成本不是高技术服务业FDI与制造业效率关系的中介变量,其主要原因为中国服务业总体规模小,传统服务业比重较大,高技术服务业发展滞后;服务业特别是高技术服务业行业垄断较严重,长期处于过度保护状态;服务业管理体制落后、立法不健全,致使中国服务业立法管理不能适应外向型经济发展的迫切需要,外商在中国进行高技术服务业直接投资还处于初级阶段,因此,高技术服务业 FDI 对中国制造业效率的影响只是初步的,高技术服务业 FDI 在中国还不能完全发挥促进作用。

第三节　美国高技术服务业 FDI 对制造业效率影响的实证分析

美国现代服务业增长快、总量高,一直居世界领先地位。早在 1960 年,美国服务业附加价值占 GDP 的比重即超过 60%,产业发展结构已转型为以服务业为主的经济体系。美国很早就实行了对外开放政策,在世界服务贸易市场中美国企业一直维持顺差,且不断成长,填补了美国商品贸易长期以来所存在的巨额逆差,对外开放不仅提高了美国的经济实力,促进了美国服务业的发展,而且带动了美国相关产业特别是制造业的发展,提高了制造业效率。

一、关于美国服务业开放的研究

当前,美国在服务领域的领先地位除了与其世界领先的技术水平和完善的产业结构有关外,与其服务业开放政策有密切关系,学者们对此进行了相关的研究。Amiti 和 Wei(2006)利用美国所有制造业的数据分析证明,服务业跨国转移与劳动生产率之间有很强的相关性,而制造业转移对劳动生产率的影响微乎其微。Bruce A. Blonigen(2001)利用日本对美国汽车制造业投资的实证分析得出垂直型 FDI 与国际贸易是互补关系、水平型 FDI 与国际贸易是替代关系的结论。杨丹辉(2007)深入分析服务贸易促进政策对美国服务贸易发展的重要作用。朱惊萍(2010)总结了促进美国服务贸易迅速发展的四个因素,分别是:高新技术的投入、国内服务业的发展、FDI 对服务贸易的推动以及美国政府的推动。华广敏(2012)引入生产成本和创新能力作为中介变量,对中美高技术服务业 FDI 对制造业效率的影响路径进行比较分析,结果显示,美国高技术服务业 FDI 通过降低生产成本和提高创新能力对制造业效率均有显著的正效应,而中国只有科学研究、技术服务业 FDI 通过提高创新能力对制造业效率影响显著，其他变量均没有通过中介效应检验。

虽然美国和我国之间存在着经济体制、发展阶段、社会背景等诸多方面的差异，但美国作为当今世界第一经济强国，其服务业发展的经验对我国有很强的借鉴意义。

二、美国指标选取及数据处理

本书选取的美国主要指标有①：

制造业效率（LP）：本书选取美国制造业 14 个细分行业的行业增加值/就业人数来度量美国制造业的效率，时间跨度为 2000～2009 年②，数据来源于 OECD 数据库。

高技术服务业 FDI（SFDI）：美国信息传输、计算机服务和软件业 FDI 数据是将 OECD 数据库中的电子通信和计算机服务 FDI 存量进行合并而得；科学研究、技术服务业 FDI 数据来源于 OECD 数据库中的研究与发展服务业 FDI 存量；知识产权服务业用版税与许可费支付额来衡量，数据来源于国际货币基金组织的《国际收支统计年鉴》和数据文件。

生产成本：因为美国缺少主营业务成本数据，所以只能用劳动成本数据来代替，劳动成本是美国制造业的重要影响因素，也是美国产业转移的重要原因，美国高技术服务业对劳动成本的影响在很大程度上也反映了对生产成本的影响。美国劳动成本用制造业各行业单位增加值的劳动成本（即劳动成本除以增加值）来表示，数据来源于 OECD 数据库。

创新能力：因为 BEA 和 OECD 数据库中美国的研发数据只到 2008 年，而 WDI 数据库中的专利申请量分为居民和非居民申请量，而美国专利申请很大程度上来自非居民。为了更全面、合理地反映美国的创新能力，用研发支出来衡量，数据来源于联合国教科文组织。

---

① 美国 BEA 的数据尽管较完善，但关于高技术服务业的分类，美国 BEA 与中国国家统计局不同（统计口径不一致），且美国 BEA 缺少劳动成本数据，所以本书还是采用了 OECD 数据库中的美国数据。
② 鉴于数据的可得性，尽管中国、美国、日本、韩国、新加坡数据的选取在时间上不同步，但由于本书对中国、美国、日本、韩国、新加坡五国分别做实证分析，还是能从整体上反映出各个国家高技术服务业 FDI 对制造业效率影响的不同程度。

为了消除价格因素的影响,本书对高技术服务业 FDI 进行了价格平减,而生产成本也用制造业各行业单位增加值的成本费用来表示。在对中介效应进行检验前,先将各变量进行标准化处理(即变量减去均值/标准差)。

三、美国实证检验结果分析

1. 生产成本的中介效用

根据温忠麟等(2004)提出的中介效应检验程序,对生产成本的中介效用进行检验。

表5-3 生产成本在美国高技术服务业 FDI 与制造业效率关系中的中介效用

变量	第一步	第二步	第三步	检验结果	
				中介效应 $(c-c')$	Sobel 检验 (Z)
信息传输、计算机服务和软件业 生产成本	0.2160*** (6.2537)	-0.1647*** (-2.1728)	0.9804*** (2.1364) -0.0641* (-1.7474)	0.1180 (中介效应/总效应 = 0.5461)	—
科学研究、技术服务业 生产成本	0.2217*** (4.0181)	-0.1102 (-1.3709)	0.1656*** (4.7973) -0.2517*** (-9.5802)	—	1.3571
知识产权服务业 生产成本	0.7700*** (12.2925)	-0.3864 (-1.4035)	0.3449*** (4.6775) -0.2497*** (-9.6700)	—	1.3889

注:*、**、*** 分别表示在10%、5%、1%水平上显著。

表5-3中的生产成本在美国信息传输、计算机服务和软件业 FDI 与制造业效率关系中的实证结果表明,回归方程加入生产成本这个变量后,信息传输、计算机服务和软件业 FDI 对制造业效率的回归系数在 $\alpha = 0.05$ 的水平下还显著,其中中介效应与总效应的比值为 0.546113212,说明生产成

本能够解释信息传输、计算机服务和软件业 FDI 对制造业效率提升作用的 54.61%。由于美国是目前世界信息传输、计算机服务和软件业最发达的国家，其强大的计算机技术、通信技术以及网络技术构成了美国信息技术产业的基础架构，同时美国也重视利用信息传输、计算机服务和软件业外商直接投资，带动了美国信息服务产业的快速发展，促进了产业结构的软化，有效降低了成本，提高了生产效率。

表 5-3 中的生产成本在美国科学研究、技术服务业 FDI 与制造业效率关系中的实证结果表明，由于 $\hat{a} = -0.11021500$，$S_a = 0.08039600$，$\hat{b} = -0.25174000$，$S_b = 0.02627700$，计算得 $Z = 1.357077719$，$p < 0.05$，所以生产成本在科学研究、技术服务业 FDI 与制造业效率关系中的中介效用显著。美国利用科学研究、技术服务业 FDI，降低了生产成本，提高了制造业效率。由于美国科学研究、技术服务业基础较强，研发服务业与现代制造业存在着相辅相成、互为促进的关系，将科学研究、技术服务应用到制造业中，制造业借助于研发服务业不断提高效率。同时美国积极利用科学研究、技术服务业 FDI，并将其充分应用到高端制造业中，有效地促进了制造业效率的提高。

表 5-3 中的生产成本在美国知识产权服务业 FDI 与制造业效率关系中的实证结果表明，由于 $\hat{a} = -0.38640200$，$S_a = 0.27531900$，$\hat{b} = -0.24967200$，$S_b = 0.02581900$，计算得 $Z = 1.388918145$，$p < 0.05$，所以生产成本在知识产权服务业 FDI 与制造业效率关系中的中介效用显著。由于美国保护知识产权意识较强，重视市场经济条件下知识产权制度的作用，根据经济的发展和企业竞争的需要，及时调整专利政策，同时通过外交、贸易等多种手段，保护海外知识产权，提高了企业把知识创新优势转化为高新技术产业竞争优势的积极性，降低了生产成本，提高了生产效率。

2. 创新能力的中介效用

同样，根据温忠麟等（2004）提出的中介效应检验程序，对创新能力的中介效用进行检验。

表 5-4 中的创新能力在美国信息传输、计算机服务和软件业 FDI 与制造业效率关系中的实证结果表明，回归方程加入创新能力这个变量后，信息传输、计算机服务和软件业 FDI 对制造业效率的回归系数在 $\alpha = 0.05$ 的水平下还显著，其中中介效应与总效应的比值为 0.287188485，说明创新能

力能够解释信息传输、计算机服务和软件业 FDI 对制造业效率提升作用的 28.72%。由于美国重视信息服务业的发展,在政府、研究机构、大学、企业之间建立可以交流各种信息的大容量、高速率的通信网络,同时积极利用信息传输、计算机服务和软件业 FDI,使美国企业及研究机构能更有效地交流信息,也为创新发展创造了有利条件,促进了创新能力的提高,从而提高了生产效率。

表 5-4 创新能力在美国高技术服务业 FDI 与制造业效率关系中的中介效用

变量	第一步	第二步	第三步	检验结果	
				中介效应 $(c-c')$	Sobel 检验 (Z)
信息传输、计算机服务和软件业	0.2160*** (6.2537)	0.4257*** (13.2829)	0.1540*** (4.5577)	0.0620 (中介效应/ 总效应 = 0.2872)	
创新能力			0.8236*** (23.8494)		
科学研究、技术服务业	0.2217*** (4.0181)	0.1576*** (5.3875)	0.1203*** (2.7238)	0.1014 (中介效应/ 总效应 = 0.4576)	
创新能力			0.1810*** (3.4414)		
知识产权服务业	0.7700*** (12.2925)	0.2978*** (3.5332)	0.3457*** (2.8058)	0.4243 (中介效应/ 总效应 = 0.5511)	
创新能力			0.2344*** (2.1935)		

注:*、**、*** 分别表示在 10%、5%、1% 水平上显著。

表 5-4 中的创新能力在美国科学研究、技术服务业 FDI 与制造业效率关系中的实证结果表明,回归方程加入创新能力这个变量后,科学研究、技术服务业 FDI 对制造业效率的回归系数在 $\alpha=0.05$ 的水平下还显著,其中中介效应与总效应的比值为 0.457559383,说明创新能力能够解释科学研究、技术服务业 FDI 对制造业效率提升作用的 45.76%。这是因为美国投入巨额研发经费,其在科学研究及高技术产业领域的产出均处于世界领先水平,如美国 2000 年在研发活动上的支出比所有其他 7 国集团国家的总和还要多(马春等,

2008);近年来美国政府部门还启动了各种培养高层次人才的计划(如美国国家科学基金会设立了"总统青年研究奖"),目的是将最优秀的人才吸引到国家急需的科学和工程领域中来,所有这些举措均促进了美国创新能力的提高。美国除了自己投资的研发中心外,也积极吸引国外研发机构进行投资,共同开展研发,极大地提高了创新能力,进而提高了制造业效率。

表5-4中的创新能力在美国知识产权服务业FDI与制造业效率关系中的实证结果表明,回归方程加入创新能力这个变量后,知识产权服务业FDI对制造业效率的回归系数在 $\alpha = 0.05$ 的水平下还显著,其中中介效应与总效应的比值为0.551065225,说明创新能力能够解释知识产权服务业FDI对制造业效率提升作用的55.11%。主要原因是自20世纪80年代以来,美国拓展了专利保护领域,不但为新技术成果获取专利扫除了障碍,而且把诸多以往被认为属于公共知识的基础研究和知识创新成果纳入到专利产权保护范围,建立拜杜制度,有力地推动了美国技术创新和技术扩散体系的全面发展,激发了研发创新的积极性,促进了生产效率的提高。

为检验上述结果的可信度,我们分别在式(5-1)~式(5-3)中加入控制变量对中介效应检验结果进一步考察,结果亦与之前一致。

四、美国实证结论

美国和我国相比虽然有许多不同的方面,但是美国服务业发展的经验,对我国服务业的发展和产业结构升级有重要的借鉴意义。

(1)政府政策的重视与支持。美国服务业发展的强大与美国政府的支持是分不开的,美国积极推行服务业的自由化进程,利用本国的强大经济实力,采取各种措施限制他国对本国服务市场的扩张。美国在开放国内服务业市场的基础上进一步增强国内服务业的竞争优势,为服务业自由竞争打下坚实基础,这些措施均促进了美国服务业国际竞争力的稳步提高。中国应着力建立完善的服务业制度,实施有效的、统一的宏观管理,使服务业真正实现制度化和规范化。同时,政府应加大对高技术服务业的政策倾斜与扶持力度,在对一些竞争力较弱的高技术服务业进行有效保护的同时加快开放的步伐,逐渐培育中国高技术服务业的国际竞争力(张爽,2010)。

(2)有序放开高技术服务业市场准入管制。美国20多年来以信息、咨询、科技、金融等为主的服务业投资发展迅速,其在服务业中的比重不断

第五章　高技术服务业 FDI 对制造业效率影响的国别经验分析

提升,从所创造 GDP 增长速度来看,信息、金融、专业技术及商务服务明显快于其他行业。而我国批发、零售、交通运输等传统服务业仍占近一半,高技术服务业仍存在大量的进入壁垒,市场化程度较低,延缓了高技术服务业的发展速度。因此,我国要大力推动咨询、信息、科学研究等高技术服务业的投资和发展,促进服务业内部结构高级化,就应顺应国际服务业全球化的新趋势,扩大服务业开放,在产业政策上合理引导和安排服务业的外商直接投资,促进服务业内部运行效率的提高,同时要通过发展高技术服务业,推动第一产业、第二产业以及服务业内部其他传统产业的优化升级改造,促进经济整体效率的提高。

(3) 完善服务业相关法律法规。美国服务业健全的法律法规,为服务业的发展提供了良好的法律环境。美国政府颁布的《贸易法》为促进美国服务业政策的制定、协调和实施,以及各部门相互协调、一致对外提供了法律的依据和保障。美国各州的法律法规虽然不同,可是各个州服务业都有相关的法律可以遵循。目前中国尚没有一个关于服务业的一般性法律,服务业的相关政策主要体现在政府规划和法规层面。① 中国应建立健全服务业法律法规,尽快出台服务业吸收外资的行业导向政策,将研发、信息、通信及专业服务等我国比较薄弱的高技术服务业列入优先鼓励的范围,为吸引高水平的服务业投资创造良好的法律环境。

(4) 加快人才培养工作。美国不但注重服务业人才的培养,也注重服务业人才的引进,美国服务业的迅速发展在很大程度上取决于高素质的服务业人才的引进,以及由这些高素质人才所带来的科学的管理方法。目前中国服务业与美国等发达国家之间不仅存在资金技术等方面的差距,而且存在知识、观念等方面的差距,而高技术服务业更需要掌握现代技术的高素质人才。因此,中国应加强对现有人员的培训、加强对复合型人才的培养以提高从业人员素质,并多渠道、多方式大力引进适应全球化发展的服务业人才,特别是要引进信息技术、科学研究等方面高素质的专业人才和经营管理人才,发挥其对承接国际服务业转移的关键作用。

(5) 加强知识产权保护。美国十分重视知识产权保护,20 世纪 80 年代,美国议会通过了《拜杜法案》,即《专利与商标法修正案》,该法案明确规定允许企业拥有相应的专利权或独占性许可,随后美国又以《拜杜法

---

① 张爽:《中国与美国、加拿大服务贸易发展比较分析》,《黑龙江对外经贸》2010 年第 3 期。

案》为核心，建立起了新的政府资助研究专利管理制度（拜杜制度），有力地推动了技术创新和技术扩散体系的全面发展。我国在当前形势下，要建立有别于传统经济模式的知识创造型的经济发展模式，就必须鼓励知识创新，加强知识产权保护，积极参与知识产权国际规则的调整，紧密跟踪知识产权国际规则调整的趋势，为吸引高水平的服务业投资创造良好的环境。

第四节 日本高技术服务业 FDI 对制造业效率影响的实证分析

日本的服务业发展较晚，但其服务业发展的成功经验值得我们借鉴。20世纪 90 年代由于日本泡沫经济崩溃带来的经济危机，忽视了由工业化社会向信息化社会转折的机会。直到 21 世纪初，日本政府才真正采取了强有力的信息产业发展战略和政策措施。2000 年日本出台了《IT 基本法》，随后实施了一系列政策和决议战略，进而形成了一个前后衔接、循序渐进的战略体系，促进了整个产业的良性增长。同时日本注重服务业与制造业的联动发展，强调产业间的关联效应，善于利用产业相关性促进行业间共同发展。此外，日本是一个长期注重技术引进和开发的国家，在专利权和特许权转让方面具有相对竞争优势。在版税和许可证方面，日本的优势仅次于美国。总的来说，日本服务业的发展离不开政府政策的支持以及技术的引进开发、行业协会的协调和多层面信息人才的培养。

一、关于日本服务业开放的研究

关于日本服务贸易的相关研究文献较少，但随着日本服务贸易的发展，目前这一领域的研究逐渐引起了学者们的关注。佐和隆光等（1992）采用 1975~1989 年的数据，对日本与世界最先进的四个服务贸易国家进行比较，分析先进服务贸易国家的优势，为日本服务贸易的发展提供了现实依据和实证基础。山崎国光（2005）将日本和主要服务贸易国家进行对比，针对日本的服务贸易拓展提出了建议。钟小平（2006）采用简单的线性回归方法，对日本服务贸易影响进行了实证分析，指出服务贸易开放度直接影响该国服务贸易的国际竞争力。张菁、杨林芹（2008）认为，日本政府实施的服务贸易政策与货物贸易政策同步发展的措施，不仅能够共同促进经济发展，而且可以利用与货物贸易合作的方式来提高服务贸易领域的比较优势。郑雯文（2008）对中日两国服务贸易的竞争力进行分析，提出发挥政府在服务贸易中的促进作用以及在比较优势基础上促进技术知识密集型服务行业发展的建议。

本书通过日本高技术服务业FDI对制造业效率影响的分析，借鉴日本服务业发展的成功经验，对促进我国高技术服务业发展、提高相关制造业效率和竞争力具有重要意义。

二、日本指标选取及数据处理

本书选取的日本主要指标有：

制造业效率（LP）：选取日本制造业13个细分行业的行业产量/就业人数来度量，时间跨度为2000~2009年①，数据来源于OECD数据库。

高技术服务业FDI（SFDI）：日本信息传输、计算机服务和软件业FDI数据用OECD数据库中的电子通信服务业FDI流量来度量②；科学研究、技术服务业FDI因为OECD数据库中缺失日本研发FDI，故暂且用科学研发服务业投资额来代替，数据来源于http://www.stat.go.jp；知识产权服务业用版税与许可费支付额来表示，数据来源于IMF。

生产成本：日本缺少主营业务成本数据，暂且用劳动成本数据来代替，劳动成本是日本制造业的重要影响因素，日本高技术服务业对劳动成本的影响在很大程度上也反映了对生产成本的影响。日本劳动成本用制造业各行业单位增加值的劳动成本（即劳动成本除以增加值）来表示，数据来源于OECD数据库。

创新能力：日本创新能力用研发支出来表示，数据来源于http://www.stat.go.jp。

---

① 鉴于数据的可得性，尽管中国、美国、日本、韩国、新加坡数据的选取在时间上不同步，但由于本书对中国、美国、日本、韩国、新加坡五国分别做实证分析，还是能从整体上反映出各个国家高技术服务业FDI对制造业效率影响的不同程度。
② OECD数据库中日本计算机服务业FDI缺失，故暂且用电信FDI来代替信息传输、计算机服务和软件业FDI。

为了消除价格因素的影响,本书对高技术服务业 FDI 进行了价格平减,而生产成本用制造业各行业单位增加值[①]的成本费用来表示。在对中介效应进行检验前,先将各变量进行标准化处理(即变量减去均值/标准差)。

三、日本实证检验结果分析

1. 生产成本的中介效用

根据温忠麟等(2004)提出的中介效应检验程序,对生产成本的中介效用进行检验。

表5-5 生产成本在日本高技术服务业 FDI 与制造业效率关系中的中介效用

变量	第一步	第二步	第三步	检验结果	
				中介效应 $(c-c')$	Sobel 检验 (Z)
信息传输、计算机服务和软件业	0.2453*** (2.4633)	-0.2355*** (-3.6517)	0.1839*** (2.0486)	0.0614 (中介效应/总效应 = 0.2505)	—
生产成本			-0.6212*** (-7.1904)		
科学研究、技术服务业	0.7992*** (5.1783)	-0.2728*** (-4.2401)	0.2724*** (4.4264)	0.5268 (中介效应/总效应 = 0.6591)	—
生产成本			-0.1879*** (-2.5051)		
知识产权服务业	0.5270*** (6.5410)	0.3617*** (5.2786)	0.1030*** (2.0132)	—	-1.5092
生产成本			-0.0831 (-1.5749)		

注:*、**、*** 分别表示在10%、5%、1%水平上显著。

表5-5中的生产成本在日本信息传输、计算机服务和软件业 FDI 与制

---

① 本书中的日本制造业各行业增加值数据来源于 OECD 2009,STAN Indicators。

第五章 高技术服务业 FDI 对制造业效率影响的国别经验分析

造业效率关系中的实证结果表明，回归方程加入生产成本这个变量后，信息传输、计算机服务和软件业 FDI 对制造业效率的回归系数在 α = 0.05 的水平下还显著，说明生产成本在信息传输、计算机服务和软件业 FDI 对制造业效率提升中起着部分中介效用，其中中介效应与总效应的比值为 0.250486，这说明生产成本能够解释信息传输、计算机服务和软件业 FDI 对制造业效率提升作用的 25.05%。日本在 2000 年出台了《IT 基本法》后，先后颁布了"e – Japan 战略"、"e – Japan Ⅱ 战略"和"u – Japan 战略"，这三大战略围绕日本信息服务产业、信息产业乃至整个国民经济的发展方针和重点，形成一个前后衔接、循序渐进的战略体系。同时日本重视信息服务业和软件业 FDI，软件与信息服务和其他产业形成了紧密的产业链条，促进了整个产业的良性增长，有效地降低了上下游产业特别是制造业的生产成本，提高了制造业效率。

表 5 – 5 中的生产成本在日本科学研究、技术服务业 FDI 与制造业效率关系中的实证结果表明，回归方程加入生产成本这个变量后，科学研究、技术服务业 FDI 对制造业效率的回归系数在 α = 0.05 的水平下还显著，说明生产成本在科学研究、技术服务业 FDI 对制造业效率提升中起着部分中介效用，其中中介效应与总效应的比值为 0.6591285，这说明生产成本能够解释科学研究、技术服务业 FDI 对制造业效率提升作用的 65.91%。日本非常重视引进创新，充分利用科学研究、技术服务业外商直接投资，积极吸收其溢出效应并将其转化应用到实际生产中，大幅度降低了生产成本，提高了制造业效率。

表 5 – 5 中的生产成本在日本知识产权服务业 FDI 与制造业效率关系中的实证结果表明，由于 $\hat{a} = 0.361664$，$S_a = 0.068516$，$\hat{b} = -0.083052$，$S_b = 0.052735$，计算得 Z = – 1.5091545，$p < 0.05$，所以生产成本的中介效应显著。日本重视知识产权保护，版税和许可证费用是日本服务业的重要支柱，日本在工业产权方面所获得的版税和许可证费用最多，极大地促进了自主知识产权成果在工业特别是制造业中的转化应用，降低了工业特别是制造业的成本，提高了效率。

2. 创新能力的中介效用

根据温忠麟等（2004）提出的中介效应检验程序，对生产成本的中介效用进行检验。

表5-6 创新能力在日本高技术服务业 FDI 与制造业效率关系中的中介效用

变量	第一步	第二步	第三步	检验结果 中介效应 ($c-c'$)	Sobel 检验 (Z)
信息传输、计算机服务和软件业	0.2453*** (2.4633)	0.1583*** (7.1042)	0.1689*** (1.9983)	0.0764 （中介效应/总效应 = 0.3115）	—
创新能力			0.2549*** (2.7811)		
科学研究、技术服务业	0.7992*** (5.1783)	0.5513*** (4.3885)	0.3101*** (3.1015)	0.4891 （中介效应/总效应 = 0.6119）	—
创新能力			0.2116*** (2.2297)		
知识产权服务业	0.5270*** (6.5410)	0.5266*** (5.5118)	0.2469*** (1.9938)	0.2801 （中介效应/总效应 = 0.5315）	—
创新能力			0.2655*** (2.3191)		

注：*、**、*** 分别表示在10%、5%、1%水平上显著。

表5-6中的创新能力在日本信息传输、计算机服务和软件业 FDI 与制造业效率关系中的实证结果表明，回归方程加入创新能力这个变量后，信息传输、计算机服务和软件业 FDI 对制造业效率的回归系数在 $\alpha=0.05$ 的水平下还显著，说明创新能力在信息传输、计算机服务和软件业 FDI 对制造业效率提升中起着部分中介效用，其中中介效应与总效应的比值为0.3115096，这说明创新能力能够解释信息传输、计算机服务和软件业 FDI 对制造业效率提升作用的31.15%。日本2000年提出"IT国家基本战略"，是日本近年来最重要的推动政策，使日本信息化水平有了迅速的提高，促进了相关产业创新能力的提高。同时日本企业开始重视软件开发，以其硬件方面的技术实力寻求新的软件发展模式，这也为相关产业特别是制造业创新能力的提高起到了促进作用。

表5-6中的创新能力在日本科学研究、技术服务业 FDI 与制造业效率关系中的实证结果表明，回归方程加入创新能力这个变量后，科学研究、技术服务业 FDI 对制造业效率的回归系数在 $\alpha=0.05$ 的水平下还显著，说

明创新能力在科学研究、技术服务业 FDI 对制造业效率提升中起着部分中介效用,其中中介效应与总效应的比值为 0.6119452,这说明创新能力能够解释科学研究、技术服务业 FDI 对制造业效率提升作用的 61.19%。这是由于日本利用科学研究、技术服务业 FDI,对研发创新起到很大的推动作用,有效地促进了制造业效率的提高。日本对国内科技创新活动采取积极引导和重点扶持的政策,通过制定"科学技术基本计划"等政策,形成制度保障。同时日本长期注重引进创新,日本企业的研究开发体系极大地提高了相关产业的创新能力,促进了相关产业特别是制造业效率的提高。

表 5-6 中的创新能力在日本知识产权服务业 FDI 与制造业效率关系中的实证结果表明,回归方程加入创新能力这个变量后,知识产权服务业 FDI 对制造业效率的回归系数在 $\alpha = 0.05$ 的水平下还显著,说明创新能力在知识产权服务业 FDI 对制造业效率提升中起着部分中介效用,其中中介效应与总效应的比值为 0.531540968,这说明创新能力能够解释知识产权服务业 FDI 对制造业效率提升作用的 53.15%。尽管与美国相比,无论是在政策制定的时效性,还是在知识产权的认识水平与立法保护方面,日本与美国都存在着差距。但日本的技术发展总体水平仍位于世界前列,在专利权和特许权转让方面具有相对竞争优势。日本通过知识产权的交易、许可,促进知识产权成果转化,提高自主创新能力,促进相关行业特别是制造业的发展,提高效率。

为检验上述结果的可信度,分别在式(5-1)~式(5-3)中加入控制变量对中介效应检验结果进一步考察,结果亦与之前一致。

四、日本实证结论

日本服务业的发展离不开政府政策的支持以及技术的引进和开发、行业协会的协调和多层面信息人才的培养。本书通过对日本高技术服务业 FDI 对制造业效率影响的分析,借鉴日本服务业发展的成功经验,促进我国高技术服务业发展并提高相关制造业效率。

1. 发挥政府主导作用

日本政府重视应用研究,强调政府对市场的干预,无论是在税收优惠政策还是风险投资政策上,政府都可以进行科技服务业发展方向、速度和规模的选择。日本政府主导科技服务业发展的政策有效地引导了科技服务业的发展和重点领域的形成。我国应充分发挥政府在服务业竞争能力培育中的作用,加大对高技术服务业的政策倾斜与扶持力度,在对一些竞争力较弱的高技术服务业进行有效保护的同时加快开放的步伐,逐渐培育中国高技术服务业的国际竞争力。

2. 提升创新能力加快科技成果转化

日本更多地依靠政府干预实现科技及其服务业的创新和发展,不仅制定政府主导型的科技服务业发展规划,而且重点围绕为中小企业服务,从专业化和差异化需求出发建立了多层面的科技服务体系。日本政府还鼓励企业联合发展,综合吸收国外的先进技术,并在此基础上进行大规模创新,这不仅提高了日本企业在国际市场上的竞争能力,也提高了企业的创新能力。我国要加强对一些高技术服务项目产业投资基金的扶植,刺激企业进行高科技服务业的研究和开发,并促进创新成果及时转化为现实生产力,借助服务市场开放的机遇,加强与跨国企业的合作,提高相关产业特别是制造业的效率。

3. 注重服务业与制造业联动发展

日本注重服务业与制造业联动发展,日本产业关联效应首先表现为先由市场带动制造业的投资与产业;再由制造业对于专业性服务形态的需求增加,进而带动服务业发展。在此基础上,日本将服务业与制造业视为经济成长的重点产业,在双引擎的强力带动下,引领日本经济持续发展。我国应制定合理的政策,实现资源的最佳配置,推动高技术服务业与制造业融合发展。为此,政府应将生产性服务业与制造业的单一政策变为协同政策,以更好地实现生产性服务业与制造业的融合发展。

4. 加强知识产权保护

日本政府对知识产权保护高度重视,制定了详细的知识产权策略,实施专利产业化推进工程,对产业发展至关重要的知识产权,予以充分保护。日本政府鼓励一切发明创造积极申请专利,降低甚至减免某些专利申请的费用,促进了创新能力的提高。我国应完善知识产权服务体制和政策体系,推动加快知识产权服务业的财政、金融和税收政策;鼓励金融机构依法开展知识产权质押,拓展服务范围,促进知识产权运用转化;支持境外高水平知识产权服务机构与国内知识产权服务机构进行交流与合作,提高知识产权服务水平。

5. 加强人才培养

日本建立了多层次的专业教育,包括研究生、本科生和职业教育等,确立专业人才能力开发和客观评价的体系引导培训教育工作,同时日本还建立了人才培训体系和科学的人力资源开发利用体系,以保证为服务业提供大量的专业人才,并从世界各国引进服务领域的专业人才,促进服务业人才的流动。我国应从各个层次加大高端服务和高技能人才引进和培养力度,引导高等院校和社会培训机构开展高端服务培训教育,鼓励跨国公司和国外培训机构引进先进的人才培训模式,提高服务业人员的职业素质。

第五节 韩国高技术服务业FDI对制造业效率影响的实证分析

20世纪80年代以前,韩国政府把发展经济的重点放在制造业上,并把对外贸易作为带动国内经济发展的重要支柱,而政府对服务业给予的政策支持非常有限。20世纪90年代后期,随着韩国政府对服务业的政策重视和对外资开放的加大,同时加上信息产业的带动,韩国服务业才真正发展起来。韩国与许多国家一样,也采取渐进的方式开放服务业市场,如1990年以来,韩国政府放开了对电信市场的管制,允许外商投资基础电信服务,近年来,韩国在基础电信市场上进一步引入竞争,扩大电信市场开放。电信业的迅速发展带动了韩国服务业的发展。目前,韩国服务业已逐步形成了以交通运输、旅游等传统服务业为支撑,以现代服务业为龙头,金融保险、电子信息服务等高技术服务行业为重点的产业格局,并且未来具有较大的发展空间。

韩国作为赶超型的发展中经济体,特别注重世界先进技术的消化和吸收,利用产业转移的机会吸收国外先进的技术,进而大力培育自主研发能力,提高生产效率。同时韩国在努力发展优势产业的同时特别注重对弱势产业的扶持,以优势产业带动弱势产业,进而实现整体产业竞争力的全面提高。研究和借鉴韩国服务业发展的成功经验,有利于促进中国服务业发展整体水平的提高。

一、关于韩国服务业开放的研究

关于韩国服务业发展问题,国内外部分学者对此进行了研究。H. Chang Moon、Alan M. Rugman 和 Alain Verbeke(1998)将 Porter 建立的单钻石模型纳入了跨国公司活动,建立了广义的双钻石模型,研究结果表明政府介入是影响韩国和新加坡贸易的一项重要因素。Yang Taek Lim(1996)认为,韩国应该加强与周边国家的贸易合作,扩大经济开放政策,以提高在世界市场中的竞争力。陈国荣(2009)认为,韩国政府贸易政策的促进作用主要体现在改善服务贸易环境、发展优势服务贸易产业和提升逆差服务行业三个方面。陈塑、冯素杰(2008)从进出口贸易、劳动力转移、收入分配等方面,对韩国、日本、中国台湾地区的产业结构升级过程进行了系统的梳理。这些研究从不同角度说明了韩国服务业开放对生产效率提高和产业升级的促进作用。本书运用中介效应方法,对韩国高技术服务业 FDI 对制造业效率的影响路径进行实证分析,深入探讨韩国通过发展高技术服务业推动制造业升级的成功经验,总结其对中国的启示作用。

二、韩国指标选取及数据处理

本书选取的韩国主要指标有:

制造业效率(LP):选取韩国制造业 10 个细分行业的行业总产出/就业人数来度量制造业效率,时间跨度为 2000~2009 年,数据来源于 OECD 数据库。

高技术服务业 FDI(SFDI):韩国信息传输、计算机服务和软件业 FDI 数据是将 OECD 数据库中的电子通信和计算机服务业 FDI 存量进行合并而得;科学研究、技术服务业 FDI 数据来源于 OECD 数据库中的研究与发展服务业 FDI 存量;知识产权服务业 FDI 用版税与许可费支付额来衡量,数据来源于国际货币基金组织的《国际收支统计年鉴》和数据文件。

生产成本:用制造业细分行业的劳动成本来作为韩国生产成本的替代变量①,随着劳动成本价格的上涨,劳动成本对制造业的影响越发重要,韩

---

① 由于缺少韩国主营业务成本数据,暂时只能用劳动成本数据来代替。

第五章 高技术服务业 FDI 对制造业效率影响的国别经验分析

国高技术服务业对劳动成本的影响在很大程度上也反映了对生产成本的影响。韩国劳动成本用制造业各行业单位增加值的劳动成本（即劳动成本/增加值）来表示，数据来源于 OECD 数据库。

创新能力：由于 WDI 数据库中的专利申请量没有按行业划分，所以用制造业细分行业的研发支出来衡量韩国的创新能力，数据来源于 OECD 数据库①。

为了消除价格因素的影响，对高技术服务业 FDI 进行了价格平减，将生产成本用制造业各行业单位增加值的成本费用（即生产成本/增加值）来表示。在对中介效应进行检验前，先将各变量进行标准化处理（即变量减去均值除以标准差）。

三、韩国实证检验结果分析

1. 生产成本的中介效用

根据温忠麟等（2004）提出的中介效应检验程序，对生产成本的中介效用进行检验。

表 5-7　生产成本在韩国高技术服务业 FDI 与制造业效率关系中的中介效用

				检验结果	
变量	第一步	第二步	第三步	中介效应 $(c-c')$	Sobel 检验 (Z)
信息传输、计算机服务和软件业 生产成本	0.7143*** (14.3333)	-0.3156*** (-5.9299)	0.3803*** (4.3134) -0.0779 (-1.1588)	—	1.1373
科学研究、技术服务业 生产成本	0.3855*** (9.2337)	-0.0642 (-1.4642)	0.3454*** (5.9125) -0.4434*** (-4.9746)	—	1.4046

---

① 对于缺失数据，本书根据接近年份相差幅度近似估算，进行了补充。

续表

变量	第一步	第二步	第三步	检验结果	
				中介效应 ($c-c'$)	Sobel 检验 (Z)
知识产权服务业	0.4383*** (6.1850)	−0.0038 (−0.0866)	0.3378*** (4.0343)	—	0.0865
生产成本			−0.1200** (−1.9581)		

注：*、**、***分别表示在10%、5%、1%水平上显著。

表5-7中的生产成本在韩国信息传输、计算机服务和软件业 FDI 与制造业效率关系中的实证结果表明，由于 $\hat{a}=-0.31563600$，$S_a=0.05322800$，$\hat{b}=-0.07785600$，$S_b=0.06718800$，计算得 Z=1.1372677，p<0.05，所以信息传输、计算机服务和软件业 FDI 与制造业效率关系中的中介效应显著。韩国积极利用外商服务业投资，注重以信息化促进服务业的发展。韩国政府大规模投资通信和信息化部门，并大力发展政府的信息促进体系，同时把信息服务、基础设施和新增长动力等有机地结合起来，建立信息产业的良性循环结构，从而实现整个产业的同步发展。信息化提高了服务业的发展水平和生产效率，促进了服务业与制造业的融合渗透，降低了生产成本，提高了劳动效率。

表5-7中的生产成本在韩国科学研究、技术服务业 FDI 与制造业效率关系中的实证结果表明，由于 $\hat{a}=-0.06424200$，$S_a=0.04387500$，$\hat{b}=-0.44340900$，$S_b=0.08913500$，计算得 Z=1.40462424，p<0.05，所以生产成本在科学研究、技术服务业 FDI 与制造业效率关系中的中介效用显著。韩国非常重视技术的引进和研发，积极地将所引进的技术进行转化，使其有效地应用到生产中，极大地降低了生产成本，提高了制造业效率。虽然韩国服务业整体基础薄弱，但韩国一直把研发产业作为核心发展产业，大力培育研发服务业推动先进制造业的升级，通过研发服务业的创新发展，把专业知识转变为高效的生产力。同时韩国非常重视引进外资，通过减免税等各种激励措施促进外商直接投资，以提高创新与竞争能力，并加强产业协作与联盟，共同规划产业链，推动制造业效率的提高。

第五章 高技术服务业 FDI 对制造业效率影响的国别经验分析

表 5-7 中的生产成本在韩国知识产权服务业 FDI 与制造业效率关系中的实证结果表明，由于 $\hat{a}=-0.00383700$，$S_a=0.04431700$，$\hat{b}=-0.11996400$，$S_b=0.06126600$，计算得 $Z=0.086496255$，$p>0.05$，所以生产成本在韩国知识产权服务业 FDI 与制造业效率关系中的中介效应并不显著，说明生产成本不是韩国知识产权服务业 FDI 与制造业效率关系的中介变量。韩国知识产权服务业尽管发展迅速，但知识产权服务业 FDI 还没有在各个领域充分发挥作用，尚不能通过降低生产成本，提高生产效率。

2. 创新能力的中介效用

同样，根据温忠麟等（2004）提出的中介效应检验程序，对创新能力的中介效用进行检验。

表 5-8　创新能力在韩国高技术服务业 FDI 与制造业效率关系中的中介效用

变量	第一步	第二步	第三步	检验结果	
				中介效应 ($c-c'$)	Sobel 检验 (Z)
信息传输、计算机 服务和软件业	0.7143*** (14.3333)	0.4666*** (11.4858)	0.5192*** (9.2842)	0.1951 （中介效应/ 总效应 = 0.2731）	—
创新能力			0.2725*** (5.5633)		
科学研究、 技术服务业	0.3855*** (9.2337)	0.2748*** (10.4039)	0.3644*** (8.6704)	0.0211 （中介效应/ 总效应 = 0.0548）	—
创新能力			0.0721*** (2.2145)		
知识产权服务业	0.4383*** (6.1850)	0.6987*** (12.9763)	0.3952*** (5.0947)	0.0431 （中介效应/ 总效应 = 0.0983）	
创新能力			0.4357*** (5.8443)		

注：*、**、*** 分别表示在 10%、5%、1% 水平上显著。

表 5-8 中的创新能力在韩国信息传输、计算机服务和软件业 FDI 与制造业效率关系中的实证结果表明，回归方程加入创新能力这个变量后，信

息传输、计算机服务和软件业 FDI 对制造业效率的回归系数在 $\alpha = 0.05$ 的水平下还显著，其中中介效应与总效应的比值为 0.27313047，这说明创新能力能够解释信息传输、计算机服务和软件业 FDI 对制造业效率提升作用的 27.31%。由于 1990 年以来，韩国政府放开了对电信市场的管制，允许外商投资基础电信服务，电信业迅速发展。在信息传输、计算机服务和软件业研发活动中，韩国政府发挥了重要作用，如 1993 年韩国政府出资购买 CDMA 技术，吸收三星电子、LG 通信和现代电子等企业进行技术开发，并让其无偿使用，随着这些大公司实力的日益强大，韩国政府及时地把政策导向从政府主导向政府引导转变，激发了企业自主创新的积极性，提高了创新能力。

表 5-8 中的创新能力在韩国科学研究、技术服务业 FDI 与制造业效率关系中的实证结果表明，回归方程加入创新能力这个变量后，科学研究、技术服务业 FDI 对制造业效率的回归系数在 $\alpha = 0.05$ 的水平下还显著，其中中介效应与总效应的比值为 0.05482973，这说明创新能力能够解释科学研究、技术服务业 FDI 对制造业效率提升作用的 5.48%。由于韩国将科学研究列入重点发展产业，每年研发投入数额巨大的资金，政府对科技创新进行了特别的政策支持。同时韩国注重对世界领先设计能力的培育，积极吸引外资，重点吸引竞争力强的新兴服务产业，制定了各种激励措施来促进外商直接投资，在这些政策措施的鼓励和推动下，韩国的创新能力大大提高，进而促进了生产效率的提高。

表 5-8 中的创新能力在韩国知识产权服务业 FDI 与制造业效率关系中的实证结果表明，回归方程加入创新能力这个变量后，知识产权服务业 FDI 对制造业效率的回归系数在 $\alpha = 0.05$ 的水平下还显著，说明创新能力在知识产权服务业 FDI 对制造业效率提升中起着部分中介作用，其中中介效应与总效应的比值为 0.09833661，这说明创新能力能够解释知识产权服务业 FDI 对制造业效率提升作用的 9.83%。主要由于知识产权服务业在韩国得到了发展，如 2005 年，韩国向世界知识产权组织（WIPO）提出的国际专利申请数目排在世界第六位（曲展，2008），知识产权服务业提高了创新能力、促进了生产效率的提高。

为检验上述结果的可信度，分别在式（5-1）～式（5-3）中加入控制变量对中介效应检验结果进一步考察，结果亦与之前一致。

四、韩国实证结论

尽管韩国服务业自由化起步较晚，但是韩国高技术服务业却取得了相对突出的成绩，韩国开拓了有别于欧美发达国家的服务业发展新方式，通过对韩国服务业发展的分析，研究和总结韩国服务业发展的先进经验，对当前中国服务业的发展具有一定的实践指导意义。

1. 创造服务业发展的制度环境

韩国为服务业发展消除制约服务创新的障碍，在服务业发展的不同阶段实施不同的政策，形成服务业发展良好的外部软环境。同时，韩国注重相关法律法规的同步建设，努力构建完善的管理体系，建立合理的促进体系，以构建一个最优化的服务业基本规则框架体系。优良的经济发展软环境为韩国服务业发展提供了必要的条件。因此，借鉴韩国服务业发展的相关经验，我国应立足于自身发展现状，构建良好的适宜服务业发展的市场环境、政治环境、人才环境和社会环境；重点发展高技术服务业，带动其相关产业的发展，充分发挥服务业与制造业的联动效应。

2. 大力促进外商投资的措施

韩国在服务业发展起步阶段，为促进外商投资，采取了诸多措施。首先，韩国政府对以往有关外商投资的法律法规进行了较大幅度的精简，使外国投资商得到一步到位的服务。其次，韩国在坡州已建起了粗具规模的产业园区，又在首尔南部新建投资园区，这些园区直接提供给外商投资，将帮助外商企业完全融入到韩国经济中。最后，韩国把引进外商投资的选择放在了高附加值的新兴服务产业，根据投资环境的自身优势，韩国优先选取金融和研发服务业外商投资（曲展，2008）。在现阶段，我国高技术服务业还处于发展初期，要重视外资对高技术服务业发展的促进作用，创造外商投资良好的政策和法律环境，减少外商投资的审批手续，创造外商投资的便利性；根据具体情况，可适当考虑建立高技术服务业产业园区，发挥高技术服务业的产业集聚效应；努力引导外资进入我国高技术服务业领域，充分利用高技术服务业外商直接投资的技术溢出与扩散效应，推动我国高技术服务业的发展。

3. 加大对科技创新的支持

韩国政府非常重视科技创新，进行了特别的政策支持。韩国服务业整体上并不发达，但却能给制造业结构升级提供强有力的支撑，原因在于其服务业自始至终把研发设计产业作为核心产业，通过发展高技术高附加值服务业推动先进制造业的发展和升级，开拓了一条有别于欧美发达国家服务业发展的新方式，为发展中国家服务业发展提供了借鉴和参考。借鉴韩国经验，我国政府的各种政策和手段应把研发设计等高技术服务业作为现阶段大力发展服务业的重点任务，推行以企业为创新主体的战略。我国现阶段制造业与服务业处于一种低层次均衡状态，服务业落后已成为制造业国际竞争力提升的"瓶颈"。我国应该把研发设计服务作为服务业的重点来培育，扶持研发设计服务业发展①，鼓励企业通过多种途径提高研发设计水平。

4. 重视人才培养

韩国注重提高人员素质，强调研发服务活动是以人力资本为载体，尽量创造条件，吸引外国企业和公司在韩国设立研发机构，为韩国带来信息技术人才和最新技术。韩国的经验表明，技术转移的主要途径是人才转移，产业技术能力的形成通过人才培训以及对隐性知识的消化吸收来实现。因此，我国应根据服务业的要求调整人才培养模式，制定相关的激励政策措施，引导企业把主要精力放到创新人才的培养和使用上，加大研发、设计等高技术服务人力资源的开发力度，将企业和国家研究所、研发专业化服务公司打造成技术创新人才的培养和锻炼基地②。同时，我国在加快承接服务业外商投资转移时，应注重对国外技术知识的消化和吸收，加大人员的培训力度。

第六节 新加坡高技术服务业 FDI 对制造业效率影响的实证分析

新加坡自 20 世纪 80 年代将现代服务业确立为经济发展的重要引擎以来，服务经济成为新加坡经济的主体。1998 年 11 月 11 日，新加坡竞争力委员会提出了新加坡经济发展的总目标以及增强新加坡竞争力的八大长期

---

①② 郭怀英：《韩国生产性服务业促进制造业结构升级研究》，《宏观经济研究》2008 年第 2 期。

战略,被称为新加坡发展知识经济的蓝图①。为了使每个具体战略能落实,委员会还提出了许多具体的"21计划"。2010年2月2日,委员会提出提升各行各业的技能,推展延续教育和培训;深化新加坡企业的创新能力②,是对新加坡竞争力委员会1998年提出发展知识经济战略的继承与发展。目前,新加坡已成为著名的国际航运中心、国际金融中心、国际贸易中心以及国际旅游会议中心,但新加坡高技术服务业对制造业效率的影响如何有待进一步检验。

一、关于新加坡服务业开放的研究

关于新加坡服务业开放的研究主要集中于知识经济的研究。Toh Mun Heng和Tang Hsiu Chin(2002)分析了新加坡发展知识经济的方式以及界定知识经济产业的方法。Robin Ramcharan分析了知识产权在新加坡发展中的历史作用,而知识产权保护已成为推动新加坡知识经济发展的一个主要因素。黄朝翰和杨沐(2000)探讨了新加坡政府在推动新加坡向知识经济转型中发挥的作用。陈洁(1999)分析了新加坡提出知识经济的背景及新加坡政府所采取的措施。谢明干、江春泽(2000)介绍了新加坡发展知识经济的一些做法,并分析了对中国的启示。李皖南(2011)对新加坡知识经济战略的发展与输出历程进行了详细阐述,并对新加坡知识经济发展成效进行了评析,肯定性地评价了中新广州知识城的建设。以上主要侧重于新加坡发展知识经济措施的研究。

本书通过对新加坡高技术服务业FDI对制造业效率的影响进行实证分析,总结其服务业发展的成功经验,对于促进我国高技术服务业发展、提升制造业效率具有重要借鉴意义。

二、新加坡指标选取及数据处理

本书选取的新加坡主要指标有:

---

① The Committee on Singapore's Competitiveness. Executive Summary on Singapore's Competitiveness, http://unpan1.un.org/intradoc/groups/public/documents/apcity/unpan004867.pdf.
② Economic Strategies Committee, Report of Economic Strategies Committee, http://www.esc.gov.sg/about_subcommittees.html.

制造业效率（LP）：新加坡制造业效率选取制造业 18 个细分行业的行业增加值/就业人数来度量，时间跨度为 2000~2009 年①，数据来源于 Yearbook of Statistics Singapore。

高技术服务业 FDI（SFDI）：新加坡信息传输、计算机服务和软件业 FDI 数据用 Yearbook of Statistics Singapore 中的信息交流业 FDI 来度量；科学研究、技术服务业 FDI 用 Yearbook of Statistics Singapore 中的专业、科技管理支持服务业 FDI 来度量；知识产权服务业用版税与许可费支付额来表示，数据来源于 IMF。

生产成本：新加坡生产成本用劳动力成本来代替，数据来源于 Yearbook of Statistics Singapore。

创新能力：新加坡创新能力用研发支出来表示，数据来源于联合国教科文组织。

为了消除价格因素的影响，本书对高技术服务业 FDI 进行了价格平减，而生产成本用制造业各行业单位增加值的成本费用来表示。在对中介效应进行检验前，先将各变量进行标准化处理（即变量减去均值/标准差）。

三、新加坡实证检验结果分析

1. 生产成本的中介效用

根据温忠麟等（2004）提出的中介效应检验程序，对生产成本的中介效用进行检验。

表 5-9 中的生产成本在新加坡信息传输、计算机服务业和软件业 FDI 与制造业效率关系中的实证结果表明，回归方程加入生产成本这个变量后，在信息传输、计算机服务和软件业 FDI 对制造业效率的回归系数在 $\alpha = 0.05$ 的水平下还显著，说明生产成本在信息传输、计算机服务和软件业 FDI 对制造业效率提升中起着部分中介效用，其中中介效应与总效应的比值为 0.225909，这说明生产成本能够解释在信息传输、计算机服务和软件业 FDI 对制造业效率提升作用的 22.59%。新加坡积极开放国内电信市场，2000 年

---

① 鉴于数据的可得性，尽管中国、美国、日本、韩国、新加坡数据的选取在时间上不同步，但由于本书对中国、美国、日本、韩国、新加坡五国分别做实证分析，还是能从整体上反映出各个国家高技术服务业 FDI 对制造业效率影响的不同程度。

4月起新加坡开始将电信市场全面开放,外商在电信部门的投资将不再受限制(电缆和电视业务除外)。2003年新加坡政府又修改了电信服务供应商和电信设备供应商执照的条例,进一步促进了外资对新加坡电信业的参与。在发展电信业等知识型服务业时,新加坡积极引进技术革新对服务业务进行提升,促进服务业对制造业的渗透,降低了生产成本,提高了生产效率。

表 5-9　生产成本在新加坡高技术服务业 FDI 与制造业效率关系中的中介效用

变　量	第一步	第二步	第三步	检验结果	
				中介效应 $(c-c')$	Sobel 检验 (Z)
信息传输、计算机服务和软件业 生产成本	0.2946*** (5.0520)	-0.9527*** (-7.3070)	0.2281*** (4.4253) -0.1276*** (-2.6891)	0.06656 (中介效应/总效应 = 0.225909)	—
科学研究、技术服务业 生产成本	0.2389*** (4.6611)	-0.0800 (-0.6198)	0.2038*** (4.6997) -0.1632*** (-3.5284)	—	0.6105
知识产权服务业 生产成本	0.3047*** (6.0341)	-0.0165 (-0.1190)	0.1717*** (3.6481) -0.0572 (-1.1635)	—	0.1184

注:*、**、***分别表示在10%、5%、1%水平上显著。

表5-9中的生产成本在新加坡科学研究、技术服务业 FDI 与制造业效率关系中的实证结果表明,由于 $\hat{a} = -0.080017$, $S_a = 0.129091$, $\hat{b} = -0.163183$, $S_b = 0.046248$,计算得 $Z = 0.61050083816631$, $p > 0.05$,所以生产成本在科学研究、技术服务业 FDI 对制造业效率的中介效用不显著。尽管新加坡在实施经济国际化战略过程中,逐步认识到吸引高端外资研发机构的重要性,也制定了系列政策措施,但新加坡整体上着重优先发展物流、金融、商贸、交通通信等现代服务业,科学研究、技术服务业 FDI 在制造业中尚未起到显著的促进作用,没有明显降低生产成本提高效率。

表 5-9 中的生产成本在新加坡信息传输、计算机服务和软件业 FDI 与制造业效率关系中的实证结果表明,由于 $\hat{a} = -0.01646800$,$S_a = 0.13840100$,$\hat{b} = -0.05718900$,$S_b = 0.04915400$,计算得 $Z = 0.118370165$,$p > 0.05$,所以生产成本在知识产权服务业 FDI 对制造业效率的中介效用不显著。尽管新加坡对创意产业和高附加值产业实行了积极的知识产权保护政策,但新加坡主要是依托于批发零售业、商务服务业、金融服务业、交通通信业等传统服务业的发展,知识产权服务业 FDI 对新加坡制造业的影响并不显著,尚不能通过降低生产成本提高效率。

2. 创新能力的中介效用

根据温忠麟等(2004)提出的中介效应检验程序,对创新能力的中介效用进行检验。

表 5-10　创新能力在新加坡高技术服务业 FDI 与制造业效率关系中的中介效用

变 量	第一步	第二步	第三步	检验结果	
				中介效应 $(c-c')$	Sobel 检验 (Z)
信息传输、计算机服务和软件业	0.2946*** (5.0520)	0.7431*** (9.9687)	0.2563* (1.9651)	—	1.1151
创新能力			0.1184 (1.1221)		
科学研究、技术服务业	0.2389*** (4.6611)	0.2486*** (6.9053)	0.1815* (1.7617)	—	0.5852
创新能力			0.2992 (0.5873)		
知识产权服务业	0.3047*** (6.0341)	0.4425*** (7.9293)	0.2436*** (2.5393)	—	0.1026
创新能力			0.0098 (0.1026)		

注:*、**、*** 分别表示在 10%、5%、1% 水平上显著。

表 5-10 中的创新能力在新加坡信息传输、计算机服务和软件业 FDI 与制造业效率关系中的实证结果表明,由于 $\hat{a} = 0.743108$,$S_a = 0.074544$,$\hat{b} =$

第五章 高技术服务业 FDI 对制造业效率影响的国别经验分析

0.118427，$S_b=0.105540$，计算得 $Z=1.1150635$，$p<0.05$，所以创新能力在信息传输、计算机服务和软件业 FDI 与制造业效率关系中的中介效应显著。新加坡注重经济在新的经济环境下向知识密集型产业转移，对于投资 ICT 基础建设更是以前瞻性眼光推动相关计划，其中以"21 计划"最为关键，通过网络协助产业提升竞争力。同时，新加坡政府还积极推动服务业借助高新技术实现业务创新、效率提升，通过服务创新带动新加坡相关产业的整体创新，从而提高相关产业特别是制造业效率。

表 5-10 中的创新能力在新加坡科学研究、技术服务业 FDI 与制造业效率关系中的实证结果表明，由于 $\hat{a}=0.24859200$，$S_a=0.03600000$，$\hat{b}=0.29916500$，$S_b=0.50940400$，计算得 $Z=0.585171851$，$p>0.05$，所以创新能力在专业服务、科技管理与支持服务业 FDI 与制造业效率关系中的中介效应不显著。尽管新加坡积极吸引跨国公司 R&D 投资，制定了专门的经济、法律政策，但新加坡服务业的快速发展主要是依靠金融、通信、信息技术等新兴服务部门的迅速崛起，依托于传统服务业如旅游服务业和运输服务业的发展，专业服务、科技管理与支持服务业 FDI 并没有通过显著提高创新能力来提高制造业效率。

表 5-10 中的创新能力在新加坡知识产权服务业 FDI 与制造业效率关系中的实证结果表明，由于 $\hat{a}=0.44253000$，$S_a=0.05581000$，$\hat{b}=0.00983800$，$S_b=0.09584700$，计算得 $Z=0.102634155$，$p>0.05$，所以创新能力在知识产权服务业 FDI 与制造业效率关系中的中介效应不显著。新加坡是国际航运中心、国际金融中心、国际贸易中心以及国际旅游会议中心，而知识产权服务业尚未成为新加坡经济的主体，不能显著提高创新能力来提高制造业效率。

为检验上述结果的可信度，我们分别在式（5-1）~式（5-3）中加入控制变量对中介效应检验结果进一步考察，结果亦与之前一致。

四、新加坡实证结论

新加坡发展的关键因素在于稳定的政治情势、完善的基础设施、高效率的服务水准，充分利用了地缘优势，造就了面向国际的服务业竞争优势。新加坡大力发展现代服务业，不仅为本国经济的快速发展找到了一条成功之路，同时对于我国目前加快经济发展方式转变、实现自主创新和可持续发展具有重要启示与借鉴。

1. 政府应加大对企业的政策引导和扶持

新加坡通过建立高效、强势、廉洁的政府，保持对经济"适度"干预和控制，在 20 世纪 80 年代中后期，新加坡政府及时调整了经济发展战略，确定优先发展现代服务业。进入 21 世纪后，新加坡全力推进服务经济的知识化和信息化，将其作为新加坡的核心竞争力并予以重点培育，并通过一系列的产业政策和扶持引导来强化现代服务业发展（崔锦锋，2012）。我国应充分发挥政府在服务业竞争能力培育中的作用，加大对高技术服务企业的政策倾斜与扶持力度，在服务业市场准入、税收政策上给予便利和优惠。同时争取设立相关行业的服务业专项发展资金，或者围绕重点发展的行业设立专项发展资金，以财政政策引导和推动企业加快服务业发展的步伐。此外，政府应引导企业利用欧美发达国家对世界上最不发达国家有特殊的投资政策，吸引更多高技术服务业投资。

2. 完善的外部环境是现代服务业发展的基础

新加坡发展现代服务业的经验表明，外部环境的完善非常重要，主要包括：首先，建立公平竞争的市场环境。只有充分竞争，才能提高服务质量，降低服务价格，从而扩大服务需求，促进行业发展。其次，完善基础设施建设，包括建立发达的信息通信和便捷的交通网络等，是现代服务业得以快速发展的必备条件。最后，确保公平交易的法律制度环境，包括与全球接轨的自由市场经济制度、高效的监管制度、统一的规则标准、健全的政策体系以及法治社会的形成等，这是支撑现代服务型经济的基石。① 我国应进一步完善外资管理制度，改变外资服务业管理体制多头并存、政令不一的现状，对外资企业进行统一的管理和治理。同时，我国应完善相关的法律法规，填补相应空白，使外商直接投资企业在华开展业务有规可循。此外，我国应改善承接服务业国际转移的基础条件，加强信息基础设施建设，加快宽带通信网络建设，着力提高资源利用率和服务质量。

3. 高素质人才的聚集是现代服务业发展的关键

21 世纪以来，为了培育高素质的创新型人才，新加坡经济竞争力委员

---

① 崔锦锋：《新加坡发展模式之于卓尔企业发展的思考》，http://blog.sina.com.cn/s/blog_7498c147010157n3.html，2012 年。

会提出了"21计划",由新加坡人力指导委员会执行①。同时新加坡政府实行开放的人口政策,以最优厚的条件吸引世界优秀的人才,并不断完善用人机制与人才流动机制,优势的人力资源已经成为新加坡经济持续高速发展的有力支撑。我国应从各个层次加大高端服务和高技能人才引进和培养力度,激励高等院校和社会培训机构开展创新人才的培养,将企业和国家研究所、研发专业化服务公司打造成技术创新人才的培养和锻炼基地,鼓励跨国公司和国外培训机构引进先进的人才培训模式,加强人员岗位培训,注重人员对国外技术知识的消化和吸收。

本章小结

本章分别选取服务业发达国家的代表——美国、赶超型经济体——日本、新兴工业化经济体——韩国、创新型经济体——新加坡、发展中国家的代表——中国作为分析对象,研究了各国高技术服务业 FDI 对制造业效率的影响,指出各国在高技术服务业 FDI 对制造业效率影响的相似性和差异性,总结经验为我国服务业发展提供借鉴。

1. 发达国家高技术服务业 FDI 对制造业效率影响的实证结论及经验借鉴

美国高技术服务业 FDI 对制造业效率影响最为显著,究其原因,美国现代服务业一直居世界领先地位,服务业结构比较合理,目前美国是世界信息传输、计算机服务和软件业最发达的国家,也是世界上研发投入最多的国家,美国保护知识产权意识很强。同时美国也是吸引高技术服务业 FDI 最主要的国家,积极推行服务贸易的自由化进程,并与国内服务业进行很好的衔接。美国服务业发展的强大与政府的支持是不可分割的,美国服务业的相关政策、法律比较完善。此外,美国注重服务业人才的培养,同时注重服务业人才的引进。

日本高技术服务业 FDI 对制造业效率影响显著,特别是科学研究、技术服务业 FDI 对制造业效率影响尤为显著。主要由于日本是一个非常注重技术

---

① 李皖南:《新加坡知识经济战略的发展与输出》,《暨南学报(哲学社会科学版)》2011 年第 3 期。

引进和开发的国家,在专利权和特许权转让方面都具有相对竞争优势。版税和许可证费用是日本服务贸易的重要支柱,其优势仅次于美国。而信息传输、计算机服务和软件业 FDI 对日本制造业效率影响的显著性低于美国,主要由于 20 世纪 90 年代,日本政府客观上忽视了由工业化社会向信息化社会的转折,尽管近年来信息服务业迅速发展,但总体水平仍落后于美国。日本服务业发展和绝对优势的形成,除了科技优势以外,政府的政策扶持和政策导向起着非常重要的作用。同时,日本产业发展十分重视产业间的关联效应,善于利用产业相关性来促进行业间共同发展。此外,日本建立了多层次的人才培训体系和科学的人力资源开发体系,并注重引进先进服务的专业人才。

韩国信息传输、计算机服务和软件业以及科学研究、技术服务业 FDI 对制造业效率影响显著,但其显著性不如日本明显。而韩国知识产权服务业不能通过降低生产成本提高制造业效率。主要原因是虽然韩国的服务业在 30 多年间飞速发展,但从服务业结构来看,没有实现像日本那样在服务业总量和质量上同时提升。尽管韩国服务业整体基础薄弱,但韩国一直把研发设计产业作为核心产业,大力培育研发服务业,通过各种激励措施吸引外国企业和公司在韩国设立研发机构,以提高创新与竞争能力。同时,韩国加强产业协作与联盟,共同规划产业链,推动制造业效率的提高。韩国在个别服务行业如文化产业和运输业都具有很强的国际竞争力,在努力发展优势产业的同时注重对弱势产业的扶持,从而实现服务业整体竞争力全面的提高。此外,韩国注重提高人员素质,强调研发服务活动是以人力资本为载体。

新加坡信息传输、计算机服务和软件业 FDI 对制造业效率影响显著,究其原因,新加坡注重在新的经济环境下发展知识密集型产业,通过网络协助产业提升竞争力。新加坡科学研究、技术服务业 FDI 和知识产权服务业 FDI 未通过降低生产成本或提高创新能力促进制造业效率提高,主要由于新加坡整体上着重优先发展物流、金融、商贸、交通、通信等现代服务业,而科学研究、技术服务业和知识产权服务业发展基础比较薄弱。新加坡作为国际航运中心、国际金融中心、国际贸易中心以及国际旅游会议中心,其发展的关键因素在于政府对经济"适度"干预和控制、稳定的政治环境、完善的基础设施、高效率的服务水准,并充分利用地缘优势,造就了面向国际服务业的竞争优势。同时新加坡以最优厚的条件吸引世界优秀人才,并不断完善用人机制与人才流动机制。

第五章 高技术服务业 FDI 对制造业效率影响的国别经验分析

上述国家服务业发展历程有所不同,美国主导推动了服务贸易的发展,而日本和韩国、新加坡更多的是被动地接受和发展服务贸易。因此,三国在服务贸易发展历程上相对晚于美国。与美国和日本相比,韩国、新加坡的服务贸易发展相对滞后。

2. 我国高技术服务业 FDI 对制造业效率影响的实证结论及对策建议

我国只有科学研究、技术服务业 FDI 通过提高创新能力对制造业效率有间接效应,其他变量均未通过中介效应检验,原因可能是外商在中国进行高技术服务业直接投资还处于初级阶段,其影响也只是初步的,高技术服务业 FDI 在中国还不能完全发挥促进作用。

借鉴发达国家服务业发展的成功经验,我国应加大对高技术服务业的政策引导和扶持,逐步放开服务业管制,有效承接服务业转移,注重世界先进技术的消化和吸收,促进制造业和服务业融合提高制造业效率;完善相关制度及法律,重视现代服务业人才的培养和引进。随着国家对高技术服务业扶持力度的不断加大,我国高技术服务业 FDI 将更充分地发挥效应,促进相关产业特别是制造业效率提升。

综上,本章实证研究发现高技术服务业 FDI 对发达国家制造业效率影响非常显著,而对发展中国家制造业效率影响相对不显著,主要由于目前发达国家高技术服务业发展水平较高,且服务业特别是高技术服务业 FDI 主要在发达国家,而在发展中国家所占比重很小,此原因正是源于第三章现状分析的结果。此外,关于高技术服务业 FDI 对制造业效率影响的研究,只反映了高技术服务业 FDI 对制造业效率影响的路径问题,而未能反映出高技术服务业 FDI 对制造业效率影响的变化过程,而其变化过程在后续随机前沿模型中将会反映出来。

第六章 高技术服务业 FDI 对各国技术效率的影响

——基于随机前沿生产函数的实证研究

本章从动态角度，运用随机前沿技术实证分析高技术服务业 FDI 对各国技术效率的影响，进一步检验高技术服务业 FDI 对不同发展水平国家技术效率的影响程度[①]。

第一节 随机前沿技术

随机前沿方法从 20 世纪 70 年代末开始被广泛应用于生产率分析，Battese 等（1992，1995）发展起来的随机前沿技术在目前实践中应用最为广泛，根据研究时间和重点不同，可分为 Battese 等（1992，1995）两个模型。

面板数据的随机前沿模型的基本形式为：

$$y_{it} = f(x_{it}; \beta_i) \exp(v_{it} - u_{it}), i = 1, 2, \cdots, N; t = 1, 2, \cdots, T \qquad (6-1)$$

其中，y_{it} 表示 i 国 t 时期的实际产出；x_{it} 表示 i 国 t 时期的投入要素；β_i 为待估参数；$f(\cdot)$ 表示生产技术的确定性前沿，也即在现有技术水平下能实现的最大产出。该模型的特征是具有复合误差结构：v_{it} 为一般的随机误差项，假定 $v_{it} \sim iidN(0, \sigma_v^2)$；$u_{it}$ 是一个非负随机误差变量，呈半正态分布，即 $u_{it} \sim iidN^+(0, \sigma_u^2)$；$v_{it}$ 与 u_{it} 相互独立，且与解释变量不相关。也就是说，模型的复合误差项将某个国家的实际产出与其可能达到的最大产出之间的差

[①] 本章暂且以技术效率代替制造业效率，对于后续的研究，如果能够获得制造业各相关指标数据，将更能与本书整体论证相一致。

距分解为两个方面：一是随机扰动的影响；二是技术非效率的影响。

Battese 等（1977）根据误差项的性质设定了如下的方差参数：

$$\gamma = \frac{\sigma_u^2}{\sigma_u^2 + \sigma_v^2} (0 \leqslant \gamma \leqslant 1, \sigma_u^2 + \sigma_v^2 = \sigma^2) \tag{6-2}$$

用 γ 来检验复合误差项中技术无效项所占比例，作为判断模型设定是否合理的参考指标。

当涉及较长时期的面板数据时，需要适当考虑时间因素对技术效率的影响。因此，Battese 等（1992）在假定 u_i 服从截断正态分布的基础上，将技术非效率随时间变化的表达式如下：

$$u_{it} = u_i \exp(-\eta(t-T)), \text{且 } u_i \sim iidN^+(\mu, \sigma_u^2) \tag{6-3}$$

其中，η 反映时间变化对技术效率变迁的影响，而 $\eta > 0$、$\eta = 0$ 和 $\eta < 0$ 分别表示技术效率随时间递增、不变和递减。该模型沿用了 Battese 等（1977）设定的参数 γ 来检验技术非效率是否存在。

依据 Battese 等（1992）模型，可以计算出样本的平均技术效率以及每个个体的技术效率，但却无法解释样本个体之间的技术效率差异，而深入分析这些个体差异背后的原因尤为必要。为此，Battese 等（1995）依据 Kumbhakar 等（1991）及 Reifschneider 等（1991）的思路及其提出的"一步法"估计技术做了进一步改进，不仅能够计算出样本及其个体的技术效率，而且能够定量分析出外生因素对个体技术效率的影响。

Battese 等（1995）模型设定技术非效率误差 u_{it} 服从均值 m_{it} 的截断正态分布，也就是 $u_{it} \sim iidN^+(m_{it}, \sigma_u^2)$，且 m_{it} 由下式确定：

$$m_{it} = Z_{it}\delta + \varepsilon_{it}, \quad \varepsilon_{it} \sim N^+(0, \sigma_\varepsilon^2) \tag{6-4}$$

其中，m_{it} 表示技术非效率，Z_{it} 是一组用来解释个体之间技术非效率的外生因素，δ 为待估参数，该模型仍用参数 γ 来检验技术非效率是否存在。

随机前沿模型的一个重要方面是能够计算出技术效率，也就是某个经济体实际所处的生产曲线同技术前沿之间的距离。根据 Farrell（1957）给出的技术效率的含义，可以定义 i 国在 t 时期的技术效率为样本中该国产出的期望与随机前沿的期望的比值，即：

$$TE = \frac{E[f(x_{it};\beta_t)\exp(v_{it}-u_{it})]}{E[f(x_{it};\beta_t)\exp(v_{it}-u_{it})|u_{it}=0]} = \exp(-u_{it}) \tag{6-5}$$

第二节 高技术服务业 FDI 对各国技术效率影响实证分析

一、模型设定

假设各国的生产函数为 C – D 生产函数,根据 1995 年 Battese 等提出的模型,将随机前沿生产函数模型表示如下:

$$Y_{it} = AL_{it}^{1-\alpha} K_{it}^{\alpha} \exp(v_{it} - u_{it}) \tag{6-6}$$

其中,Y 为产出,L 为劳动力,K 为资本存量;α 为相应的弹性系数;$v_{it} \sim iidN(0, \sigma_v^2)$;$u_{it} \sim iidN^+(m_{it}, \sigma_u^2)$,其中 $m_{it} = Z_{it}\delta + \varepsilon_{it}$,且 $\varepsilon_{it} \sim N^+(0, \sigma_\varepsilon^2)$。特别地,借鉴 Battese 等(1995)模型的做法,我们将进一步分析代表高技术服务业 FDI 对技术非效率的影响,即:

$$m_{it} = \delta_0 + \delta_1 TRA_{it} + \delta_2 FDI_{it} + \delta_3 CV_{it} + \varepsilon_{it} \tag{6-7}$$

其中,m_{it} 表示技术非效率,高技术服务业 FDI 变量用 FDI_{it} 表示,CV_{it} 为控制变量,从而更为客观地反映现实经济中高技术服务业 FDI 与各国技术效率的关系。

将式(6-6)取对数,则得到:

$$\ln y_{it} = \alpha_0 + \alpha_1 \ln l_{it} + \alpha_2 \ln k_{it} + (v_{it} - u_{it}) \tag{6-8}$$

其中,y 为产出,l 为劳动力投入,k 为资本投入,其余符号的含义同上。

将式(6-7)和式(6-8)结合起来,同时利用式(6-2)和式(6-5),就构成了本书用于测算和分析各国技术效率的随机前沿模型。

二、指标选取及数据处理

本书选取 OECD 19 个国家作为样本①,样本区间为 1995~2010 年。

---

① 由于数据的可得性,本书只选了 OECD 的 19 个国家,如果可选取更广泛的国家,并将其分为发达国家、发展国家、新型国家进行对比研究更能说明世界技术效率变化问题。

产出（Y）：选择 UNCTAD Statistics 数据库的 GDP 作为产出指标，为保持历史可比性，选取以 2005 年不变价格和不变汇率进行折算的实际 GDP 值。

劳动力投入（L）：采用各国的全部从业人员作为劳动力投入指标，具体数据来源于 OECD 数据库。

资本投入（K）：采用资本存量衡量资本投入。资本存量的估算采用常用的永续盘存法，其公式为：$K_t = (1-\delta_t)K_{t-1} + I_t/P_t$。其中，$I_t/P_t$ 采用 UNCTAD Statistics 数据库的 2005 年不变价格平减的固定资本形成总额。在递推计算时，采用单豪杰（2008）的做法：①1970 年的资本存量用各国 1970 年的固定资本形成总额（2005 年不变价）[1] 除以折旧率与 1971～1975 年的固定资本形成总额年平均增长率之和得到[2]，数据来源于 UNCTAD Statistics 数据库。②折旧率 δ_t 各国统一采用 10.96%。

高技术服务业 FDI（SFDI）：高技术服务业外商投资不仅会促进带动国内服务业的发展，还可以间接促进相关产业特别是制造业效率的提高，进而提高整个国家的经济效率。高技术服务业 FDI 由于缺少各国高技术服务业外商直接投资的统一数据，而服务业对外直接投资已成为 FDI 的重要组成部分，暂且用各国外商直接投资流入量来代替高技术服务业 FDI，数据来源于 UNCTAD Statistics 数据库。高技术服务业 FDI 数据平减为 2005 年不变价格。

控制变量：

工业发展水平（INV）：采用 UNCTAD Statistics 数据库的 2005 年不变价格平减的国内工业生产总值来代替，用来反映一国的工业发展水平和规模。一国经济增长的过程也是工业化逐步推进和发展的过程，工业是一国经济增长的主要动力和重要载体，对一国技术效率的提高起着重要推动作用。工业生产总值也反映一国工业支出份额，工业生产总值越多，支出份额越大。

高技术服务业贸易（TRA）：高端服务业的引进为国内相关产业提供技术支持和服务，有效促进相关产业技术效率的提高。鉴于数据可得性，本书采用各国当年人均服务贸易额作为高技术服务业贸易额的替代指标，数

---

[1] 虽然本书的研究以 1995 年为初始年份，但为尽量降低估算误差对实证研究的影响，永续盘存法基期的选取应越远越好，因此，本书仍以 1970 年为基期递推计算各年的资本存量，然后截取 1995～2010 年的数据作为样本。

[2] 由于缺失德国 1992 年前的数据，以经济水平接近国家的数据均值近似估算。

据来源于 OECD 数据库。高技术服务业贸易数据平减为 2005 年不变价格。

贷款利率（INTE）：贷款利率越低，企业向银行贷款越多，企业投资越多，进而促进经济增长特别是制造业的发展，提高制造业效率。贷款利率数据来源于国际货币基金组织《国际金融统计》和数据文件。贷款利率在一定程度上也反映贴现利率水平。

三、模型估计及评价

运用 Frontier 4.1 软件对上述模型进行估计，可得到参数的极大似然估计值（见表 6-1）。其中，模型一是在没有考虑效率影响因素情形下的随机前沿模型估计结果；模型三则是在考虑了服务业 FDI 对技术效率的影响之后得到的估计结果。

表 6-1 随机前沿模型参数的极大似然估计结果

	参数	模型一		模型二		模型三	
		估计值	t 值	估计值	t 值	估计值	t 值
前沿生产函数	α_0	5.3218***	9.4470	0.8799***	3.2022	2.3700***	37.1886
	α_1	0.2523***	4.7746	0.2452***	14.6844	0.4344***	49.8892
	α_2	0.4825***	19.3726	0.7598***	25.7962	0.5307***	52.8391
技术无效函数	δ_0			2.2453***	6.8381	4.3806***	38.3298
	δ_1			-0.0430***	-4.3497	-0.0418***	-4.8589
	δ_2			-0.1201***	-10.2719	-0.2490***	-22.1446
	δ_3			-0.0715***	-3.4681	-0.1630***	-18.6649
	δ_4			-0.0334	-1.3738		
残差及诊断信息	μ	0.7828***	6.3974				
	η	0.0066***	8.4463				
	σ^2	0.1543***	10.2704	0.0157***	8.3423	0.0150***	10.0073
	γ	0.9929***	957.1326	0.9999999***	501.1208	0.999999990***	296046.3000
	log 似然函数值	530.8779		215.7591		252.7557	

注：*、**、*** 分别表示在 10%、5%、1% 水平上显著；技术无效方程中的负号表示变量对技术效率和各国经济效率有正向影响，反之则相反。

模型的检验：判断上述模型设定是否合理，可以考虑如下两方面：①考察复合误差项中技术无效项所占的比例，即 γ 的大小。当 γ 接近于 0 时，说明实际产出与可能最大产出的差距主要来源于纯随机因素，采用 OLS 法估计参数即可；当 γ 接近于 1 时，说明误差主要来源于技术无效因素的影响，此时采用随机前沿模型估计参数更合理。从表 6-1 可知，两个模型的 γ 值分别为 0.9929 和 0.9999，均在 1% 的显著性水平上拒绝了 $\gamma=0$ 的原假设，表明实际产出与可能最大产出的差距主要来源于技术无效因素。②采用基于模型的极大似然函数设计的广义似然比（LR）检验统计量，进一步识别和检验如下模型信息：模型应该采用随机前沿形式还是传统生产函数；观测误差和技术非效率误差的分布假设是否稳健；技术非效率是否随时间或其他因素的影响而变动（见表 6-2）。LR 检验统计量的计算公式是：

$$LR = -2\{\ln[L(H_0)/L(H_1)]\} = -2[\ln L(H_0) - \ln L(H_1)] \qquad (6-9)$$

其中，$L(H_0)$ 和 $L(H_1)$ 分别是原假设和备择假设下的模型似然函数值。在原假设成立的条件下，LR 统计量服从混合卡方分布而非单个卡方分布（Coelli，1995），自由度为约束条件的个数。

表 6-2 模型的假设检验结果

	序号	原假设	log 似然函数值	LR 检验值	约束个数	临界值 10%	临界值 5%	检验结论
模型一	1	$H_0: \gamma = \mu = \eta = 0$	114.967	831.822	3	5.528	7.045	拒绝
	2	$H_0: \mu = \eta = 0$	502.105	57.546	2	3.808	5.138	拒绝
	3	$H_0: \mu = 0$	527.048	7.661	1	1.642	2.706	拒绝
	4	$H_0: \eta = 0$	504.773	52.209	1	1.642	2.706	拒绝
模型二	1	$H_0: \gamma = \delta_0 = \delta_1 = \delta_2 = 0$	114.967	275.578	4	7.094	8.761	拒绝
	2	$H_0: \delta_1 = \delta_2 = \delta_3 = 0$	118.573	268.366	2	3.808	5.138	拒绝

注：模型一和模型二中各序号对应的原假设下的 log 似然函数值是在各 H_0 的约束条件下，通过 Frontier4.1 软件重新估计用于检验的辅助模型得到的。两个模型备择假设下的 log 似然函数值分别为 623.4884、337.6069（见表 6-1）；临界值参考 Kodde 等（1986）。

由表 6-1 对模型一中各参数的广义似然比（LR）检验结果得知，样本数据存在技术无效性，说明建立随机前沿模型是合理的（原假设 $H_0: \gamma = \mu = \eta = 0$ 被拒绝）；技术非效率是随时间而发生变化的（原假设 $H_0: \mu =$

第六章 高技术服务业 FDI 对各国技术效率的影响

$\eta = 0$ 和 H_0：$\eta = 0$ 都被拒绝）；技术无效项服从截断正态分布是比较稳健的（原假设 H_0：$\mu = 0$ 被拒绝）。总之，技术无效项服从截断正态分布在 1% 的显著性水平上是稳健的，技术非效率随时间而变化在统计上高度显著，有必要对技术非效率随时间变化的原因作进一步分析。因此，进一步考虑了外生的高技术服务业开放度对技术非效率的影响，构建了模型二，但贷款利率对技术非效率的影响不显著，说明利率等货币政策的调整对技术效率的影响甚微，因此剔除了贷款利率变量，构建了模型三。从表 6-1 对模型三的检验结果来看，LR 检验在 1% 的显著性水平上拒绝了原假设 H_0：$\gamma = \delta_0 = \delta_1 = \delta_2 = 0$，说明模型中包含外生的技术非效率影响因素是合理的，外生的高技术服务业 FDI 对技术非效率的影响显著（原假设 H_0：$\delta_1 = \delta_2 = 0$ 被拒绝）。下面我们主要考察模型三所揭示的经济含义。

从模型三的基本方程可以看出，劳动力投入和资本投入的系数分别为 0.4344 和 0.5307，说明这两项基本投入对经济增长均有积极的作用。资本投入的系数大于劳动力投入，说明 OECD 国家是资本推动型的，物质资本在 OECD 国家经济增长中仍然具有不可替代的作用，对推动技术前沿的正向移动有积极的贡献。资本和劳动的产出弹性之和略小于 1，不具备规模报酬特征，可能由于 OECD 发达国家的产出一半以上是服务业，服务业一般不具备规模报酬特征。

模型三的技术无效方程中，外贸依存度和外资依存度变量的系数均为负，且在 1% 的水平上通过了显著性检验，说明两变量均对各国的技术效率有正向影响效应。特别地，$\delta_1 = -0.0418$，意味着如果 OECD 国家内进行外商直接投资增加一个单位，在其他因素不变的情况下，该国的技术效率会提高 4.18%。$\delta_2 = -0.2490$，意味着如果 OECD 国家高技术服务贸易增加一个单位，在其他因素不变的情况下，该国的技术效率会提高 24.9%。$\delta_3 = -0.1630$，意味着如果 OECD 国家国内工业生产总值增加一个单位，在其他因素不变的情况下，该国的技术效率会提高 16.3%。可见，高技术服务业 FDI 对国家技术效率的提高具有明显的促进作用，主要由于高技术服务业 FDI 带动了其国内服务业的发展，并为相关产业提供技术支持和服务，有效地促进了技术效率的提高。高技术服务贸易的影响对国家技术效率的提高尤为明显，主要原因是 OECD 国家之间的贸易往来较频繁，特别是大部分 OECD 国家都是欧盟成员，国家间的贸易实行零关税，所以进出口贸易对经济的影响较大，特别是由贸易所带来的先进的技术和产品对国内技术起到极大的促进作用。此外，OECD 成员国的工业基础一般较强（如德国、美国等），工业发展对国家的技术效率的提高起着直接的推动和促进作用。δ_0 显著为正，这说明在高技术服务业开放度之外，仍有一些导致技术无效的因素存在，比如全球价值链分工的模式可能对技术效率的提升有一定的制约作用。

第三节　技术效率水平的测算结果及国家间差异分析

一、各国技术效率测算结果

运用 Frontier4.1 软件，计算出各国每年的技术效率（见表 6-3）。可以看出，各国每年的技术效率均小于 1，说明各国的生产点均位于生产前沿之下，生产过程存在技术无效性。从时间上看，世界平均技术效率在 1995~2010 年呈上升趋势，1995 年技术效率最低值为 0.688，2007 年达到最高值 0.725，随后由于经济危机出现下降，1995~2010 年技术效率的平均值为 0.708，这和世界经济增长的经验事实基本一致。

二、高技术服务业 FDI 对技术效率影响的国家间差异分析

下面将 OECD 国家分为最发达国家、中等发达国家、新兴经济国家、发展中国家，不同发展水平国家间的技术效率特征也不同。

从图 6-1 看，在高技术服务业开放条件下，不同发展水平国家的技术效率有所不同，从最发达国家、中等发达国家、新兴经济国家、发展中国家技术效率依次呈递减状态，1995~2010 年技术效率均值分别为 0.8279、0.6809、0.4778、0.4249。发达国家和发展中国家的技术效率均值相差 0.403，差距近 1 倍。

从时间上看，除了 2009 年由于受到经济危机的冲击各国受到不同程度

第六章 高技术服务业 FDI 对各国技术效率的影响

表 6-3 技术效率的描述性统计（1995~2010 年）

年份 国家	1995	1996	1997	1998	1999	2000	2001	2002	2003	2004	2005	2006	2007	2008	2009	2010	均值
Australia	0.744	0.752	0.760	0.769	0.769	0.763	0.772	0.766	0.766	0.754	0.742	0.734	0.725	0.709	0.701	0.690	0.745
Belgium	0.766	0.764	0.776	0.772	0.781	0.788	0.779	0.784	0.785	0.797	0.794	0.798	0.799	0.786	0.759	0.769	0.781
Canada	0.794	0.793	0.800	0.807	0.822	0.835	0.830	0.830	0.818	0.816	0.809	0.801	0.787	0.767	0.744	0.749	0.800
Chile	0.467	0.469	0.467	0.455	0.444	0.448	0.449	0.445	0.444	0.452	0.451	0.450	0.447	0.435	0.422	0.420	0.448
France	0.838	0.839	0.849	0.860	0.864	0.867	0.861	0.855	0.852	0.860	0.859	0.861	0.859	0.842	0.820	0.829	0.851
Germany	0.768	0.764	0.771	0.774	0.775	0.782	0.782	0.778	0.777	0.783	0.787	0.814	0.830	0.826	0.776	0.804	0.787
Hungary	0.385	0.381	0.386	0.388	0.386	0.391	0.398	0.408	0.417	0.428	0.437	0.445	0.439	0.440	0.418	0.425	0.411
Italy	0.802	0.800	0.805	0.802	0.799	0.809	0.804	0.789	0.774	0.774	0.769	0.768	0.766	0.749	0.717	0.727	0.779
Japan	0.643	0.649	0.648	0.634	0.635	0.651	0.652	0.657	0.666	0.682	0.691	0.701	0.714	0.707	0.674	0.708	0.669
Korea	0.427	0.430	0.434	0.417	0.448	0.465	0.468	0.483	0.484	0.490	0.496	0.507	0.519	0.519	0.519	0.539	0.478
Mexico	0.384	0.393	0.400	0.404	0.406	0.415	0.405	0.397	0.395	0.400	0.407	0.414	0.418	0.412	0.386	0.395	0.402
Netherlands	0.773	0.777	0.782	0.784	0.791	0.795	0.787	0.777	0.773	0.786	0.793	0.802	0.811	0.807	0.778	0.789	0.788
Norway	0.912	0.940	0.957	0.943	0.941	0.953	0.961	0.966	0.974	0.994	0.992	0.972	0.958	0.925	0.906	0.900	0.949
Poland	0.379	0.393	0.405	0.407	0.417	0.423	0.425	0.432	0.447	0.459	0.463	0.472	0.474	0.473	0.469	0.476	0.438
Spain	0.653	0.654	0.658	0.660	0.659	0.659	0.656	0.649	0.643	0.637	0.631	0.627	0.623	0.616	0.608	0.613	0.641
Sweden	0.755	0.764	0.784	0.801	0.818	0.830	0.820	0.831	0.842	0.869	0.881	0.892	0.887	0.859	0.821	0.852	0.832
Switzerland	0.714	0.711	0.720	0.725	0.727	0.740	0.738	0.734	0.731	0.744	0.756	0.771	0.786	0.791	0.774	0.791	0.747
United Kingdom	0.890	0.897	0.902	0.907	0.912	0.926	0.930	0.933	0.943	0.947	0.944	0.945	0.950	0.921	0.887	0.895	0.920
United States	0.985	0.989	0.992	0.993	0.997	0.995	0.982	0.984	0.989	0.995	0.995	0.991	0.989	0.980	0.970	1.000	0.989
均值	0.688	0.693	0.700	0.700	0.705	0.712	0.711	0.710	0.712	0.719	0.721	0.724	0.725	0.714	0.692	0.704	0.708

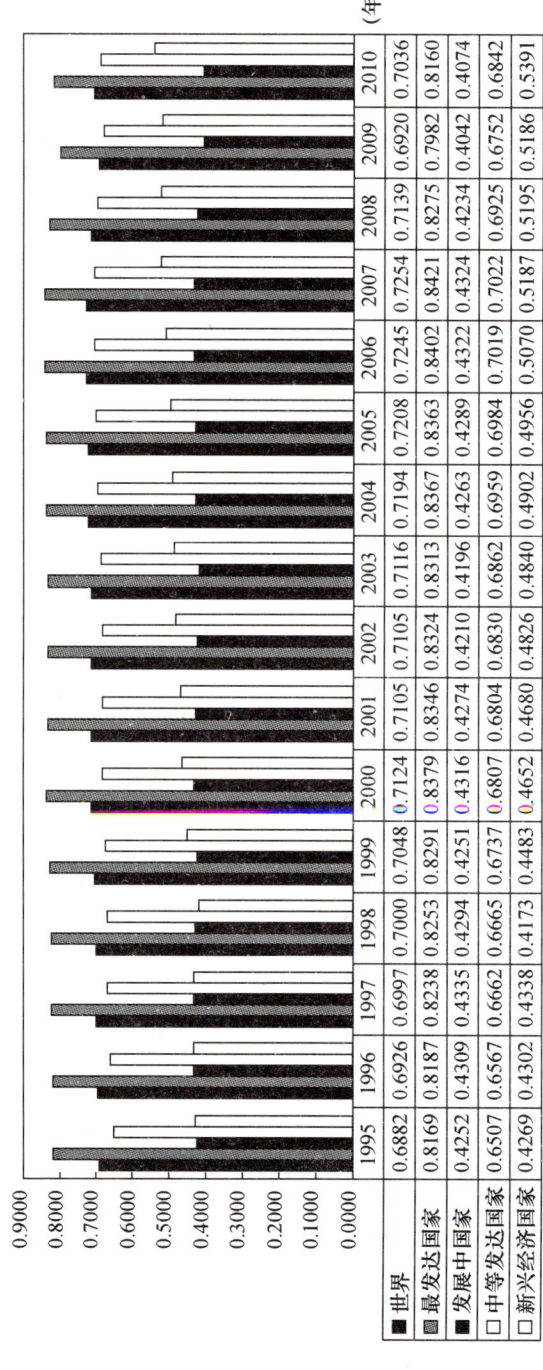

图 6-1 不同发展水平国家间技术效率差异分析

影响外,整体上各国技术效率呈上涨趋势:最发达国家和中等发达国家的技术效率分别从 1995 年的 0.8169 和 0.6507 上升到 2007 年的 0.8421 和 0.7022,上升幅度分别为 2.52 和 5.15。新兴经济国家的技术效率在 1995~1997 年呈上升趋势,1998 年由于亚洲金融危机的影响,技术效率从 1995 年的 0.4269 下降至 1998 年的 0.4173,随后经过调整,技术效率呈稳步上升态势,2007 年上升至 0.5187,上升幅度为 9.19%。发展中国家的技术效率在波动中呈缓慢上升态势,在 1995~2007 年增长幅度仅为 0.72%。这说明在高技术服务业开放条件下,世界技术效率从时间上看不断提高,但不同发展水平国家技术效率的增长幅度存在较大差距,新兴经济国家技术效率增长幅度最大,发展中国家技术效率增长幅度最小。

综上,在高技术服务业开放条件下,不同发展水平国家技术效率存在较大差距,发达国家技术效率最高,发展中国家技术效率最低;从技术效率的增长速度看,新兴经济国家技术效率增长最快,发展中国家技术效率增长最慢。这说明在新的国际分工体系下,新兴经济国家技术效率得到了充分提高,而在发展中国家技术效率却发展缓慢。主要由于在新的国际分工体系下,由于发展中国家处在价值链的低端环节,并没有为发展中国家带来更多的溢出效应,随着开放程度特别是服务业开放程度的扩大,发展中国家技术效率增长仍非常缓慢。新兴经济国家由于充分吸收国外先进技术,并积极进行研发转变,技术效率增长速度非常迅速,这也是发展中国家特别是中国应该借鉴和学习的地方。

本章小结

本书利用 OECD 面板数据,运用 SFA 研究方法测算了 OECD 国家的技术效率,分析高技术服务业 FDI 对东道国技术效率的影响,得到以下结论:在高技术服务业开放条件下,发达国家技术效率水平最高,新兴国家技术效率较低但增长最快,而发展中国家技术效率水平最低且增长呈下降趋势。其原因可能是发达国家的国内高技术服务业发展水平较高,且高技术服务业开放度较高,大量高技术服务业外商投资与国内相关产业很好地衔接,有效地促进了国内相关产业特别是制造业效率的提高。新兴国家技术效率较低但增长最快,主要由于新兴经济国家充分吸收国外先进技术,并积极进行研发转变,技术效率增长迅速。而在发展中国家切入全球价值链时,国外高端技术服务为其国内相关产业提供配套服务的很少,不能有效促进国内相关产业特别是制造业效率的提高。

本章结论支持了第五章关于高技术服务业 FDI 对发达国家美国、日本等国制造业效率促进效应最为显著,而对发展中国家制造业效率促进效应不显著的结论,同时本章实证结论正是源于第三章服务业 FDI 特征分析的原因。此外,由于数据的缺失和限制,暂且以技术效率代替制造业效率,经验研究部分只能以 OECD 的 19 个国家外商直接投资作为分析对象,对于后续的研究,如果能够获得有较长时限的大样本的高技术服务业 FDI 和制造业相关数据,那么将能得出更贴切和客观的结论。

第七章 高技术服务业 FDI 对制造业效率影响因素分析

基于理论模型，本章选取 OECD 国家 1995~2010 年的面板数据对高技术服务业 FDI 等制造业效率影响因素进行实证分析。

第一节 高技术服务业 FDI 对制造业效率影响因素研究现状

本书前述理论分析、服务业和高技术服务业 FDI 现状特征分析以及高技术服务业 FDI 对不同发展水平国家的实证结果均表明，高技术服务业 FDI 对制造业效率提高具有积极的促进作用。本章在分析高技术服务业 FDI 等因素对制造业效率影响之前，有必要对制造业效率影响因素的研究文献进行梳理，更全面地进行论证制造业效率的影响因素。

关于制造业效率影响因素的研究，很多学者运用不同的方法对此进行了分析和研究。杜传忠、李梦洋（2011）分析了新型国际分工条件下中国制造业竞争力的主要影响因素，研究结果表明，国际分工所带来的垂直专业化生产有利于制造业竞争力的提高，中国制造业应进一步参与国际分工，通过科技创新、管理体制创新、优化产业结构等进一步增强国际竞争力。梁光雁和徐明（2011）通过对 12 家现代制造业企业的问卷调查，分析多因子共同作用下各因子对现代制造业企业服务创新活动的影响，研究结果表明，战略管理与组织因素对现代制造业企业服务创新起着关键性的推动作用。王姗姗、屈小娥（2011）运用 Tobit 模型研究了中国制造业全要素能源效率的影响因素，研究结果表明，行业技术进步、R&D 投资增加、产权结构对提高轻、重工业全要素能源效率均起到了积极的作用；而外商资本进入对轻工业行业提高能源效率起到积极的作用，行业集中度对轻、重工业能源效率并不存在显著的影响。韩晶（2010）分析影响中国制造业创新能力的因素，研究结果表明，技术引进费用、产业外向度对制造业创新效率有着明显的促进作用；技术消化吸收费用、产业规模对产业创新效率提升的促进作用不显著；市场结构对于产业创新效率提升有着显著的负向影响。代碧波等（2012）运用非参数 Malmquist 生产率指数分析法分析了中国制造业技术创新效率的动态变化，同时探讨了各影响因素对技术创新效率的具体效应，结果表明，市场结构、企业规模与我国制造业技术创新效率显著正相关，而企业所有制对制造业技术创新效率的作用不明显。王玉、许俊斌（2011）基于效率视角分析各地区制造业的竞争力，研究结果显示，产业盈利能力、产业增长能力和产业基础能力与地区竞争力存在着显著的正相关性，其中产业增长能力对地区竞争力的影响最大；而产业发展能力与地区竞争力存在着负相关性。祝树金、涂志敏（2012）实证分析了我国制造业出口技术结构的动态变迁及其影响因素，结果表明，FDI、进口贸易的作用在很大程度上对我国制造业出口技术水平起到了促进作用，人力资本和研发投入也起到了促进作用，而研发投入却存在滞后效应。

上述学者基于不同角度，运用多种分析方法对制造业效率进行了丰富的研究，得出的结论不尽相同，很少基于高技术服务业开放角度对制造业效率影响因素进行分析。本章基于理论模型有必要从高技术服务业开放角度，对制造业效率的影响因素进行更为全面的分析。

第二节　高技术服务业 FDI 对制造业效率影响因素实证分析

一、计量模型

基于理论模型，本章将各国劳动生产率（Lpp）作为衡量制造业效率的指标，将高技术服务业 FDI 作为解释变量，将工业支出、劳动力投入、贷款利率等作为控制变量,实证分析高技术服务业 FDI 等因素对制造业效率影响。本章分别对相关变量取对数以使趋势线性化,具体的计量模型如下:

$$\ln Lpp_{it} = \alpha_0 + \alpha_1 \ln FDI_{it} + \alpha_2 \ln cv_{it} + \varepsilon_{it} \qquad (7-1)$$

其中,Lpp_{it} 为 i 国 t 年的劳动生产率指标,FDI_{it} 为 i 国 t 年的高技术服务业外商直接投资金额,cv_{it} 为控制变量。

本书旨在通过国家层面分析高技术服务业 FDI 是否促进了制造业技术效率的提升,为了客观地反映高技术服务业 FDI 与制造业技术效率的关系,在经验分析中加入了一系列可能影响制造业效率的控制变量。

二、指标选取与数据处理

基于理论模型,在综合考虑基础上,本章选取如下影响因素:

制造业效率(Lpp):不同的研究对制造业效率指标的选取不同,常用的指标有产出率(增加值/产值)[1]、劳动生产率(行业总产出/就业人数)[2]和用数据包络分析或随机前沿生产函数估计的技术效率[3]等。为了能够客观度量制造业的效率水平,本书直接选取 OECD 数据库的劳动生产率指标来度量制造业效率。

高技术服务业外商直接投资(FDI):经济全球化、一体化进程不断加强,任何一个国家的经济发展都离不开与其他国家的密切合作。世界贸易和生产的发展产生了更多的服务需求,而经济全球化和日益广泛的国际分工使得一国无须在服务的供给方面自给自足,可通过国际服务贸易实现国际范围内的产业、产品协调。一国市场的开放程度越高,市场经济环境越完善,越有利于国外跨国企业与当地服务商进行往来。通过 FDI 获取技术外溢或者技术引进,东道国企业可以更好地提高技术水平进而提高企业效率[4]。鉴于数据可得性,高技术服务业 FDI 以服务业 FDI 来代替,数据来源于 UNCTAD Statistics 数据库,以 2005 年不变价固定资产投资价格指数平减。

---

[1][2] Karl L., George E. B. Firm Size, "Age and Efficiency: Evidence from Kenyan Manufacturing Firms", *Journal of Development Studies*, 2000, 36 (3), pp. 146–163.

[3] SÖderbom M., Teal F., "Size and Efficiency in African Manufacturing Firms: Evidence From Firm-level Panel Data", *Journal of Development Economics*, 2004, 73 (1), pp. 369–394.

[4] 郑江淮、高彦彦、胡小文:《企业"扎堆"技术升级与经济绩效——开发区集聚效应的实证分析》,《经济研究》2008 年第 5 期。

为了更客观现实地反映高技术服务业 FDI 与制造业效率的关系，本章基于理论模型加入相应的控制变量，并综合考虑制造业效率的影响因素，补充了其他的控制变量。

工业支出（IND）：工业支出越大，说明需求越大，而有效需求将拉动工业生产，促使工业部门改进生产技术，提高生产水平，进而有效促进技术效率的提高。工业支出指标用工业生产总值来代替。该数据采用 UNCTAD Statistics 数据库的 2005 年不变价格平减的国内工业生产总值。

劳动力投入（L）：采用各国的全部从业人员作为劳动力投入指标，用来反映一国劳动力投入的规模和水平。传统理论认为，社会生产需要劳动力的投入，劳动人数越多，社会生产效率越高。本人劳动力投入人数以万人计，数据来源于 OECD 数据库。

贷款利率（INTE）：贷款利率越低，企业向银行贷款越多，企业投资越多，进而促进经济增长，特别是制造业的发展，提高制造业效率。数据来源于国际货币基金组织的《国际金融统计》和数据文件。

资本投入（K）：采用 K 表示行业的总固定资本存量。一般认为，固定资本存量会影响一个行业的技术水平，固定资本存量越多，该行业的资本装备水平越好，技术进步也越快。资本密集度越高的行业，其技术含量也越高，技术进步也越快。朱钟棣、李小平（2005）和李小平等（2008）发现，资本形成正是 1998 年后中国工业全要素生产率增长的重要原因。

本书用资本存量衡量资本投入，资本存量的估算采用常用的永续盘存法，计算方法为：$K_t = (1 - \delta_t) K_{t-1} + I_t / P_t$。$I_t / P_t$ 采用 UNCTAD Statistics 数据库以 2005 年的不变价格平减的固定资本形成总额。虽然本书实证研究以 1995 年为初始年份，但为尽量降低估算误差对实证研究的影响，永续盘存法基期的选取越远越好。因此，仍以 1970 年为基期递推计算各年的资本存量，然后截取 1995~2010 年的数据作为样本。在递推计算时，采用单豪杰（2008）的做法：①1970 年的资本存量用各国 1970 年的固定资本形成总额（2005 年不变价）除以折旧率与 1971~1975 年固定资本形成的年平均增长率之和得到（由于缺失德国 1992 年前的数据，以经济水平接近国家的数据均值近似估算）。②折旧率 δ_t，各国统一采用 10.96%，数据来源于 UNCTAD Statistics 数据库。

经济发展水平（GDP）：采用 GDP 来衡量一国的经济发展水平。经济发展水平是对制造业效率产生影响的重要因素（Mukesh E. & Ashok K.,

第七章 高技术服务业FDI对制造业效率影响因素分析

2002）。经济发展水平是各产业发展水平的综合体现，经济发展的核心应为生产力的发展创造条件，进而促进制造业效率的提高。GDP数据来源于OECD数据库，以2005年不变价格指数平减。

服务业发展水平（ADS）：采用服务业附加值（占GDP的比例）来表示服务业发展水平。服务业是制造业生产率得以提高的前提和基础，服务业通过降低交易成本、培育产业竞争优势，促进制造业转型升级，提高制造业效率。服务业附加值数据来源于WDI数据库，以2005年不变价格指数平减。

人力资本（EDU）：采用高等院校入学率来表示人力资本水平。现代的工业生产不再仅仅依靠体力劳动为主要投入方式，更多地以人力资本为主要投入方式。人力资本理论也表明，技术和管理教育水平越高，企业的技术能力越强。采用高等院校入学率来表示人力资本水平，高等院校入学率数据来源于联合国教科文组织（UNESCO）统计研究所。

科技创新（RD）：采用居民专利申请量来反映一国的科技创新能力。随着知识经济时代的到来和信息技术的日益普及和推广，科技进步越来越成为促进劳动生产率提升的重要动力。采用居民专利申请量来反映一国的科技创新能力，居民专利申请量数据来源于世界知识产权组织（WIPO）世界知识产权指标以及www.wipo.int/econ_stat。

三、实证检验及结果分析

表7-1给出了OECD国家面板数据模型的分析结果，并且列出固定效应模型与随机效应模型的结果。由于变量贷款利率（INTE）对制造业效率的影响不显著，对模型做了修改，即剔除变量贷款利率。

表7-1 制造业效率影响因素的计量结果

解释变量	固定效应	随机效应
C	19.520*** （8.671）	13.655*** （6.652）
FDI	0.005*** （2.430）	0.005*** （2.757）
IND	0.204*** （5.705）	0.202*** （5.996）
L	-1.424*** （-10.347）	-1.198*** （-9.048）
INTE	-0.003 （-0.322）	-0.009 （1.233）

续表

解释变量	固定效应	随机效应
GDP	0.060*** (2.381)	0.068*** (2.869)
K	0.382*** (8.525)	0.501*** (12.741)
ADS	0.199*** (2.359)	0.268*** (3.344)
EDU	0.0497*** (2.186)	0.084*** (3.884)
RD	0.027*** (2.027)	0.002 (0.121)
F 检验值	224.907 (Prob=0)	
Hausman 检验值	46.721 (Prob=0)	
调整 R^2	0.999735	0.999730
样本量	304	304

注：括号内为 t 检验值，***、**、* 分别表示在1%、5%、10%水平上显著，使用 EViews6.0 完成。

根据修改后的表7-2模型结果，由于 F 检验拒绝零假设，应该在混合模型与固定效应模型中选择固定效应模型；根据 Hausman 检验，应在固定效应模型与随机效应模型中选择固定效应模型，并且固定效应模型具有较高的拟合度。因此，本书选择固定效应模型的检验结果进行分析。

表7-2 制造业效率影响因素的计量结果（剔除 INTE 变量）

解释变量	固定效应	随机效应
C	19.614*** (8.802)	13.780*** (6.733)
FDI	0.005*** (2.440)	0.005*** (2.803)
IND	0.204*** (5.729)	0.199*** (5.932)
L	-1.431*** (-10.543)	-1.213*** (-9.214)
GDP	0.059*** (2.364)	0.066*** (2.796)
K	0.385*** (8.788)	0.514*** (13.555)
ADS	0.196*** (2.344)	0.264*** (3.300)
EDU	0.051*** (2.255)	0.091*** (4.368)
RD	0.026*** (2.021)	0.001 (0.065)
F 检验值	255.458 (Prob=0)	
Hausman 检验值	47.906 (Prob=0)	
调整 R^2	0.999736	0.999703
样本量	304	304

注：括号内为 t 检验值，***、**、* 分别表示在1%、5%、10%水平上显著，使用 EViews6.0 完成。

第七章 高技术服务业 FDI 对制造业效率影响因素分析

实证结果显示,绝大部分结果与预期相符,仅有 1 个出现了不同,分别说明如下:

高技术服务业外商直接投资与制造业效率之间呈显著的正向关系。高技术服务业 FDI 促进了各国制造业效率的提高,高技术服务业 FDI 每增加 1%,制造业效率将提高 0.0045%。高技术服务业外商直接投资企业为当地制造业提供优质的服务,降低了制造业的交易成本,提高了制造业的创新能力,促进了制造业效率的提高。

工业生产总值作为国内生产总值的重要组成部分,与制造业效率之间呈显著的正向关系。工业生产总值每增加 1%,制造业效率提高 0.204%,说明工业是我国经济增长的主要动力和重要载体,对经济增长水平的提高有着直接的推动和促进作用。

劳动投入与制造业效率之间呈显著的负向关系。劳动力人数每增加 1%,制造业效率降低 1.431%,说明现代的工业生产不再依靠劳动力投入的数量,劳动人数已不能完全影响到制造业效率的提高,重要的是高素质人员在制造业生产活动中的参与程度。

贷款利率对制造业效率的影响不显著,主要是各国在政治、经济政策的影响下,政府政策支持和财政等手段对制造业效率起到了主要的推动作用,而利率等货币政策的调整对制造业效率的影响甚微。

资本投入与制造业效率之间呈显著的正向关系。资本投入促进了各国制造业效率的提高,固定资本存量每增加 1%,制造业效率将提高 0.385%,说明 OECD 国家制造业发展在很大程度上依赖于资本支持,资本密集度(K/L)对制造业的全要素生产率、技术效率和技术进步的增长具有显著的促进作用,制造业资本密集度越高,其技术含量也越高,技术进步也越快。

经济发展水平与制造业效率呈现显著的正向关系。GDP 每增加 1%,制造业效率提高 0.059%,说明经济发展水平的增长对制造业效率的提高有显著的促进作用。这说明随着经济发展水平的提高,消费者对制造企业的生产提出更高的要求,促进制造业效率的提升。

服务业发展水平与制造业效率之间呈显著的正向关系。服务业增加值每提高 1 个百分点,制造业效率将提高 0.196 个百分点,说明服务业可以通过专业化分工深化和广泛化、降低交易成本、培育产业差异化竞争优势以及增强自主研发、设计与创新能力等途径与方式,支撑制造业发展与升级,提高制造业效率。

人力资本与制造业效率之间呈显著的正向关系。高等院校入学率每提高1个百分点，制造业效率将提高0.051个百分点，说明人力资源质量和水平的提高对于制造业效率增长起到很大的推动作用，通过加大人才培养力度，增加劳动者素质和技能的投入有利于提升制造业的生产率。人力资源质量越高，服务产品提供能力越强，技术优势也更明显，对制造业效率的提高也更具有促进作用。

技术创新能力与制造业效率的提高是显著的正向关系。研发支出每提高1个百分点，制造业效率将提高0.026个百分点，这说明企业自主创新和自主研发的能力不断增强，对制造业效率的提升起着非常重要的作用。

通过对OECD国家的实证研究，结果表明高技术服务业外商直接投资促进制造业效率的提高，同时工业生产总值、经济发展水平、资本投入、服务业发展水平、人力资源、技术创新等因素对制造业效率均有较强的促进作用，而劳动力投入不能促进制造业效率的提升。

第三节 结论及政策建议

本书基于高技术服务业FDI等对制造业效率影响因素的实证研究结论，对于我国制造业的转型升级具有重要意义。我国的制造业长期以低廉的劳动力成本、优惠的政策和强大的加工能力来吸引外资，而对于研发、市场营销等高端环节却没有支配权，在世界产业链中处于低端地位。而这些问题归根到底在于我国制造业服务化程度不高，与之配套的生产性服务业发展缓慢。为此，提出如下建议：

（1）重视高技术服务业外商直接投资。要重视外资对高技术服务业发展的促进作用。目前我国高技术服务业还处于发展初期，要为外商创造优良的投资环境，多方引导外资进入我国，要发展相对落后的高技术服务产业领域，充分利用高技术服务业人才流动性高的特点强化技术溢出与扩散效应，推动我国高技术服务业的发展。

（2）加强高技术服务业自主创新。创新高技术服务业发展的制度环境，提高市场化程度，消除制约服务业发展的障碍，在高技术服务业发展的不同阶段实施不同的政策，形成高技术服务业发展良好的外部环境。同时鼓励创新,注重高技术服务业特别是知识密集型服务业发展对产业升级的推动作用。

(3) 大力培养和引进高技术服务业专门人才。高技术服务业的比较优势主要是以人力资本为基础的,人力资本比其他要素更具有较大的流动性和不稳定性,其优势可以通过高技术人才的流动、人口的教育和培训获得。我国要根据高技术服务业的要求调整人才培养模式,提高劳动力的综合素质。要加快培养高技术服务业所需的各类人才,拓宽人才培养途径,为高技术服务业发展提供更多的人才储备。

本章小结

本章基于 D – S 理论模型结果,对高技术服务业 FDI 等因素对制造业效率影响进行实证检验,选取 OECD 国家 1995~2010 年的面板数据估计了高技术服务业外商直接投资、工业支出、劳动力投入、贷款利率、资本投入、经济发展水平、服务业发展水平、人力资本、科技创新等因素对东道国制造业效率的影响,指出高技术服务业外商直接投资、工业支出、劳动力投入、经济发展水平、资本投入、服务业发展水平、人力资本、科技创新是影响东道国制造业效率的重要因素。然后针对这些因素,对中国制造业效率的提高提出了建议。此外,由于世界各国高技术服务业 FDI 数据严重缺失,本章只能选取 OECD19 个国家的服务业 FDI 为分析对象,对于后续的研究,如果能够获得有较长时限的大样本的高技术服务业 FDI 数据,将能得出更贴切和客观的结论。

第八章 我国高技术服务业FDI促进制造业效率提升的对策建议

通过理论和实证分析可以看出,高技术服务业FDI对我国制造业效率提升产生了一些促进作用,但效应的发挥不充分。我国应借鉴发达国家服务业发展的成功经验,利用高技术服务业FDI进入的契机,加快高技术服务业发展,促进相关产业特别是制造业效率的提高。

第一节 有效承接高技术服务业国际转移

本部分讨论我国如何合理引进高技术服务业外商投资,促进高技术服务业外商投资与国内产业更好地衔接,以有效地发挥其对国内相关产业的促进作用。

一、政府应加大对高技术服务企业的政策引导和扶持

各国政府对高技术服务业的发展都给予了重视和支持,在宏观政策和产业政策中将促进服务业发展放在了重要地位。美国积极推行高技术服务业的自由化进程,利用本国强大的经济实力,在开放国内服务业市场的基础上进一步增强国内服务业的竞争优势,可以说,美国高技术服务业发展的强大与美国政府的支持是分不开的。日本强调政府对市场的干预,无论在税收优惠政策还是风险投资政策上,日本政府都可以进行科技服务业发展方向、速度和规模的选择。韩国政府为服务业发展消除制约服务创新的障碍,在服务业发展的不同阶段实施不同的政策,形成服务业发展的良好

外部软环境。新加坡通过高效、强势、廉洁的政府,保持对经济"适度"干预和控制。

借鉴发达国家服务业发展的成功经验,我国应加大对高技术服务业的政策倾斜与扶持力度,在对一些竞争力较弱的高技术服务业进行有效保护的同时加快开放的步伐,逐渐培育中国高技术服务业的国际竞争力,促进我国高技术服务业的快速发展。此外,政府应引导企业利用欧美发达国家对世界上最不发达国家的特殊投资政策,吸引更多高技术服务业投资。

二、逐步放开高技术服务业管制促进国内服务业发展

1. 扩大高技术服务业开放优化产业结构

美国和日本等国的经验表明,即使达到发达国家的阶段,外国直接投资也是举足轻重的,提高利用外资的质量和扩大利用外资的规模需同时进行。新时期我国继续扩大利用外商直接投资规模,仍然具有重要的意义。

我国经济发展方式转变和产业结构升级的关键"瓶颈"制约在于服务业发展落后,事实上,我国经济目前已经发展到了必须由现代服务业来引领经济增长的阶段。我们必须适应新一轮以全球化为主要驱动力的服务业发展趋势,扩大高技术服务业开放市场。我国在承接国际产业转移中,对具有高成长性和较大市场空间而又缺乏技术优势的服务产业,要继续实施"引进来"的发展战略,进一步加大高技术服务业吸引外资的力度,提高我国承接高技术服务业转移的容度;吸引外资更多地进入电信、计算机服务、软件服务、科学研究、技术服务等领域,提高外资在这些领域的市场参与度。我国应将参与服务全球化与培育服务业内生增长创新能力有机结合,将利用后发优势实现服务业开放性跨越式升级作为转变发展方式的主攻方向。同时,我国培育高技术服务业发展不仅要促进服务业内部结构升级,也要为现代制造业提供技术支持,增加现代制造业附加值,提升其产业竞争力。

2. 有序放开高技术服务业市场准入管制

长期以来,我国高技术服务业垄断程度高,对高技术服务业的市场准入限制严格,高技术服务业存在大量的进入壁垒,市场竞争不充分,垄断经营严重影响了高技术服务业发展的效率和质量。因此,我国要深化高技术服务业市场化改革,充分发挥市场在服务业资源配置中的基础性作用,

第八章 我国高技术服务业 FDI 促进制造业效率提升的对策建议

促进我国高技术服务业的市场化。打破高技术服务业的所有制壁垒，降低高技术服务业准入门槛，使外国资本和民营资本能够积极进入高技术服务业领域。加快行政管理体制改革，特别是进一步推动政府职能转变，消除人为扭曲不同市场主体博弈能力的现象（张磊、徐琳，2008）。这样不仅有利于促进服务业内部运行效率的提高，而且通过发展现代服务业，用现代经营方式和服务技术推动第一产业、第二产业的优化升级，促进经济结构整体水平的提高。

三、合理引导高技术服务业外商直接投资的方向

1. 合理引导服务业 FDI 的行业投资方向

美国 20 多年来以信息、咨询、科技、金融等为主的知识密集型服务业投资发展迅速，其在服务业中的比重不断提升。而我国目前外商直接投资主要集中在房地产业等投资利润率高的服务业部门和批发、零售、交通运输等传统服务业，而对于金融保险业、科研和综合技术服务等部门的投资较少，所占比重很低。服务业 FDI 过多地集中于房地产或传统行业，在一定程度上不利于产业结构调整和长期经济增长，这些行业技术含量不高，不利于中国产业结构的优化，而以信息通信和科学研发为核心的高技术服务业是促进产业结构优化和经济增长的动力。

因此，中国在制定各服务行业的引资政策时应有所侧重，要在产业政策上合理引导和安排服务业外商直接投资，加大对金融、信息通信和科学研发等现代服务业的引资力度，把利用外资和服务业结构调整结合起来，优先发展现代服务业，对于符合引进外资重点、有利于产业结构优化的投资项目，如高新技术产业、高层次专业服务业和信息产业等项目的投资，应当在税收、金融等方面给予政策支持，使我国服务业内部结构逐渐趋向合理化。

2. 合理引导高技术服务业 FDI 的地区分布

我国加快高技术服务业发展应坚持从实际出发、因地制宜，在区域分布上要有选择、有重点地承接国际产业特别是产业链高端环节的转移，逐步促进高技术服务业的发展。针对产业集群呈现不同的转移趋势，各个地区需要采取不同的应对措施。东部沿海地区尤其是长三角、珠三角等发达经济地区，服务业的发展速度和水平大大低于制造业，为高技术服务业发

展创造积极的空间，应主动将一般制造业转移出去，重点培育现代服务业和高技术产业集群。北京、上海、苏州等大中型城市优先发展软件产业等新型技术，应积极主动地与国际服务业接轨，并以此促进区域产业优化和协调发展。而中西部地区吸引外资则不应完全照搬沿海地区的模式，可以考虑在内陆地区选择基础设施较好、交通区位良好、人力资源或自然资源较丰富的地区，设立特殊经济区，引导外商在中西部投资制造业或发展服务业外包，并对外商投资实行政策倾斜，以推动我国区域经济的平衡发展。总之，我国服务业市场开放应遵循"循序渐进、有选择、有重点、有层次开放"的方针，这样既可以使产业集群在空间上合理转移，又可以带动该地区相关产业的发展，进而优化产业结构，促进产业升级。

四、有效承接高技术服务业转移促进相关产业发展

1. 承接高技术服务业技术转移提高创新能力

制造业效率影响因素实证研究结果表明，高技术服务业FDI通过技术溢出效应对本国的技术进步和制造业效率产生明显的促进作用。此外，通过国际经验比较分析，日本更多地依靠政府干预实现科技及服务业的创新和发展，综合利用国外的先进技术，积极消化和吸收，并在此基础上进行大规模创新，这不仅提高了日本企业在国际市场上的竞争能力，也提高了企业的创新能力。韩国服务业整体上并不发达，但却能够给予制造业结构升级强有力的支撑，原因在于其自始至终把研发设计产业作为核心产业，通过发展高附加值的服务业推动先进制造业的升级，开拓了一条有别于欧美发达国家的服务业发展的新方式，非常值得发展中国家借鉴。

我国应鼓励高技术服务业跨国公司加大对我国的投资，采取各种手段鼓励其向我国转移关键技术，不断提高承接转移产业的技术层次，逐渐由单纯鼓励外商在华投资设厂转变为鼓励跨国公司在华设立研发机构，使我国逐步由跨国公司的"加工基地"向"研发中心"转变。同时要切实增强我国相关产业对技术引进的消化和吸收能力，把国际产业转移中的技术引进与自主创新相结合，形成对引进技术的系统集成和综合创新，从而促进我国高技术服务业水平的提高并发挥其对相关产业效率的促进作用。

2. 促进制造业和高技术服务业融合提高制造业效率

日本注重服务业与制造业联动发展，由市场带动制造业的投资与发展，

第八章 我国高技术服务业 FDI 促进制造业效率提升的对策建议

再由制造业带动专业性服务业的发展。日本高技术服务业结构高度与制造业结构高度具有较强的对应性。

由于外资主导和落后的发展模式，我国内生发展的制造业和服务业之间实际上处于"低效均衡"状态。要实现制造业发展道路和结构的升级，必须打破"低效均衡"，促进制造业和高技术服务业融合。我国制造业与高技术服务业之间的融合，更多地表现为高技术服务业向制造业的渗透，实质上是工业化发展过程中产业生产方式不断"软化"的过程，特别是高技术服务业直接作用于制造业的生产流程。为此，我国政府需要制定合理的规制政策，将促进高技术服务业与制造业的政策由单一政策变为协同政策，一方面要大力推动咨询、信息、科学研究等高技术服务业 FDI 的投资和发展，促进服务业内部结构高级化；另一方面要通过发展高技术服务业 FDI，用现代经营方式和服务技术推动第一产业、第二产业以及服务业内部其他传统产业的优化升级改造，促进经济结构整体优化。

第二节 完善政策法规为高技术服务业 FDI 提供良好环境

高技术服务业发展和外部环境密切相关，外部环境的完善、适合与否，既影响到我国高技术服务业自身的发展，也是高技术服务业 FDI 进入我国的重要吸引力之一。

一、完善相关制度及法律为高技术服务业发展提供良好条件

1. 完善外资管理制度

目前，我国对外资的管理是多头分散的，不利于对外资的统一、高效管理。此外，我国在外资引进过程中"重引进，轻监管"，政府把过多的行政资源放在了前期审批上，对外商进入后的经营活动疏于管理和监督，这使一些外资企业在经营过程中通过某些非法手段，取得了一些"合法"利益，但是却对我国的经济发展造成了不利的影响。因此，我国应进一步完

善外资管理制度，改变外资服务业管理体制多头并存、政令不一的现状，对外资企业进行统一的管理和治理。此外，将前置审批改为后置审批，加大对外商进入中国后的管理、监督和服务；同时大力转变政府职能，加强和改进对外商投资企业的服务，对外商投资实行国民待遇，营造外商投资的良好环境（聂平香，2010）。

2. 完善高技术服务业相关法律法规

美国服务业健全的法律法规，为服务业的发展提供了良好的法律环境。美国各州的法律法规虽然不同，可是各州服务业都有相关的法律可以遵循。美国政府颁布的《贸易法》为促进美国服务业政策的制定、协调和实施，以及各部门相互协调、一致对外提供了法律依据和保障。目前中国尚没有一个关于服务业的一般性法律，服务业的相关政策主要体现在政府规划和法规层面。① 中国应建立健全高技术服务业法律法规，建立相关的执法体系及监督体系，尽快出台高技术服务业吸收外资的行业导向政策，将研发、信息、通信及专业服务等我国比较薄弱的高技术服务业列入优先鼓励的范围，为吸引高水平的服务业投资创造良好的法律环境。

3. 完善高技术服务业统计体系

长期以来，我国服务业统计一直是政府统计部门的薄弱环节，而高技术服务业在我国尚属于新型产业形式，无论从理论还是政策体系上看，都处在建设和完善之中。高技术服务业缺乏统一的统计指标体系，造成目前高技术服务业统计口径不一致，统计指标不完整，难以准确地反映高技术服务业发展现状，不能为宏观决策提供准确依据。因此，我国必须建立并不断完善高技术服务业统计体系，进一步界定高技术服务业与现代化服务业、高技术产业在业态、组织形式及统计范围的临界点，避免出现各个产业相互交叉、重复计算的问题（姚战琪，2012）。我国要借鉴国际上服务业统计的先进经验，建立和完善服务业调查和核算制度；要切实加强相关企业的信息系统和数据库的建设，动态调整统计内容，建立包含统计技术层面与统计制度层面的高技术服务业统计体系，不断推进高技术服务业统计制度建设。

4. 健全知识产权保护制度

美国十分重视知识产权保护，20世纪80年代，美国建立起以《拜杜法

---

① 张爽：《中国与美国、加拿大服务贸易发展比较分析》，《黑龙江对外经贸》2010年第3期。

案》为核心的政府资助研究专利管理制度(拜杜制度),有力地推动了美国技术创新和技术扩散体系的全面发展。而日本政府对知识产权保护也高度重视,实施专利产业化推进工程,对产业发展至关重要的知识产权,予以充分保护。

在当前形势下,我国要建立有别于传统经济模式的知识创造型的经济发展模式,就必须要鼓励知识创新,加强知识产权保护,为自主创新和高技术产业发展提供有力的保障。我国要完善知识产权保护体系,建立跨部门、跨地区的协调联动机制,依法严厉打击假冒、盗版、侵权行为,营造有利于自主创新和高技术产业发展的市场环境。同时我国要制定技术标准研制资助管理办法,建立和健全知识产权交易制度,鼓励开展各类知识产权中介服务机构,扶持和促进技术水平高、应用价值大的专利技术转化为生产力。

二、提高国内高技术服务业水平及基础条件承接服务业转移

1. 提高国内高技术服务业水平承接外商投资

美国高技术服务业的高速发展,不仅是因为其重视知识密集型服务业的引进,更重要的是源于其国内高水平服务业发展与国外先进服务业引进的有效衔接,从而促进高技术服务业作用的有效发挥。目前,我国高技术服务业引进外资尚处于初级阶段,并不只是因为政策因素,很大程度上源于国内高技术服务业发展水平的落后。

我国要提高高技术服务业的国际竞争力,就要改变当前以传统服务业为主的格局,加快现代服务业的发展,以高技术的延伸服务和支持科技创新的专业化服务为重点,大力发展研发设计业,加强信息服务,提升软件开发应用水平。同时我国要发展信息系统集成服务、互联网增值服务和数字内容服务,积极发展知识产权和科技成果转化等科技支撑服务。我国要逐渐提高金融、信息、专利、咨询等服务业的比重,使我国的服务业逐渐向知识、技术、资本密集型转变,由资源优势向竞争优势转变,优化我国服务业结构,以更有效地与高技术服务业转移相衔接。

2. 建设特定区域承接高技术服务业国际转移

韩国在服务业发展起步阶段,为促进外商投资,采取了诸多措施,包

括开辟自由投资园区,韩国在坡州建起了初具规模的产业园区,又在首尔南部建立投资园区,这些园区直接提供给外商投资,帮助外商企业完全融入到韩国经济中。韩国把跨国公司的经济利益与其在韩国的效益联系起来,以使跨国公司有动力不断提供最新的技术、最新的管理方式,使韩国服务业发展跟得上全球产业更新发展的趋势。

我国承接高技术服务业国际转移,可以借鉴韩国、印度等国的经验,打造若干个承接服务业国际转移的区域,着力培育一批创新能力强、创业环境好的高技术服务业集聚区,作为发展现代服务业的重要手段和载体。在现有高新区、保税区和科技园区的基础上,重点发展以科技交流、文化创意、数字内容、总部经济等为主体的综合性高技术服务中心,特别是对于高端制造业和技术研发环节等业务,实施一系列特殊政策,在园区内对税收、知识产权保护、资质认证、人才建设等方面实施一系列鼓励和支持措施,在科技投入、税费减免等方面给予先行先试的权利(蒋瑛、李媛媛,2010),促进高技术服务业集聚的形成,加快服务业的发展。

三、加大高技术服务业资金支持拓宽融资渠道

日本政府对高技术企业的发展实施全面的干预和指导,在确定引进关键技术和产业发展方向上发挥了巨大作用。日本采取巩固政府金融机构的功能、指导民间金融机构对中小企业适当投资,保证对中小企业的资金供应。此外,日本政府还设立了专门的担保机构,为中小企业从银行等金融机构获得贷款提供担保,确保了科技服务企业解决融资难的重大问题。

长期以来我国政府一直将产业扶持重点放在生产领域,而对于服务领域却支持甚少,高技术服务业实际上是一个产业链很长、涉及面很广的领域,其对经济增长的影响非常明显。我国应逐年加大对高技术服务业的资金投入,对高技术服务业重点领域的建设项目给予扶持;同时应拓宽融资渠道,逐步形成以政府投入为引导、企业投入为主体、民间资本和境外投资共同参与的多元化投融资格局,为高技术服务业的快速发展提供资金支持。我国应通过担保、贴息和优惠等手段,提高银行对高技术服务业的信贷比重(唐安杰,2012);拓宽机构对高技术服务业企业贷款抵押、质押及担保的种类和范围,加大金融创新对高技术业的支持力度,破解服务业融资难的"瓶颈";另外应积极发展包括高收益债券、中小企业集合债券、短期融

资券、中期票据等各类债务融资工具，为高技术服务企业提供资金支持。

四、重视高技术服务业人才的培养

美国不但注重高技术服务业人才的培养，也注重高技术服务业人才的引进，美国服务业的迅速发展在很大程度上取决于高素质服务业人才的引进，以及由这些高素质人才所带来的科学的管理方法。日本则建立了多层次的专业教育，同时还建立了人才培训体系和科学的人力资源开发利用体系，并从世界各国引进高技术服务领域的专业人才，促进高技术服务业人才的流动。而韩国注重提高人员素质，强调研发服务活动是以人力资本为载体，技术转移的主要途径是人才转移。新加坡政府实行开放的人口政策，以最优厚的条件吸引世界优秀的人才，并不断完善用人机制与人才流动机制。

我国高层次服务型人才基础比较薄弱，在一定程度上影响了我国利用外资的进度，同时也制约了高技术服务业的发展，因此，我国必须加快高技术服务型人才的培养。我国要加大人才培训力度，建立多层次的服务业人才培训体系，培养大量的技术与管理及外语能力相结合的复合型人才队伍；并加强从多渠道、多方式大力引进适应全球化发展的高技术服务业人才，特别是要引进信息技术、科学研究等方面高素质的专业人才和经营管理人才，促进高技术服务业人才的空间集聚，发挥其对承接国际服务业转移的关键作用。

本章小结

我国高技术服务业与国外先进的服务业水平相比，有较大的差距，应借鉴发达国家服务业发展的成功经验，制定相关政策，吸引高技术服务业FDI，以促进我国产业的发展和效率的提高。我国政府应加大对企业的政策引导和扶持，有序扩大高技术服务业开放及放开高技术服务业市场准入管制，建立公平公开的市场环境，合理引导服务业外资行业的流向和地区分布，增强高技术服务业对先进技术的吸收能力和创新能力，促进制造业和高技术服务业融合发展提高制造业效率。同时我国应完善外资管理制度和高技术服务业法律制度，健全知识产权保护制度和构建完善的高技术服务业统计体系，提高高技术服务业发展水平，改善承接高技术服务业国际转移的基础条件，为高技术服务业 FDI 提供有利的条件，进而促进我国高技术服务业发展和相关产业特别是制造业效率的提高。

附 录

附录1：高技术服务业技术资本收益率

考虑一个东道国企业，该企业在东道国市场的销售量为 c，销售价格为 p；在母国市场的销售量为 c^*，销售价格为 $p^* = \tau p$。企业的总产出为 $x = c + \tau c^*$，那么企业的销售收入是 $pc + p^* c^* = p(c + \tau c^*) = px$。在垄断竞争情况下，制造业企业获得零利润，因此，制造商销售收入减去生产成本等于零，即 $px = \pi_I + w a_M x$，又根据式（4-16）推导的产品的价格为 $p = w a_M / (1 - 1/\sigma)$，所以有 $\pi_I = px/\sigma$。

首先，以东道国企业为例，求东道国企业的销售额 px，其包括东道国销售和母国销售，又由于 $c = \mu E p^{-\sigma} P_M^{-(1-\sigma)}$，$c^* = \mu E^* (p^*)^{-\sigma} (P_M^*)^{-(1-\sigma)} = \mu E^* (\tau p)^{-\sigma} (P_M^*)^{-(1-\sigma)}$。因此，$px$ 又等于：

$$px = \mu p^{1-\sigma} (E P_M^{-(1-\sigma)} + E^* \tau^{1-\sigma} (P_M^*)^{-(1-\sigma)})$$

所以，如果知道两国的工业品价格指数，然后把它代入技术资本收益表达式 $\pi_I = px/\sigma$ 中，就可以求出技术资本收益率函数。

因为两个国家的生产效率不同，即 $a_M \neq a_M^*$，所以，东道国和母国两个国家的产品的出厂价格不同，分别为：$p = w a_M / (1 - 1/\sigma)$，$p^* = w a_M^* / (1 - 1/\sigma)$，两者之比为：$\dfrac{p}{p^*} = \dfrac{a_M}{a_M^*}$。

下面分别计算两国的工业品价格指数。

$$P_M^{1-\sigma} = \int_0^{n^w} p^{1-\sigma} \mathrm{d}i = n p^{1-\sigma} + n^* (\tau p^*)^{1-\sigma} = n^w p^{1-\sigma} \left[s_n + \frac{(a_M^*)^{1-\sigma} \lambda (1 - s_n)}{(a_M)^{1-\sigma}} \right], 设$$

$\prod = \left(\dfrac{a_M}{a_M^*}\right)^{1-\sigma}$，东道国的工业价格指数为 $P_M^{1-\sigma} = n^w p^{1-\sigma}\left[s_n + \dfrac{\lambda(1-s_n)}{\prod}\right]$，同理，$(P_M^*)^{1-\sigma} = \int_0^{n^w} p^{1-\sigma}\mathrm{d}i = n(\tau p)^{1-\sigma} + n^*(p^*)^{1-\sigma} = n^w p^{1-\sigma}\left[\lambda s_n + \dfrac{(1-s_n)}{\prod}\right]$。

其中，$\lambda = \tau^{1-\sigma}$，$s_n = n/n^w$ 为东道国企业所占份额，$1 - s_n = n^*/n^w$ 为母国企业所占份额。把上面两个式子代入 π_I 的表达式，则：

$$\pi_I = px/\sigma$$

$$= \dfrac{\mu p^{1-\sigma}}{\sigma}\left[\dfrac{E^w s_E}{n^w p^{1-\sigma}(\prod s_n + \lambda(1-s_n))} + \dfrac{E^w(1-s_E)\lambda}{n^w p^{1-\sigma}(\prod \lambda s_n + (1-s_n))}\right]\prod$$

其中，$\prod = \left(\dfrac{a_M}{a_M^*}\right)^{1-\sigma} = \dfrac{\left[s_n + \dfrac{(1+\phi)(1-s_n)}{2}\right]}{\left[(1-s_n) + \dfrac{(1+\phi)s_n}{2}\right]}$，为了简便起见，本地生产本地销售的产品价格标准化为 1，即 $p = 1$，上面技术资本收益率表达式变为：

$$\pi_I = \dfrac{\mu}{\sigma}\dfrac{E^w}{n^w}\left[\dfrac{s_E}{\prod s_n + \lambda(1-s_n)} + \lambda\dfrac{1-s_E}{\prod \lambda s_n + (1-s_n)}\right]\prod$$

其中，$s_E = E/E^w$ 为在总支出中东道国支出所占份额，$1 - s_E = E^*/E^w$ 为母国支出所占份额。每个企业只使用一单位资本，因此 $n^w = K^w$。假设 $\cup = \prod s_n + \lambda(1-s_n)$，$\cup^* = \prod \lambda s_n + (1-s_n)$，再令 $\eta = \mu/\sigma$。这样我们可以写出东道国技术资本收益率或东道国企业的利润函数为：

$$\pi_I = \eta B\dfrac{E^w}{K^w}, B = \left(\dfrac{s_E}{\cup} + \lambda\dfrac{1-s_E}{\cup^*}\right)\prod, \eta \equiv \dfrac{\mu}{\sigma}$$

同样，母国企业的利润函数可写成：

$$\pi_{I^*} = \eta B^*\dfrac{E^w}{K^w}, B^* = \left(\lambda\dfrac{s_E}{\cup} + \dfrac{1-s_E}{\cup^*}\right)\prod$$

附录 2：EE 曲线

EE 曲线所表达的是由 s_n 决定 s_E 的问题。达到长期均衡时东道国和母国两国的托宾 q 值都等于 1，这里以东道国为例来推导：

$q = \frac{v}{F} = 1 \Rightarrow v = F \Rightarrow \pi = (\rho + g + \delta)F$，东道国的资本收入可以表示为 $\pi K = (\rho + g + \delta)FK$，所以，东道国用于购买工业品和农产品的支出为 $E = L + (\rho + g + \delta)FK - (g + \delta)KF = L + \rho KF = \frac{L^w}{2} + \rho K a_I$，同样可以得到母国的支出 $E^* = L^* + \rho K^* a_I^*$，两者相加可得整个经济体的总支出，即 $E^w = L^w + \rho(Ka_I + K^* a_I^*)$。

所以，以东道国支出份额表示的 EE 曲线可以表示为：

$$s_E = \frac{E}{E^w} = \frac{\frac{L^w}{2} + \rho K a_I}{L^w + \rho(Ka_I + K^* a_I^*)}$$

将东道国和母国的资本创造成本代入可得 EE 曲线：

$$s_E = \frac{L^w + \frac{2\rho s_n}{2s_n + (1 - s_n)(1 + \phi)}}{2L^w + \frac{2\rho s_n}{2s_n + (1 - s_n)(1 + \phi)} + \frac{2\rho(1 - s_n)}{2(1 - s_n) + s_n(1 + \phi)}}$$

附录 3：战斧图模拟程序

```
(1) function nn = nnfun(sn, phi)

len = length(sn);
nn = [ ];

for k = 1:len
    xx = (sn(k) + (1 + phi) * (1 - sn(k))/2)/((1 - sn(k)) + (1 + phi)/2);
    fenzi = (xx * sn(k) + phi * (1 - sn(k))) * (1 - phi * xx^2);
    fenmu = (xx^2 - phi) * (xx * phi * sn(k) + (1 - sn(k))) + (1 - phi * xx^2) * (xx * sn(k) + phi * (1 - sn(k)));
    nn = [nn; fenzi/fenmu];
```

end

(2) function ee = eefun(sn,phi,L,rau)

```
len = length(sn);
ee = [];

for k   = 1:len
    fenzi = L + 4 * rau * sn(k)/(2 * sn(k) + (1 - sn(k)) * (1 + phi));
    fenmu = 2 * L + 4 * rau * sn(k)/(2 * sn(k) + (1 - sn(k)) * (1 + phi)) + 4 * rau * (1 - sn(k))/(2 * (1 - sn(k)) + sn(k) * (1 + phi));
    ee = [ee; fenzi/fenmu];
end
```

(3) function phi_ee()
```
clear all
clf

% format long
eps = 1e - 4;
L = 1;
rau = 0.3;
% syms mu sigma fai sl se sn b

points = [];
for phi = 0:0.01:1
    sn = 0:0.0001:1;
    nn = nnfun(sn,phi);
    ee = eefun(sn,phi,L,rau);

    temp = abs(nn - ee);
    for k = 1:length(sn)
```

```
            if temp(k) < = eps
                points = [points; nn(k)];
            end
        end
end

phi = 0:0.01:1;
plot(phi,points)
```

参考文献

安虎森等编著：《新经济地理学原理》，经济科学出版社2009年版。
包群、赖明勇、阳小晓：《外商直接投资、吸收能力与经济增长》，上海三联出版社2006年版。
陈国亮：《新经济地理学视角下的生产性服务业集聚研究》，浙江大学博士学位论文，2010年6月。
陈国荣：《韩国的服务贸易及其促进政策》，《浙江统计》2009年第5期。
陈华鹏、翁端、孙德江：《我国高技术服务业的发展现状及前景展望》，《现代化工》2006第8期。
陈凯：《对我国服务业FDI影响因素的实证分析》，《经济问题》2008年第5期。
陈凯：《美国对中国服务业直接投资影响因素的实证分析》，《中央财经大学学报》2009年第9期。
陈洁：《新加坡大力发展知识经济的背景与措施》，《外国经济与管理》1999年第6期。
陈景华：《承接服务业跨国转移的效应分析——理论与实证》，《世界经济研究》2010年第1期。
陈景华：《服务业国际转移的经济增长效应》，《国际贸易问题》2009年第4期。
陈塑、冯素杰：《产业结构优化升级中几个问题的国际经验和启示》，《经济问题探索》2008年第3期。
陈涛涛：《影响中国外商直接投资溢出效应的行业特征》，《中国社会科学》2003年第4期。
陈雯、胡际：《全球服务业转移背景下生产者服务对制造业转型升级的影响分析》，《科技与经济》2012年第3期。

陈耀、冯超：《贸易成本、本地关联与产业集群迁移》，《中国工业经济》2008年第3期。

陈志和、刘厚俊：《发展服务业在促就业和调结构中的关键作用——基于美国产品生产与服务两大部门的比较研究》，《南京社会科学》2010年第5期。

程大中、陈福炯：《中国服务业相对密集度及对其劳动生产率的影响》，《管理世界》2005年第2期。

程大中：《中国生产性服务业的水平、结构及影响——基于投入产出法的国际比较研究》，《经济研究》2008年第1期。

邓丽姝：《生产性服务业视角下北京制造业转型升级的思路和对策建议》，《特区经济》2010年第4期。

杜传忠、李梦洋：《新型国际分工条件下中国制造业竞争力影响因素分析》，《中国地质大学学报》2011年第5期。

范剑勇：《产业集聚与地区间劳动生产率差异》，《经济研究》2006年第11期。

方慧：《服务贸易技术溢出的实证研究》，《世界经济研究》2009年第3期。

冯梅：《全球产业转移与提升我国产业结构水平》，《管理世界》2009年第5期。

冯泰文：《生产性服务业的发展对制造业效率的影响》，《数量经济技术经济研究》2009年第3期。

付强：《当前全球服务业国际转移的趋势研判》，《商场现代化》2010年第7期。

高传胜、汪德华、李善同：《经济服务化的世界趋势与中国悖论：基于WDI数据的现代实证研究》，《财贸经济》2008年第3期。

高新民、安筱鹏主编：《现代服务业：特征、趋势和策略》，浙江大学出版社2010年版。

高运胜：《上海生产性服务业集聚区发展模式研究》，同济大学博士学位论文，2008年5月。

顾乃华、毕斗斗、任旺兵：《生产性服务业与制造业互动发展：文献综述》，《经济学家》2006年第6期。

顾乃华、毕斗斗、任旺兵：《中国转型期生产性服务业发展与制造业竞争力关系研究》，《中国工业经济》2006年第9期。

顾乃华：《对现代服务业基本内涵与发展政策的几点思考》，《学习与探索》2007 年第 3 期。

郭怀英：《韩国生产性服务业促进制造业结构升级研究》，《宏观经济研究》2008 年第 2 期。

韩德超：《生产性服务业 FDI 对工业效率影响的实证研究》，《科技进步与对策》2012 年第 5 期。

韩东林、云坡：《中国高技术服务业 R&D 资源配置效率的省际比较分析》，《统计与信息论坛》2012 年 7 月。

韩晶：《基于 SFA 方法的中国制造业创新效率研究》，《北京师范大学学报》2010 年第 6 期。

贺梅英：《服务业外商直接投资与广东经济增长的实证分析》，《华南农业大学学报（社会科学版）》2005 年第 2 期。

胡迟：《我国制造业的转型升级之路——以 2010 年中国制造业企业 500 强为例》，《企业管理》2010 年 12 月。

胡怀国：《迪克西特—斯蒂格利茨模型及其应用》，《经济学动态》2002 年 3 月。

胡霞：《中国城市服务业集聚效应实证分析》，《财贸经济》2009 年第 8 期。

胡朝霞：《FDI 对中国服务业全要素生产率的影响》，《厦门大学学报》2010 年第 4 期。

华广敏：《全球价值链下中美两国出口品技术含量的动态研究》，《国际贸易问题》2012 年第 6 期。

华广敏：《高技术服务业 FDI 对东道国制造业效率影响的研究》，《世界经济研究》2012 年第 12 期。

华广敏：《服务业开放对东道国技术效率的影响——基于随机前沿生产函数的实证研究》，《上海财经大学学报》2013 年第 1 期。

华广敏：《高技术服务业 FDI 对中美制造业效率影响的比较分析》，《世界经济研究》2013 年第 3 期。

华广敏：《后危机时代借鉴国外经验促进我国产业升级》，《商业时代》2010 年第 31 期。

华广敏：《后危机时代新贸易保护主义的特征和我国的应对策略》，《商业时代》2010 年第 7 期。

华广敏、荆林波：《中日高技术服务业 FDI 对制造业效率影响的比较研究》，

《世界经济研究》2013 年第 11 期。

胡汉辉、曹路宝、黄晓：《知识集群与我国制造型集群的转型升级》，《江海学刊》2011 年 5 月。

黄莉芳、黄良文、郭玮：《生产性服务业提升制造业效率的传导机制检验》，《财贸研究》2012 年第 3 期。

黄朝翰、杨沐：《新加坡对知识经济的推动》，《国际经济评论》2000 年第 7 期。

黄著、赖明勇、王华：《FDI 在中国的技术外溢效应》，《世界经济研究》2008 年第 10 期。

江锦凡：《外国直接投资在中国经济增长中的作用机制》，《世界经济》2004 年第 1 期。

江静、刘志彪、于明超：《生产者服务业发展与制造业效率提升：基于地区和行业面板数据的经验分析》，《世界经济》2007 年第 8 期。

江小涓、杜玲：《国外跨国投资理论研究的最新进展》，《世界经济》2001 年第 6 期。

江小涓：《服务全球化与服务外包：现状、趋势及理论分析》，人民出版社 2008 年版。

江小涓：《服务全球化的发展趋势和理论分析》，《经济研究》2008 年第 2 期。

江小涓：《服务业增长：真实含义、多重影响和发展趋势》，《经济研究》2011 年第 4 期。

江小涓：《我国服务业加快发展的条件正在形成》，《首都经济贸易大学学报》2004 年第 3 期。

江小涓：《利用外资对产业发展的促进作用——以发展中国家为背景的理论分析》，《中国工业经济》1999 年第 2 期。

蒋瑛、李媛媛：《服务业国际转移：特点与对策》，《国际经济合作》2010 年第 6 期。

金雪军、毛健：《中国知识服务业发展问题探析》，《软科学》2002 年第 3 期。

卡尔多：《论经济的稳定和成长》，商务印书馆 1996 年版。

克鲁格曼：《国际经济学》，中国人民大学出版社 1998 年版。

孔婷、孙林岩、冯泰文：《生产性服务业对制造业效率调节效应的实证研究》,《科学学研究》2010年第3期。

姬大鹏:《国际产业转移的路径规律:一个研究综述》,《郑州大学学报(哲学社会科学版)》2009年第6期。

赖俊平、张涛、罗长远:《动态干中学、产业升级与产业结构演进——韩国经验及对中国的启示》,《产业经济研究》2011年第3期。

赖明勇、包群、彭水军、张新:《外商直接投资与技术外溢:基于吸收能力的研究》,《经济研究》2005年第5期。

赖明勇、包群等:《外商直接投资的吸收能力:理论与中国的实证研究》,《上海经济研究》2002年第6期。

来有为等:《生产性服务业的发展趋势和中国的战略抉择》,中国发展出版社2010年版。

来有为:《趋向日益加快——服务业国际转移发展动向与我国引资新热点》,《国际贸易》2004年第4期。

梁光雁、徐明:《现代制造业服务创新的动力影响因素及其实证分析》,《特区经济》2011年第2期。

李丹:《服务贸易结构优化》,辽宁大学博士学位论文,2010年6月。

李春顶:《中国制造业行业生产率的变动及影响因素》,《数量经济技术经济研究》2009年第12期。

李光、乔亚兰:《高技术服务业:湖北跨越式发展的战略支撑》,《科技进步与对策》2011年第15期。

李慧中:《贸易与投资动因:服务业与制造业的差异》,《复旦大学学报》2004年第1期。

李美云:《广东市场中介服务业的产业关联特点及发展思考》,《经济地理》2004年第5期。

李善同、高传胜等:《中国生产者服务业发展与制造业升级》,上海三联出版社2008年版。

李皖南:《新加坡推动企业海外投资的经验与借鉴》,《国际贸易问题》2011年第8期。

李皖南:《新加坡知识经济战略的发展与输出》,《暨南学报(哲学社会科学版)》2011年第3期。

李小平、朱钟棣:《国际贸易的技术溢出门槛效应——基于中国各地区面板数据的分析》,《统计研究》2004年第10期。

李晓钟、张小蒂：《外商直接投资对我国长三角地区工业经济技术溢出效应分析》，《财贸经济》2004 年第 12 期。

李勇坚：《生产性服务业与经济增长的关系：一个基本分析框架》，载何德旭主编：《中国服务业发展报告 No.6：加快发展生产性服务业》，社会科学文献出版社 2008 年版。

黎苑楚：《信息产业演进规律与发展模式研究——基于产业经济学的分析》，武汉大学博士学位论文，2005 年 5 月。

廖文杰：《率先基本实现现代化背景下苏州高技术服务业发展研究》，《商业时代》2012 年第 22 期。

林红焱、张云华：《我国信息服务业发展策略》，《企业经济》2010 年第 11 期。

林青、陈湛匀：《我国以 FDI 形式承接国际服务产业转移的福利效应测度研究》，《国际贸易问题》2008 年第 1 期。

刘兵权、王耀中：《分工、现代生产性服务业与高端制造业发展》，《山西财经大学学报》2010 年第 11 期。

刘戒骄：《服务业的开放及其对工业的影响》，《管理世界》2002 年第 6 期。

刘菊芳：《发展知识产权服务业的关键问题与政策研究》，《知识产权》2012 年第 5 期。

刘青英：《我国服务业利用外商直接投资的现状及发展政策》，《中国外资》2011 年第 2 期。

刘绍坚：《中国承接国际软件外包的技术外溢效应研究》，中国社会科学院博士学位论文，2008 年 4 月。

刘绍坚：《中国现代服务业进一步对外开放的思考和政策建议》，《宏观经济研究》2008 年第 9 期。

刘徐方：《现代服务业融合研究》，首都经济贸易大学博士学位论文，2010 年 3 月。

刘徐方：《现代服务业融合发展的动因分析》，《经济与管理研究》2010 年第 1 期。

刘艳：《中国服务业 FDI 的技术溢出研究》，暨南大学博士学位论文，2010 年 11 月。

刘艳：《服务业 FDI 的技术溢出与中国服务业生产率增长》，《国际商务研究》2012 年第 1 期。

刘正良、祝艳娇：《外商对华直接投资的新特点与我国对策》，《扬州职业大学学报》2012年第2期。

刘志彪：《现代服务业的发展：决定因素与政策》，《江苏社会科学》2005年第6期。

刘志彪：《发展现代生产者服务业与调整优化制造业结构》，《南京大学学报》2006年第5期。

刘志中：《服务业国际转移及其溢出效应研究》，辽宁大学博士学位论文，2009年5月。

刘志中、崔日明：《中国服务业利用FDI的资本积累效应研究》，《国际贸易问题》2010年第9期。

刘重：《现代生产性服务业与经济增长》，《天津社会科》2006年第2期。

刘重：《论现代服务业的理论内涵与发展环境》，《理论与现代化》2005年第6期。

罗立彬：《服务业FDI与东道国制造业效率提升》，《国际经贸探索》2009年第8期。

罗立彬：《服务业FDI与东道国制造业效率》，中国社会科学院博士学位论文，2010年4月。

龙云凤、李栋亮：《国外科技服务业政府管理模式及对广东的启示》，《科技管理研究》2011年第19期。

卢根鑫：《国际产业转移》，上海人民出版社1997年版。

卢涛：《发展现代服务业的国内外经验借鉴及建议》，《财政研究》2012年第5期。

李红：《知识密集型服务业特征剖析》，《情报杂志》2005年第8期。

马春、宋鸿：《国外研发服务业发展现状及对我国的启示》，《科技管理研究》2008年第12期。

蒙英华、黄宁：《中美服务贸易与制造业效率——基于行业面板数据的考察》，《财贸经济》2010年第12期。

聂平香：《外国直接投资新动向及我国的对策》，《国际经济合作》2010年第6期。

宁凌、李家道：《美日英科技服务业激励政策的比较分析及启示》，《科技管理研究》2011年第10期。

潘美玲：《我国FDI生产率外溢的区域差异研究——基于面板随机前沿模

型》,《山西财经大学学报》2010年第8期。

庞毅、宋冬英:《北京现代服务业发展研究》,《经济与管理研究》2005年第10期。

裴长洪:《论中国进入利用外资新阶段"十一五"时期利用外资的战略思考》,《中国工业经济》2005年第1期。

裴瑱:《韩国、中国香港地区生产性服务业发展经验及启示》,《科技管理研究》2009年第12期。

裴瑱:《经济发展方式转变与知识密集型服务业的积极作用》,《国际经贸探索》2010年第12期。

秦嗣毅:《世界服务业吸引FDI状况及其促进经济发展的机理研究》,《学术交流》2008年第2期。

曲展:《韩国利用外资对黑龙江省的启示》,首届东北亚区域合作发展国际论坛,2008年。

仇冬芳、柯飞帆、李宝宝、王瑶:《基于主成分分析的江苏省高技术服务业发展评价研究》,《科技与经济》2011年第6期。

单豪杰:《中国资本存量的再估算:1952~2006年》,《数量经济技术经济研究》2008年第10期。

尚慧丽:《服务业发展与产业结构优化研究》,东北财经大学博士学位论文,2011年12月。

申宏丽:《美国次贷危机与现代服务业主导的经济结构》,《财经科学》2009年第3期。

沈坤荣:《外国直接投资与中国经济增长》,《管理世界》1999年第5期。

石庆焱、赵玉川:《高技术服务业统计体系研究》,《数据》2010年第1期。

佘硕:《制造客户视角的日本知识密集服务业发展研究》,华中科技大学博士学位论文,2009年10月。

施永:《浙江企业与美国企业在知识技术密集产业合作空间分析》,《特区经济》2011年第9期。

苏楠等:《FDI行业特征、技术溢出与地区经济增长》,《学习与实践》2012年第5期。

孙华平:《产业转移背景下产业集群升级问题研究》,浙江大学博士学位论文,2011年6月。

孙江永:《产业关联、技术差距与外商直接投资的技术溢出》,《世界经济研究》2011年第4期。

唐安杰：《湖南郴州高技术服务产业基地发展路径选择》，《宏观经济管理》2012年第6期。

唐海燕、程新章：《东道国知识产权保护对跨国公司直接投资的影响》，《国际商务研究》2005年第4期。

田毓峰：《制造业服务化中关系绩效影响因素研究》，《科技管理研究》2011年第4期。

王保国、宋湛：《新时期外商直接投资的问题与对策》，《中国行政管理》2010年第7期。

汪斌、赵张耀：《国际产业转移理论述评》，《浙江社会科学》2003年第6期。

王炳才：《知识密集型商业服务的研究现状及其对我国的启示》，《当代经济管理》2007年第4期。

王嵩、赵小璐：《中国服务业利用FDI的问题及提升对策》，《经济研究导刊》2012年第15期。

王昆、廖涵：《国内投入、中间进口与FDI垂直溢出》，《数量经济技术经济研究》2011年第1期。

王江、李郁璞：《北京市高技术服务业发展现状及前景分析》，《国际商务》2010年第3期。

王瑞丹：《高技术型现代服务业的产生机理与分类研究》，《北京交通大学学报（社会科学版）》2006年第1期。

王姗姗、屈小娥：《技术进步、技术效率与制造业全要素能源效率——基于Malmquist指数的实证研究》，《山西财经大学学报》2011年第2期。

王雅俊：《模块化视角下的服务型工业化研究》，暨南大学博士学位论文，2011年6月。

王仰东、曹文胜、李楠：《基于高技术服务业视角下的包装产业研究》，《包装工程》2007年第12期。

王仰东：《高技术服务业与新兴产业的培育》，《中国科技投资》2012年第19期。

王仰东、谢明林、安琴、赵公民：《服务创新与高技术服务业》，科学出版社2011年版。

王仰东、张军、冯立：《高技术服务业项目评价方法研究》，《科技进步与对策》2009 年第 8 期。

王仰东、杨跃承、赵志强:《高技术服务业的内涵特征及成因分析》,《科学学与科学技术管理》2007 年第 11 期。

王玉、许俊斌、南洋:《中国各地区制造业竞争力及其影响因素的实证研究》,《财经研究》2011 年第 2 期。

王壮凌:《浅论美国、日本及新加坡服务业发展之道》,《对外经贸实务》2008 年第 1 期。

王子先:《全球化下中国服务业跨越式升级的路径及开放战略》,《宏观经济研究》2011 年第 7 期。

王子先:《后危机时代中国参与世界产业大重组的十大机遇》,《中国金融》2010 年第 5 期。

魏江:《知识密集型服务业创新范式》,北京科学出版社 2007 年版。

魏作磊、李丹芝:《生产服务业发展与制造业竞争力的关系》,《广东商学院学报》2012 年第 4 期。

魏作磊、佘颖:《生产服务业 FDI 对中国制造业竞争力的影响研究》,《国际经贸探索》2013 年第 1 期。

魏作磊:《服务业将成为新一轮中国经济增长的发动机——印度的经验对中国的启示》,《华南理工大学学报》2007 年第 2 期。

温忠麟、张雷、侯杰泰等:《中介效应检验程序及其应用》,《心理学报》2004 年第 5 期。

吴畏:《美国高技术服务业的发展》,《华东科技》2011 年第 4 期。

吴畏:《欧洲高技术服务业的发展》,《华东科技》2011 年第 4 期。

吴畏:《日本高技术服务业的发展》,《华东科技》2011 年第 4 期。

夏杰长、张晓兵:《积极应对服务业开放的战略思考》,《中国发展观察》2012 年第 3 期。

夏杰长:《我国新兴服务业的四大发展战略》,《中共中央党校学报》2012 年第 2 期。

夏杰长:《大力发展生产性服务业是推动我国服务业结构升级的重要途径》,《经济研究参考》2008 年第 45 期。

夏杰长、刘奕、顾乃华:《制造业的服务化和服务业的知识化》,《国外社会科学》2007 年第 4 期。

夏晴:《服务业 FDI 流入与制造业生产率:基于中国的经验研究》,《浙江树人大学报》2011年第1期。

向永泉:《新加坡现代服务业发展及对我国的启示》,《财经界(学术版)》2010年第3期。

萧政、沈艳:《外国直接投资与经济增长的关系及影响》,《经济理论与经济管理》2002年第1期。

谢明干、江春泽:《新加坡发展知识经济的做法及启示》,《宏观经济研究》2000年第10期。

姚星:《服务贸易促进经济增长的机制研究》,西南财经大学博士学位论文,2009年4月。

姚战琪:《中国加快发展高技术服务业的意义及模式选择》,《学习与探索》2012年第5期。

姚战琪:《服务业外商直接投资与经济增长》,《财贸经济》2012年第6期。

姚正海、倪杰:《高技术服务业的概念、分类以及对社会经济发展的影响》,《商业经济》2012年第6期。

姚正海:《高技术企业融资策略选择研究》,《湖北社会科学》2010年第7期。

杨丹辉:《美国服务贸易管理体制及其启示》,《亚太经济》2007年第2期。

杨洪焦、孙林岩、宫俊涛:《制造业绩效及其影响因素——基于全球视角的实证研究》,《科学学研究》2009年第11期。

杨晶晶:《经济开放促进技术创新的理论及实证研究》,湖南大学博士学位论文,2010年1月。

杨全发、韩樱:《知识产权保护与跨国公司对外直接投资策略》,《经济研究》2006年第4期。

杨仁发、刘纯彬:《生产性服务业与制造业融合背景的产业升级》,《产业经济》2011年第1期。

杨圣明、刘力:《服务贸易理论的兴起与发展》,《经济学动态》1999年第5期。

杨旭:《"现代服务业"的内涵:一个综合性分析框架》,《现代管理科学》2010年第8期。

杨亚平:《FDI技术行业内溢出还是行业间溢出——基于广东工业面板数据的经验分析》,《中国工业经济》2007年第11期。

杨亚平:《基于后向关联的FDI技术溢出研究——以广东为例》,暨南大学博士学位论文,2008 年。

杨延廷、孙晓东、郭俊良:《关于高技术服务业的一点想法》,《中国统计》2010 年第 6 期。

杨子杨:《我国高技术服务业发展及国际比较》,《中国科技投资》2012 年第 1 期。

易先忠、张亚斌、吴江:《知识产权保护、FDI 与国际收入转移》,《财经研究》2007 年第 9 期。

殷凤:《中国服务业利用外商直接投资:现状、问题与影响因素分析》,《世界经济研究》2006 年第 1 期。

余道先、刘海云:《我国服务贸易结构与贸易竞争力的实证分析》,《国际贸易问题》2008 年第 10 期。

喻春娇、肖德、胡小洁:《武汉城市圈生产性服务业对制造业效率提升作用的实证》,《经济地理》2012 年第 5 期。

俞梅珍:《服务业跨国投资的发展及其影响》,《华南师范大学学报》2003 年第 2 期。

查冬兰、吴晓兰:《服务业外国直接投资对服务业各行业经济增长的影响分析——以江苏省为例》,《国际贸易问题》2006 年第 11 期。

查贵勇:《中国服务业吸引 FDI 溢出效应分析》,《国际经贸探索》2007 年第 5 期。

张红琪、鲁若愚:《高技术服务业产品侵蚀时机的选择研究》,《技术经济与管理研究》2012 年第 10 期。

张莉:《"十二五"时期国际服务贸易发展趋势及我国的对策》,《国际贸易》2011 年第 1 期。

张菁、杨林芹:《日本服务贸易的发展对我国的启示》,《黑龙江对外经贸》2008 年第 4 期。

张珺:《全球产业转移下的服务生产网络及其对发展中国家的启示》,《科技管理研究》2010 年第 11 期。

张如庆:《生产者服务业 FDI 促进制成品出口的技术结构升级分析》,《国际经贸探索》2012 年第 12 期。

张如庆:《生产者服务进口对制成品出口技术结构的影响》,《产业经济研究》2012 年第 5 期。

张三峰、杨德才:《产业转移背景下的制造业与服务业互动研究——基于我国中部地区的分析》,《经济管理》2009 年第 8 期。

张爽:《中国与美国、加拿大服务贸易发展比较分析》,《黑龙江对外经贸》2010 年第 3 期。

张晓欣:《知识密集型服务业发展与制造业战略升级研究》,《湖北社会科学》2010 年第 5 期。

张亚非:《安徽省服务业 FDI 绩效研究——基于就业和经济增长》,《当代经济》2012 年第 12 期。

张玉明:《知识溢出、空间依赖与中国省际区域经济增长问题研究》,东北大学博士学位论文,2008 年 5 月。

张自然:《中国生产性服务业技术效率分析》,《贵州财经学院学报》2012 年第 3 期。

韩阳:《外商直接投资产业间技术溢出效应的模型度量》,《统计与决策》2013 年第 4 期。

赵东安、杨春:《生产性服务业对制造业升级的影响研究——韩国现代化经验及对我国的启示》,《特区经济》2009 年第 1 期。

赵弘、谢倩:《北京高技术服务业发展环境与比较优势分析》,《中国科技论坛》2008 年第 4 期。

赵沛楠:《发展高技术服务业时不我待》,《中国投资》2012 年第 4 期。

赵琼、杨志华:《我国现代服务业利用 FDI 的影响因素分析——基于 1997~2007 年的数据》,《经济问题》2010 年第 5 期。

赵伟、郑雯雯:《生产性服务业——贸易成本与制造业集聚:机理与实证》,《经济学家》2011 年第 2 期。

赵玉娟:《服务业 FDI 对中国的经济效应研究》,苏州大学博士学位论文,2010 年 9 月。

赵玉娟:《服务业 FDI、技术进步效应和经济增长》,《经济问题》2011 年第 3 期。

覃毅、张世贤:《FDI 对中国工业企业效率影响的路径——基于中国工业分行业的实证研究》,《中国工业经济》2011 年第 11 期。

郑雯文:《中日服务贸易竞争力的比较分析》,《黑龙江对外经贸》2008 年第 1 期。

周振华:《现代服务业发展:基础条件及其构建》,《上海经济研究》2005 年第 9 期。

庄丽娟、贺梅英:《服务业利用外商直接投资对中国经济增长作用机理的实证研究》,《世界经济研究》2005年第8期。

庄丽娟:《国际服务贸易与经济增长的理论和实证研究》,中国经济出版社2007年版。

曾智泽:《高技术服务业的特征与内涵》,《科技与经济画报》2007年第5期。

曾世宏:《基于产业关联视角的中国服务业结构变迁——"自增强"假说及其检验》,南京大学博士学位论文,2011年5月。

郑吉昌:《中国发展服务业政策与发展服务贸易政策的结合》,《国际贸易》2008年第12期。

郑吉昌:《现代服务业与制造业竞争力关系研究》,《财贸经济》2004年第9期。

郑吉昌:《生产性服务业与现代经济增长》,《浙江树人大学学报》2005年第1期。

钟小平:《日本服务贸易的发展状况及其影响因素分析》,《亚太经济》2006年第2期。

钟晓君:《服务业FDI对我国服务业增长效应研究》,《技术经济与管理研究》2009年第4期。

钟韵:《我国生产性服务业与经济发展关系研究》,《人文地理》2003年第5期。

朱惊萍:《美国服务贸易发展及对我国的启示》,《国际经贸探索》2010年第12期。

祝新:《生产性服务业发展与区域经济增长》,华中科技大学博士学位论文,2011年4月。

祝树金、涂志敏:《我国制造业出口技术结构的动态变迁及驱动因素分析》,《财经理论与实践》2012年第4期。

Aghion, Howit, *Endogenous Growth Theory*, Cambridge, Massachusetts: MIT Press, 1992.

Aitken B. and A. Harrison, "Do Domestic Firms Benefit from Foreign Direct Investment? Evidence from Venezuela", *American Economic Review*, Vol. 89, No. 3, 1999, pp. 605 – 618.

Amiti, Mary & Konings, Jozef, "Trade Liberalization, Intermediate Inputs and

Productivity: Evidence from Indonesia", CEPR Discussion Papers 5104, 2005.

Amiti Mary & ShangJin Wei, "Service Offshoring, Productivity and Employment: Evidence from the US", NBER Working Paper No. 11926, January 2006.

Amiti M. & Javorcik B. S., "Trade Costs and Location of Foreign Firms in China", *Journal of Development Economics*, Vol. 85, 2007.

Andersen B., Howells J., Hull R., et al., *Knowledge and Innovation in the New Service Economy*, Cheltenham, UK: Edward Elgar, 2000.

Antras Pol. and Helpman Elhanan, "Global Sourcing", CEPR Discussion No. 4170, 2004.

Arnold J., Javorcik B. and A. Mattoo, "Does Services Liberalization Benefit Manufacturing Firms? Evidence from the Czech Republic", World Bank Policy Research Working Paper No. 109, 2006.

Arnold J., Javoreik B., Lipscomb M., and A. Mattoo, "Services Reform and Manufacturing Performance: Evidence from India", World Bank mimeo, 2008.

Arrow Kenneth J., "The Economic Implications of Learning by Doing", *Review of Economic Studies*, Vol. 29, No. 3, June 1962, pp. 155 – 173.

Aslesen and Isaksen, "Knowledge Intensive Business Services and Urban Industrial Development", *Service Industries Journal*, Vol. 27, 2007, pp. 321 – 338.

Bagchi – Sen, Sharminstha, "FDI in US Producer Services: A Temporal Analysis of Foreign Direct Investment in the Finance, Insurance and Real Estate Sectors", *Regional Studies*, Vol. 29, No. 2, 1995, pp. 159 – 170.

Bala, Ramassamy and Matthew Yeung, "The Determinants of Foreign Direct Investment in Services", *Trade Police Review*, Vol. 35, 2006, pp. 127 – 169.

Banga and B. H. Goldar, "Contribution of Services to Output Growth Productivity in Indian Manufacturing: Pre and Post Reforms", ICR IER Working Paper No. 139, August 2004.

Banga, Rashmi, "Trade and Foreign Direct Investment in Services", A Review, Working Paper No. 154, Indian Council For Research on International Economic Relations, 2005.

Banga, Rashmi, "Foreign Direct Investment in Services: Implications for Developing Countries", *Asia - Pacific Trade and Investment Review*, Vol. 1, No. 2, November 2005.

Baron R. M., Kenny D. A., "The Moderator - Mediator Variable Distinction in Social Psychological Research Conceptual, Strategic, and Statistical Considerations", *Journal of Personality and Social Psychology*, Vol. 51, No. 6, 1986, pp. 1173 - 1182.

Barro R. J., Lee J. W., "International Measures of Schooling Years and Schooling Quality", *American Economic Review*, Vol. 86, No. 2, 1996, pp. 218 - 223.

Battese G. E., Coelli T. J., "Frontier Production Functions, Technical Efficiency and Panel Data: with Application to Paddy Farms in India", *Journal of Productivity Analysis*, No. 3, 1992, pp. 152 - 169.

Battese G. E, Coelli T. J., "A Model for Technical Inefficiency Effects in A Stochastic Frontier Production Function for Panel Data", *Empirical Economics*, Vol. 20, 1995, pp. 325 - 332.

Blind K. and Jungmittag, "A Foreign Direct Investment, Imports and Innovations in the Service Industry", *Review of Industrial Organization*, Vol. 25, 2004.

Blomstrom M., "Foreign Investment and Productive Efficiency: The Case of Mexico", *Journal of Industrial Economies*, Vol. 35, 1986.

Blomstorm and Persson, "Foreigh Investment and Spillover Efficiency in an Underdeveloped Economy: Evidence from the Mexican Industry", *World Development*, Vol. 11, 1983.

Blomstrom M. and Kokko A., "Multinational Corporations and Spillovers", *Journal of Economic Surveys*, Vol. 12, 1998, pp. 1 - 31.

Boddewyn J. J., Halbrich M. B. and PerrS A. C., "Service Multinationals: Conceptualization, Measurement and Theory", *Journal of International Business Studies*, Vol. 17, No. 3, 1986, pp. 41 - 57.

Blonigen, Bruce A., "In Search of Substitution between Foreign Production and Exports", *Journal of International Economics*, Vol. 53, No. 1, February 2001, pp. 81 - 104.

Branstetter L. G., "Are Knowledge Spillovers International or Intra - National in Scope? Micro - Econometric Evidence from the USA and Japan", *Journal of International Economics*, Vol. 53, No. 1, 2001, pp. 53 - 79.

参考文献

Buckley P. J. and M. C. Casson, *The Future of Multinational Enterprise*, London: Macmillan Press, 1976.

Buckley P. J. and Ghauri P. N., *The Internationalization of the Firm*, London: International Thompson Publishing, 1999, p. 157.

Buckley P. J., Clegg J. and Wang C., "The Impact of Inward FDI on the Performance of Chinese Manufacturing Firms", *Journal of International Business Studies*, Vol. 334, 2002, pp. 637 – 655.

Caves, R., "Multinational Firms, Competition and Productivity in Host Country Markets", *Economica*, Vol. 41, 1974, pp. 176 – 193.

Caves R., *Multinational Enterprises and Economic Analysis*, Cambridge: Cambridge University Press, 1996.

Chanda, Rupa, "Trade Liberalization and Foreign Direct Investment in Producer Services", Ph. D. Dissertation, Columbia University, 1994.

Cho, Kang Rae: A Study on Multinational Banks (MVBs): Their Identities and Determinants, Ph. D. Dissertation, University of Washington Ann Arbor, MI: University Microfilms International, 1983.

Ciccone A. and Hall R. E., "Productivity and the Density of Economic Activity", *American Economic Review*, Vol. 86, 1996, pp. 54 – 70.

Coe D. T. and E. Helpman, "International R&D Spillovers", *European Economic Review*, Vol. 39, 1995, pp. 859 – 887.

Cowan R., Soete L., and Tchervonnaya O., "Knowledge Transfer and the Service Sector in the Context of The New Economy", MERIT Infonomics Research Memorandum Series, June 2001.

Daniels P. W., *Service Industries in the World Economy*, Oxford: Oxford University Press, 1993.

Dathe D., Schmid G., *Determinants of Business and Personal Services: Evidence from West – German Regions*, Berlin: Wissen Schafts Zentrum Berlin Fur Socialforschung, 2000.

Davies A., "Are Firms Moving Downstream into High – Value Services? in Tidd", J. & Hull F. M., *Service Innovation*, Series on Technology Management, Vol. 9, London: Imperial College Press., 2003.

Deardorff, Alan V., "Comparative Advantage and International Trade and Investment in Services", Trade and Investment in Services, Canada/US Perspective, 1985.

Diego Puge, "The Rise and Fall of Regional Inequalities", *European Economic Review*, Vol. 43, No. 2, February 1999, pp. 303 – 334.

Dixit, Avinash and Stiglitz, Joseph, "Monopolistic Competition and Optimum Product Diversity", *American Economic Review*, Vol. 67, No. 3, June 1977, pp. 297 – 308.

Djankov S. and B. Hoekman, "Avenues of Technology Transfer: Foreign Investment and Productivity Change in Czech Republic", CEPR Discussion Paper 1883, 2000.

Driffield N., Munday M., Roberts A., "Foreign Direct Investment, Transactions Linkage and the Performance of the Domestic Sector", *International Journal of the Economics of Business*, Vol. 9, 2002, pp. 335 – 351.

Dunning, John H., "Trade, Location of Economic Activity and MNE: A Search for An Eclectic Approach", In B. Ohlin, T. Hesselborn and P. Wijkman (eds), *The International Allocation of Economic Activity*, Macmillan, London, 1977.

Dunning, John H., "Explaining Changing Patterns of International Production", *Oxford Bulletin of Economics and Statistics*, Vol. 41, No. 4, 1979, pp. 269 – 295.

Dunning, John H., *International Production and the Multinational Enterprise*, London: George Allen and Unwin, March 1981.

Dunning, John H., "Multinational Enterprises and the Growth of Services: Some Conceptual and Theoretical Issues", *Service Industry Journal*, Vol. 9, No. 1, January 1989, pp. 5 – 39.

Eaton J., Kortum S., "Trade in Ideas: Patenting and Productivity in the OECD", *Journal of International Economics*, Vol. 40, 1996, pp. 251 – 278.

Egger Hartmut and Peter Egger, "International Outsourcing and the Productivity of Low – Skilled Labor in the EU", Austrian Institute of Economic Research (WIFO) Working Paper 152, Vienna, 2001.

Eswaran, and Kotwal, "The Role of the Service Sector in the Process of Industrialization", *Journal of Development Economics*, Vol. 68, 2002, pp. 401 – 420.

Eschenbach, Felix and Hoekman, Bernard, "Services Policy Reform and Economic Growth in Transition Economies, 1990 – 2004", *Review of World Economics*, Vol. 142, No. 4, 2006, pp. 746 – 764.

Ericsson, J. Irandoust M., "On the Causality between Foreign Direct Investment and Output: A Comparative Study", *The International Trade Journal*, Vol. 15, No. 1, January, 2001, pp. 1 – 26.

Ethier, Wilfred J., "National and International Returns to Scale in the Modern Theory of International Trade", *American Economic Review*, Vol. 72, No. 3, June 1982, pp. 389 – 405.

Farrell M. J., "The Measurement of Productive Efficiency", *Journal of Royal Statistical Society*, No. 120, 1957, pp. 253 – 281.

Fernandes A. M., Paunov C., "Service FDI and Mnufacturing Productivity Growth: There is a Link", Working Paper, World Bank, 2008.

Fernandes A., "Structure and Performance of the Services Sector in Transition Economies", World Bank Policy Research Working Paper No. 4357, 2007.

Findlay R., "Relative Backwardness, Foreign Direct Investment, and the Transfer of Technology: a Simple Dynamic Mode", *Quarterly Journal of Economics*, Vol. XCII, No. 1, 1978.

Francois J. F., "Producer Services, Services, and the Division of Labor", *Oxford Economic Papers*, New Series, Vol. 42, No. 4, October 1990, pp. 715 – 729.

Francois J. F., "Trade in Producer Services and Returns Due to Specialization under Monopolistic", *Canadian Journal of Economics*, Vol. 23, No. 1, 1990, pp. 109 – 124.

Francois J. and Woerz J., "Producer Services, Manufacturing Linkages, and Trade", *Journal of Industry*, Competition and Trade, Vol. 8, No. 4, December 2008, pp. 199 – 229.

Fujita M., Krugman P., Venables A. J., *The Spatial Economy: Cities, Regions and International Trade*, Cambridge, MA: MIT Press, 1999.

Fujita M., Gokan T., "On the Evolution of the Spatial Economy with Multi – Unit, Multi – Plant Firms", *Portuguese Economic Journal*, Vol. 4, No. 2, 2005, pp. 73 – 105.

Globerman S., "Foreign Direct Investment and Spillover Efficiency Benefits in

Canadian Manufacturing Industries", *Canadian, Journal of Economics*, Vol. 12, 1979, pp. 42 – 56.

Glaeser E., Kallal H., Scheinkman J. and Shleifer A., "Growth in Cities", *Journal of Political Economy* 100, 1992, pp. 1126 – 1152.

Glass A. J., Saggi K., "International Technology Transfer and the Technology Gap", *Journal of Development Economics*, Vol. 55, 1998, pp. 369 – 398.

Gray J. M. and H. P. Gray, "The Multinational Bank: A Financial MNC?", *Journal of Banking and Finance*, Vol. 10, 1981, pp. 33 – 63.

Gorg H. and Strobl E., "Multinational Companies and Productivity Spillovers: A Meta – Analysis", *Economic Journal*, Vol. 111, 2001, pp. 723 – 739.

Gorg, Holger and Greenaway D., "Much ado about Nothing? Do Domestic Firms really Benefit from Foreign Direct Investment?", *World Bank Research Observer*, Vol. 192, 2004, pp. 171 – 197.

Grossman G. M. and Helpman E., *Innovation and Growth in the Global Economy*, Cambridge, Massachusetts: The MIT Press, 1991, pp. 142 – 147.

Grubel H. G., "A Theory of Multinational Banking", *Banca Nazionale del Lavoro Quarterly Review*, Vol. 30, December 1977, pp. 349 – 363.

Griffith, R. Redding, S., Simpson, H., "Foreign Ownership and Productivity: New Evidence from the Service Sector and the R&D Lab", Working Paper, the Institute for Fiscal Studies, 2004.

Griliches, Z. F. Lichtenberg., "Inter – industry Technology Flows and Productivity Growth: A Reexamination", *Review of Economics Studies*, Vol. 66, No. 2, 1984, pp. 324 – 329.

Grossman G. M. and Helpman E., "Quality Ladders and Product Cycles", *Quarterly Journal of Economics*, Vol. 106, 1991, pp. 557 – 586.

Grossman G. and Helpman E., *Innovation and Growth in the Global Economy*, Cambridge, Cambridge, Massachusets: MIT Press, 1991, pp. 142 – 147.

Helpman E., Melitz M., and Yeaple S., "Export Versus FDI with Heterogeneous Firms", *American Economic Review*, Vol. 94, No. 1, 2004, pp. 300 – 316.

Hertog P. Den, Bilderbeek R., "Conceptualizing Innovation and the Knowledge Flows between KIBS and Their Client", Dialogic – SI4S – Report No. 8, Apeldoorn/Utrecht, Utrecht, the Netherlands, 1998.

Hoekman Bernard, "Trade in Services, Trade Agreements and Economic Development: A Survey of the Literature", CEPR Discussion, 2006.

Hoekman B., "Liberalizing Trade in Services: A Survey", Research Working Papers, Wbk: Wbrwps: 4030, 2006.

HuaGuangmin, "Dynamic Comparative Analysis on Chinese Exports International Competitivenes", In *Proceedings of the Ninth International Forum – International Trade and Investment*, ST. PLUM – BLOSSOM PRESS, Melbourne – Australia, June 2012.

Hymer S. H., *The International Operations of National Firms: A Study of Foreign Direct Investment*, Cambridge: MIT Press, 1976.

James L. R., Brett J. M., "Mediators, Moderators and Tests for Mediation", *Journal of Applied Psychology*, Vol. 69, No. 2, 1984, pp. 307 –321.

Javoreik B., "Does Foreign Direct Investment Increase the Productivity of Domestie Firms? In Search of Spillovers through Backward Linkages", *American Economic Review*, Vol. 94, 2004, pp. 605 –627.

Javorcik B. and Yue Li, "Do the Biggest Aisles Serve Brighter Future? Implications of Global Retail Chains' Presence for Romania", World Bank Policy Research Working Paper No. 4650, 2008.

Jensen J., Rutherford T., and D. Tarr, "The Impact of Liberalizing Barriers to Foreign Direct Investment in Services: The Case of Russian Accession to the World Trade Organization", *Review of Development Economics*, December 2007, pp. 482 –506.

Judd C. M., Kenny D. A., "Process Analysis: Estimating Mediation in Treatment Evaluations", *Evaluation Review*, Vol. 5, No. 5, 1981, pp. 602 –619.

Karaomerioglu B. C., Carlaaon B., "Manufacturing in Decline? A Matter of Definition", *Economy, Innovation, New Technology*, Vol. 8, 1999, pp. 175 –196.

Karl L., George E. B., "Firm Size, Age and Efficiency: Evidence from Kenyan Manufacturing Firms", *Journal of Development Studies*, Vol. 36, No. 3, 2000, pp. 146 –163.

Keller W., "Knowledge Spillovers at the Worlds Technology Frontier", NBER Working Paper No. 8150, May 2001.

Keller W. and S. R. Yeaple, "Multinational Enterprises, International Trade, and Productivity Growth: Firm – Level Evidence from the United States", NBER Working Paper No. 9504, 2003.

Keller Wolfgang, "International Technology Diffusion", CEPR Discussion Papers, 2002.

Kim Jong – II and June – Dong Kim, "Impact of Services Liberalization on Productivity: The Case of Korea", The Korea Institute for International Economic Policy, 2000.

Konings, J. , "The Effects of Foreign Direct Investment on Domestic Firms: Evidence from Firm Level Panel Data in Emerging Economies", CEPR Discussion Paper 2586, 2001.

Kojima K. , *Direct Foreign Investment: A Japanese Model of Multinational Business Operations*, London: Croom Helm, 1978.

Kokko A. , "Productivity Spillovers from Competition between Local Firms and Foreign Affiliates", *Journal of International Development*, Vol. 8, 1996, pp. 517 – 530.

Kokko A. , "Foreign Direct Investment, Host Contry Characteristics and Spillovers", The Economics Research Institute, Stockholm, 1992.

Konan D. and K. Maskus, "Quantifying the Impact of Services Liberalization in a Developing Country", *Journal of Development Economics*, Vol. 81, 2006, pp. 142 – 162.

Konings J. , "The Effects of Foreign Direct Investment on Domestic Firms", *Economics of Transition*, 2001.

Krugman P. , "Increasing Returns, Monopolistic Competition, and International Trade", *Journal of International Economics*, Vol. 9, 1979, pp. 469 – 479.

Krugman P. , *Economic Integration of Europe: Some Conceptual Issues, And Competition*, Oxford: Oxford University Press, 1989.

Krugman P. , *Geography and Trade*, Cambridge, MA: MIT Press, 1991.

Krugman P. , "Trade with Japan: Has the Door Opened Wider?", NBER Working Paper No. W3418, 1991.

Krugman P. , "Cities in Space: Three Simple Models", NBER Working Paper No. W3607, 1991.

Krugman P. , "First Nature, Second Nature, and Metropolitan Location", NBER Working Paper No. W3740, 1991.

Krugman P. , "Leapfrogging: A Theory of Cycles in National Technological Leadership", NBER Working Paper No. W3886, 1991.

Krugman P. & Venables, A. , J. , "Globalization and the Inequality of Nations", *Quarterly Journal of Economics*, April 1995.

Kugler M. , "Spillovers from Foreign Sirect Investment: Within or Between industries?", *Journal of Development Economics*, Vol. 80, 2006, pp. 444 – 477.

Kumbhakar S. C. , "Estimation of Technical Inefficiency in Panal Data Models with Firm and Time – Specific Effects", Economics Letters 3, 1991, pp. 43 – 48.

Lall Sanjaya, "Vertical Inter – Firm Linkages in LDCs: An Empirical Study Oxford Bulletin of Economics and Statistics", Department of Economics, University of Oxford, Vol. 42, No. 3, 1980, pp. 203 – 226.

Levine R. , Renelt D. , "A Sensitivity Analysis of Cross – Country Growth Regressions", *American Economic Review*, Vol. 82, No. 4, pp. 942 – 962.

MacDougall GDA. , "The Benefits and Costs of Private Investment from Abroad: A Theoretical Approach", *Economic Record*, Vol. 22, No. 3, August 1960, pp. 189 – 211.

Markusen, James R. , "Trade in Producer Services and in Other Specialized Intermediate Inputs", *American Economic Review*, Vol. 79, No. 1, March 1989, pp. 85 – 95.

Markusen, James R. , "Service Trade by the Multinational Enterprise", in Peter Enderwick, *Multinational Service Firms*, Routledge: London and New York, 1989.

Markusen, James R. , "Adapting the Knowledge – Capital Model of the Multinational Enterprise to Trade and Investment in Business Services", World Economy, Forthcoming, 2009.

Markusen, James R. , Rutherford T. F. and Tarr D. G. , "Foreign Direct Investment in Services and the Domestic Market for Expertise", NBER Working Paper No. W7700, 2000.

Marrewijk V. , "Produce Services, Comparative Advantage and International Trade Patterns", *Journal of International Economics*, Vol. 42, 1997, pp. 195 – 220.

Mattoo A., Rathindran R. and A. Subramanian, "Measuring Services Trade Liberalization and Its Impact on Economic Growth: An Illustration", *Journal of Economic Integration*, Vol. 21, 2006, pp. 64 – 98.

Miles I., N. Kastrinos, R. Bilderbeek and P. Den Hertog, *Knowledge – Intensive Business Services—Users, Carriers and Sources of Innovation*, European Innovation Monitoring System Publication, No. 15, 1995.

Miller S. M., M. P. Upadhyay, "The Effects of Openness, Trade Orientation, and Human Capital on Total Factor Productivity", *Journal of Development Economics*, Vol. 63, 2000, pp. 399 – 423.

Mirodout S., "The Linkages between Open Services Markets and Technology Transfer", OECD Trade Policy Working Paper No. 29, 2006.

Moon H. C., Rugman A. M. &Verbeke A., "A Generalized Double Diamond Approach to the Global Competitiveness of Korea and Singapore", *International Business Review*, Vol. 7, No. 2, April 1998, pp. 135 – 150.

Moulaert F. and Gallouj C., "The Locational Geography of Advanced Producer Service Firms: The Limits of Economies of Agglomerations", *The Service Industries Journal*, Vol. 13, No. 2, 1993, pp. 91 – 106.

Muechielli J. and Jabbour, "Technology Transfer through Backward Linkages: The Case of the Spanish Manufacturing Industry", Working Paper, University of Paris Pantheon – Sorbonne and TEAM – CNRS, 2006.

Muller E. & Zenker A., "Business Services as Actors of Knowledge Transformation: The Role of KIBS in Regional and National Innovation Systems", Research Policy, No. 30, 2001.

Mukesh E. & Ashok K., "The Role of the Service Sector in the Process of Industrialization", *Journal of evelopment Economics*, Vol. 68, No. 2, 2002, pp. 401 – 420.

Nahlinder J., "Innovation in Knowledge Intensive Business Service: State of the Art and Conceptualisations", SIRP Seminar January 15, 2002.

OECD, "The Linkages between Open Services Market and Technology Transfer", OECD Trade Policy Working Papers, No. 29, 2006.

Pappas N., Sheehan P., "The New Manufacturing: Linkages between Production and Service Activities", In P. Sheehan and G. Tegart (eds), *Working for the*

Future: *Technology and Employment in the Global Knowledge Economy*, Melbourne: Victoria University Press, 1998, pp. 127 – 155.

Porter, Michael E. , *Competitive Advantages of Nations*, New York: The Free Press, 1990.

Peter Enderwick. *Multinational Service Firms*, Routledge: London and New York, 1989.

Raff H. , Marcvonder Ruhr, "Foreign Direct Investment in Producer Services: Theory and Empirical Evidence", *Economics Quarterly*, Vol. 3, 2007, pp. 299 – 321.

Reifschneider D. and R. Stevenson, "Systematic Departures from the Frontier: A Framework for the Analysis of Firm Efficiency", *International Economic Review*, Vol. 32, 1991, pp. 715 – 723.

Riddle D. , *Service – led Growth: The Role of the Service Sector in World Development*, New York: Praeger, 1986.

Riedl Aleksandra, "Contrasting the Dynamic Patterns of Manufacturing and Service FDI: Evidence from Transition Economies", Working Paper No. 117, Vienna University of Economics and B. A. , February 2008.

Rivera – Batiz F. L. , Rivera – Batiz L. A. , "Europe 1992 and the Liberalization of Direct Investment Flows: Services versus Manufacturing", *International Economic Journal*, Vol. 6, No. 1, 1992, pp. 45 – 57.

Rivera – Batiz and Paul M. Romer Venue, "Economic Integration and Endogenous Growth", *The Quarterly of Economics*, Vol. 5, No. 2, 1991, pp. 531 – 555.

Robert E. LUCAS, "On the Mechanics of Economic Development", *Journal of Monetary Economics*, Vol. 22, 1988, pp. 3 – 42.

Robinson S. , Wang Z. and Martin W. , "Capturing the Implications of Services Trade Liberalization", Economic Systems Research, 2002, pp. 3 – 33.

Romer, Paul M. , "Endogenous Technological Change", *Journal of Political Economy*, Vol. 98, No. 5, 1990, pp. 71 – 102.

Rowthorn R. & R. Ramaswamy, "Growth, Trade and Deindustrialisation", *IMF Staff Papers*, Vol. 46, No. 1, 1999, pp. 18 – 41.

Rugman A. M. , *Inside the Multinationals: The Economics of Internal Markets*, New York: Columbia University Press, 1981.

R. Vemon, "International Investment and International Trade in the Product Cycle", *Quarterly Journal of Economics*, Vol. 8, 1966.

Samuelson P. A., "Spatial Price Equilibrium and Linear Programming", *The American Economic Review*, Vol. 42, No. 3, January 1952, pp. 283 – 303.

Sanjaya Lall, "Vertical Interfirm Linkages in LDCs: An Empirical Study", *Oxford Bulletin of Economics and Statistics*, Vol. 42, No. 3, 1980, pp. 203 – 226.

Segerstrom P. S., "Innovation, Imitation and Economic Growth", *Journal of Political Economy*, Vol. 99, No. 4, 1991, pp. 807 – 827.

Segerstorm P. S., "The Long – Run Growth Effects of R&D Subsidies", *Journal of Economic Growth*, Vol. 5, No. 3, 2000, pp. 277 – 305.

Sobel M. E., "Asymptotic Confidence Intervals for Indirect Effects in Structural Equation Models", In S. Leinhardt (Ed.), *Sociological methodology*, Washington, DC: American Sociological Association, 1982, pp. 290 – 312.

Sobel M. E., "Direct and Indirect Effects in Linear Structural Equation Models", In J. S. Long (Ed.), *Common Problems/Proper Solutions Beverly Hills*, CA: Sage, 1988, pp. 46 – 64.

Söderbom M., Teal F., "Size and Efficiency in African Manufacturing Firms: Evidence from Firm – Level Panel Data", *Journal of Development Economics*, 2004, 73 (1), pp. 369 – 394.

UNCTAD, "Measuring Restrictions on FDI in Services in Developing Countries and Transition Economies United Nations", New York and Geneva: United Nations Conference on Trade and Development, October 2006.

Victor R. Fuchs, "Some Implications of the Growth of a Service Economy", NBER Chapters, in The Service Economy, 1968, pp. 183 – 200.

Wang C. and Zhao Z., "Horizontal and Vertical Spillover Effects of Foreign Direct Investment in Chinese Manufacturing", *Journal of Chinese Economic and Foreign Trade Studies*, Vol. 1, No. 1, 2008, pp. 8 – 20.

Wang J. Y., Blomstrom M., "Foreign Investment and Technology Transfer: A Simple Model", *European Economic Review*, Vol. 36, No. 1, 1992, pp. 137 – 155.

Wei Y., Liu X., "Foreign Direct Investment in China: Determinants and Impact", Cheltenham and Northampton: Edward Elgar, 2001, pp. 192 – 320.

Weinstein A., "Foreign Investment by Service Firms: The Case of the Multinational

Advertising Agency", *Journal ofInternational Business Studies*, Vol. 8, No. 1, 1977, pp. 83 – 92.

Wells L. T., "Nonmanufacturing Investments", *Third World Multinationals*, Cambridge, MA: MIT Press, 1983, pp. 117 – 135.

Wolfgang Keller, "Are International R&D Spillovers Trade – related? Analyzing Spillovers among Randomly Matched Trade Partners", *European Economic Review*, Vol. 42, No. 8, 1998, pp. 1469 – 1481.

Yannopoulos G. N., "The Growth of Transnational Banking", In Mark Casson, *The Growth of International Business*, London: George Allen and Unwin, 1983, pp. 236 – 257.

Yang Taek Lim, "Korea's Liberalization Policy Directives and Korea's Weakening Competitiveness", *Journal of Asian Economics*, 1996, Vol. 7, No. 4, pp. 603 – 634.

索 引

B

边际产业扩张论 24

C

产品生命周期理论 22-24, 26
产业关联性 4, 32
产业结构调整 1, 163
产业结构升级 3, 5, 13, 19, 29, 112, 122, 162
产业融合 3, 4, 60
长期均衡 88-91, 93-96, 172
传统服务业 3, 9-11, 13, 15, 45, 46, 48, 65-67, 78, 106, 113, 121, 132, 133, 163, 167
创新能力 6, 8, 11, 16, 17, 35, 37, 38, 96, 97, 100, 102, 105-108, 110-112, 115, 117-120, 123, 125, 126, 129, 130, 132, 133, 136, 137, 152, 155, 157, 158, 162, 164, 168, 169

D

动态比较优势 4
短期均衡 84, 94, 96
对外直接投资 1, 18, 21-25, 27, 49, 51-53, 68-70, 72, 73, 78, 142, 187

F

发达国家 1-3, 7, 24, 26, 28, 37, 38, 40-45, 49-52, 55, 59, 72, 76-79, 113, 127, 128, 134, 135, 137, 141, 145, 146, 149, 150, 161, 162, 164, 169
发展中国家 1-3, 24, 26, 36, 40-44, 46, 49, 50, 57, 76, 78, 79, 128, 135, 137, 146, 149, 150, 164, 180, 188
服务创新 4, 127, 133, 151, 161, 181, 185
服务业国际转移 1-3, 5, 8, 44, 60, 134, 161, 167, 168,

170, 177, 178, 180, 181, 183

服务业开放　4, 26, 30, 31, 101, 107, 113, 114, 121, 122, 129, 145, 146, 149, 152, 162, 169, 179, 186

服务业流入量　2, 43, 44, 49, 76, 78

G

高端服务业　2, 34, 142

高附加值　2, 11 – 14, 104, 127, 128, 132, 164

高技术服务业　3 – 8, 13 – 17, 19 – 21, 27, 31, 35 – 39, 42 – 45, 47 – 49, 52 – 57, 59 – 68, 70, 72, 76 – 79, 81 – 84, 87 – 94, 96, 97, 100 – 103, 105 – 109, 111 – 116, 118 – 123, 125 – 132, 134, 135, 137, 139 – 143, 145, 146, 149 – 154, 157 – 159, 161 – 171, 177, 179, 181, 182, 184 – 190

关联机制　5, 7

关联效应　11, 34, 35, 114, 120, 136

国际生产折中理论　22, 23, 25, 26

H

后发优势　3, 5, 162

后向关联　19, 34, 35, 187

行业间溢出　5 – 7, 19, 30, 34, 35, 38, 187

行业内溢出　19, 30, 187

J

技术效率　4, 6, 32, 34, 102, 139 – 143, 145, 146, 149, 150, 153, 154, 157, 179, 185, 189

技术溢出　4 – 8, 18, 19, 24, 27, 29, 33, 34, 72, 77, 79, 81, 127, 158, 164, 178, 181, 182, 184, 187, 189

技术资本存量　6, 8, 82 – 84, 89, 92, 96

技术资本收益　87, 91 – 94, 96, 171, 172

经济开放度　81, 83, 90 – 93, 95, 96

经济全球化　1, 8, 153

经济增长方式　4, 5, 7

K

科学研究、技术服务业　6, 15, 64, 66, 102 – 104, 106, 108, 110, 111, 115, 117 – 119, 122, 124, 126, 130, 131, 133, 135 – 137

跨期溢出效应　6, 8, 81, 82, 96

跨时期效用函数　88

L

垄断优势理论　22, 26

M

Matlab 7.0 软件模拟 94, 206

N

内部化理论 22, 23, 26
内生提高 5, 7, 38
内生增长 6-8, 21, 82, 88, 92, 96, 162

Q

前向关联 19, 34, 35

S

生产制造成本 6, 8, 35
随机前沿模型 137, 139-141, 143, 144, 183
随机前沿生产函数 6, 102, 139, 141, 153, 179
Sobel 检验 99, 103-105, 109, 111, 116, 118, 123-125, 131, 132, 206

W

完全中介效应 98, 103

X

现代服务业 2, 3, 7, 9-14, 17, 37, 43-46, 77, 101, 104, 107, 121, 128, 131, 133-137, 162-164, 167, 168, 178, 179, 182-185, 187, 189, 190
信息传输、计算机服务和软件业 6, 14, 15, 35, 61, 62, 64, 66, 68, 70, 79, 100-102, 104, 105, 108-111, 115-118, 122, 124-126, 130, 132, 133, 135, 136

Y

雁阵模式论 24
溢出效应 4, 5, 7, 32, 34, 60, 77, 81, 82, 101, 117, 149, 177, 183, 188
永续盘存法 142, 154

Z

知识产权服务业 6, 15, 101-106, 108-112, 115-120, 122, 124-126, 130-133, 136, 182
知识密集型服务业 11-13, 16, 19, 36, 159, 163, 167, 183, 184, 186, 189
知识溢出 19, 21, 82, 189
知识溢出双增长模型 6, 82, 88, 95, 96, 206
制造业效率 4-8, 21, 25-27, 30-35, 38, 79, 81, 91, 96-98, 100, 101, 103-112, 115-

119，122-126，129-133，
135-137，139，142，143，
149-159，161，164，170，
178-180，183，188，206

中介变量　6，8，35，38，98-100，
103，105-107，125，206

中介效应　6-8，35，38，97-106，108-
112，116-119，122-126，
130-133，137，186，206

专业化分工　3，157，206

转型国家　2，29，40-44，46，47，49，
78，206

后　记

在本书定稿之际，抚卷沉思，由衷感谢在写作和修改过程中很多老师、学者和专家的指导和帮助。

感谢中国社会科学院冯雷研究员和荆林波研究员，在本书写作过程给予我前瞻性的指导，使本书理论体系得到了提炼和升华。感谢中国社会科学院这座神圣的学术殿堂，老师们对前沿方向的预见性以及敏锐的洞察力、深厚的学识功底、渊博的知识及严谨的治学态度使我受益匪浅，在本书即将完成之际，我要向各位敬爱的老师表达深深的敬意和衷心的感谢。

感谢天津财经大学李宏教授在选题、写作、修改等过程中，给予了我具体的指导，在此向李老师致以诚挚的感谢；感谢刘恩专教授、齐欣教授、齐俊妍教授等提出了很多有建设性的建议。

感谢南开大学刘秉镰教授和刘维林老师，在读研时的支持和鼓励使我坚定了一条钻研学术的道路。感谢南开大学开放式的教学，佟家栋教授、盛斌教授、黄兆基教授、安虎森教授等课堂生动的讲解，使我深刻领悟到宏观经济学、国际贸易学和新经济地理学之理论精华。

感谢该领域的专家和学者，正是基于他们前期的研究成果，本书才得以顺利完成。在本文的写作过程中，参考了大量的资料和文献，借鉴了许多专家学者的研究成果，虽然在参考文献中，尽量全面地标注专家学者们开创性的工作，然而在近两年的反复修改中，遗漏和错误仍在所难免，敬请各位学者海涵并不吝指正。

本书研究及拓展研究分别获得了天津市哲学社会科学研究规划项目的资助、国家社科基金青年项目"高技术服务业与制造业互动的内生机制研究"和中国博士后科学基金项目"高技术服务业进口技术溢出效应对制造业效率影响研究"的资助，在此向全国哲学社会科学规划领导小组、中国博士后科学基金会、天津市哲学社会科学规划领导小组致以诚挚的感谢。

全国博士后管理委员会与中国社会科学院设立了"中国社会科学博士后文库"并予以出版,在此向全国博士后管理委员会办公室和中国社会科学院博士后管理委员会致以诚挚的感谢。本书编辑和审稿人给予全面重要的建设性建议,使本书内容得到了完善和升华,在此表示深深感谢。

当然,本书还有诸多有待提高之处,希望各位专家和学者提出宝贵建议,你们的宝贵建议将成为我进步的阶梯和基石。

华广敏

2014 年 9 月